藏傳文化✕禪寺活佛✕古道互市✕堆繡唐卡✕歌舞慶典
湖光山色相映成趣，探索西陲之地的風貌

崑崙聖域

青海綿澤　　　　　　　山宗水源的
　　　　　　　　　　　奇觀與震撼

邱平偉　主編

► 這個名字有味道！「狗澆尿」是家喻戶曉的美食？
► 中國河川幾乎向東流，叛逆的「倒淌河」偏不從？
► 曾一度受「土豪」熱捧，東方神犬藏獒是活化石？
► 青海湖有一座鳥島，多達十幾萬隻候鳥在此棲息？

湖畔如鏡牧歌悠揚，遠山如黛微風輕拂
漫步青海的街巷，「花兒」旋律在空中飄蕩

目 錄

前言	005
青海歷史：羌中傳奇與古國遺韻	009
青海漫遊：雪域奇觀與湖泊祕境	049
青海民族：多元色彩與文化交融	123
青海宗教：藏傳佛教與清真信仰	147
青海歌舞：「花兒」的旋律與靈魂	207
青海藝術：熱貢彩陶與民間創作	233
青海文物：青銅遺珍與古墓問世	271
青海飲食：特色美食與風味小吃	309
青海住宿：民居多樣性與文化特徵	331
青海購物：高原瑰寶與好物鑑賞	343
青海鄉俗：民間趣談與風土人情	359

目錄

前言

很久很久以前，一個無邊無際的大海逐漸消失，代之而起的是今天被譽為「世界屋脊」的青藏高原。從那時起，青藏高原就以它的博大、雄渾、神奇、壯美譜寫著人類與自然和諧發展的樂章，令人心馳神往。遼闊而壯美的青海省就雄踞於這塊神奇的青藏高原東北部。

青海省因境內擁有中國最大的內陸鹹水湖——青海湖而得名。波光激灩的青海湖也使青海省彰顯著一種令人震撼的壯美與博大。

高山縱橫、雪山連綿，這便是青海作為高原留給世人的顯著特徵。崑崙山、祁連山、阿尼瑪卿雪山、巴顏喀拉山、玉珠峰、玉虛峰、阿爾金山、唐古拉山及其主峰各拉丹冬雪山……每一座山峰均在海拔5,000公尺，甚至6,000公尺以上。它們傲立於天地之間，任時光匆匆，亙古不變的是堅韌與剛毅。

江河眾多、湖泊密布，青海又處處流淌著溫柔與神奇。中國的第一大河——長江發源於此，孕育了中華文明的母親河——黃河發源於此，著名的瀾滄江發源於此，這便是聞名於世的三江源。中國最大、最美的內陸鹹水湖——青海湖鑲嵌於此，中國最大的鹽水湖——察爾汗鹽水湖鑲嵌於此，黃河源頭最大的姐妹湖——鄂陵湖、扎陵湖鑲嵌於此，藏匿於柴達木盆地中的一對情人湖——克魯克湖和托素湖鑲嵌於此，千湖之地星宿海鑲嵌於此……由此青海便享有「江河之源」、「中華水塔」之美譽。

或許是受了高山偉岸的激勵，或許是受了江河靈氣的薰陶，青海自

前言

古以來就有人類生存繁衍生息。柳灣彩陶、喇家遺址、吐蕃墓葬、宗日文化、卡約文化、諾木洪文化等默默講述著祖先艱辛的生存足跡和驚人的聰明才智；唐蕃古道、南絲綢之路，似乎還在見證著過去的輝煌與繁榮。

巍巍雪山孕育出無數的江河，漫漫草原哺育了無數高原兒女。歷史上，漢族、藏族、回族、土族、蒙古族、撒拉族等世居民族禮尚往來，互幫互助，互親互愛。「您好」、「色倆目」、「扎西得勒」情深意長。在帳篷裡，在草原上，在河畔旁，酥油茶、蓋碗茶、清茶，隨著茶香情誼四散。

民族的生存與相互交流，留下了彌足珍貴的多元宗教文化與民族文化。藏傳佛教、伊斯蘭教、道教、基督教等和諧相處；塔爾寺、隆務寺、瞿曇寺、結古寺、西寧東關清真大寺、循化街子清真大寺等各宗教寺院，凝聚著宗教的精深與神祕；《格薩爾》史詩永不停息，「花兒」滿山遍野，「拉伊」纏綿悱惻，「馬頭琴」悠揚婉轉；鍋莊、安昭長袖飄逸、彩虹飛舞；於菟（ㄨ ㄊㄨˊ）、納頓各顯神威；唐卡、堆繡、酥油花獨具特色……

這裡，是動物的樂園、植物的樂土。藏羚羊是奧運精神的象徵，雪蓮花是高潔的情操，冬蟲夏草是自然的造化。

還有那永恆的主題。

美麗的金銀灘草原曾給了一代歌王王洛賓不盡的創作泉源，一首首膾炙人口的民歌在這裡誕生，〈在那遙遠的地方〉更是唱響了中華大地，飛進了世界最高音樂殿堂。草原流淌著的不僅僅是浪漫，無數著名的科學家和科技工作者曾在這草原深處神祕的原子城研製成功了原子彈與氫彈。

走進青海，走進青藏高原，讓我們一起聆聽「在那遙遠的地方，有位好姑娘，人們走過她的帳房，都要回頭留戀地張望……」

編者

前言

青海歷史：羌中傳奇與古國遺韻

青海歷史：羌中傳奇與古國遺韻

早在遠古時代，青海就有人類活動。最早生息在這塊土地上的是中國西部古老民族之一氐、羌族群。眾多的古文化遺存顯示，青海的開發至少已有 6,000 年的歷史。南涼王朝（西元 397～414 年）、吐谷（ㄩˋ）渾王國（西元 313～663 年）、吐蕃政權（西元 633～842 年）先後控制了這一地區。1912 年，馬家軍閥在國民黨政府的支持下統治青海近 40 年。1929 年青海省正式成立。

古代青海為何稱為「西羌之地」

西羌，指古代居住在中國西部的羌族。羌族的歷史起源，最早見於殷商時的甲骨卜辭。據史書記載，兩漢時期羌族多次遷徙，到東漢安、順二帝時（西元 107～144 年），把居住在三輔（今陝西渭水流域一帶）、漢陽（今甘肅天水一帶）、安定（今甘肅鎮原一帶）、北地（今寧夏吳忠西南）、上郡（今寧夏無定河流域及內蒙古鄂托克旗一帶）、西河（今內蒙古離石）等地的羌人稱為「東羌」；把留居在隴西（今甘肅臨洮一帶）、漢陽（今甘肅武山一帶）、金城（今青海河湟地區）及金城塞外的羌人稱為「西羌」。可見，青海河湟地區在兩漢時是西羌地域的組成部分，故稱「西羌之地」。

最早見於史載的羌人領袖──無弋爰劍

無弋爰劍是春秋戰國時期羌人的著名首領，也是最早見於史籍記載的羌人領袖人物。據記錄羌人的第一篇較為完整的歷史文獻──《後漢書·西羌傳》記載，秦厲公（西元前 476～前 443 年）時，無弋爰劍被秦人擄作奴隸，學會了中原地區較先進的農耕技術，後從秦人囚禁中逃

脫。「秦人追之急」，爰劍急藏於岩穴之中，秦人焚之，「有景象如虎為其蔽火，得以不死」。諸羌「共畏事之，推以為豪」。出去後與一被割掉鼻子的女子結為夫妻，來到黃河、湟水、大通河之間的三河地區，即今甘肅、青海的河曲。當時「河湟間少五穀，多禽獸，以射獵為事，爰劍教之田畜」，傳播先進的耕畜技術，受到當地民眾的敬重，齊願歸附，種族部落繁衍漸盛，子孫遍及青、藏、陝、甘、寧、川、新等地區，世代推為諸羌首領，為青海河湟地區和中原地區架起了一座長虹般的文化橋樑。羌人稱奴隸為無弋，爰劍曾為奴隸，故名無弋爰劍。

小柴旦遺址與青海遠古文化

1982 年 7 月，由中國科學院鹽水湖研究所、地質研究所、地球化學研究所與澳洲國立大學生物地理地貌系聯合組成的鹽水湖與風成沉積聯合考察隊，在青海海西柴達木盆地小柴旦湖東南岸的湖濱階地上採集到一批舊石器。1984 年 6 月，中國科學院古脊椎動物和古人類研究所又在高出小柴旦湖湖面 8～13 公尺的古湖濱沙礫層中，發現了與舊石器共存的原生層位，先後採集到 112 件石器，其中石質刮削器、砍砸器、刻具和鑽具等 41 件。石器的大部分用石錘直接打擊而成。據碳 14 測定和地層對比，這批石器距今大約 3 萬年，證明青海在兩三萬年前就有人類活動。從刮削器等石器的組成和製作技術上看，具有舊石器時代晚期華北兩大系統中「周口店第一地點 —— 峙峪系」的特色，說明西北與華北古人類在文化技術上有著密切的連繫。專家們暫且將石器的主人命名為「小柴旦人」。小柴旦遺址是至今反映青海舊石器文化遺址中最早的文化遺存，這無疑對研究青海遠古時期舊石器時代的文化具有重大作用。

青海歷史：羌中傳奇與古國遺韻

吐谷渾國在青海歷史上的地位如何

　　吐谷渾王國、南涼王國、青唐政權是青海古代歷史上存在的三大王國。其中吐谷渾王國，也稱青海草原王國，是東晉咸和五年（西元330年）左右，由鮮卑族慕容氏在青海境內及甘肅南部建立的地方政權，立國350年之久，成為青海古代歷史上立國時間最長的政權，對青海古代歷史、經濟、文化、交通等方面產生了重大而深遠的影響。

　　西晉武帝太康四年至十年（西元283～289年）間，世居遼東的鮮卑族慕容吐谷渾與其弟慕容廆因馬群相鬥兄弟失和，吐谷渾率其父分得的1,700戶部族離開故地，西行移牧於陰山（今內蒙古大青山）。20多年後，西晉懷帝永嘉七年（西元313年），「徙隴上，止於枹罕、甘松」，到了今甘肅臨夏和甘南兩州之地。經過吐延、葉延的艱苦創業，東晉咸和五年（西元330年），吐谷渾之孫葉延聯合當地羌族建立起政權，成為當時中國西北地區眾多割據政權之一。葉延為了紀念其祖父，以「吐谷渾」作為所建國家及部落的名稱和姓氏之名。西元417～424年阿才執政時期，兼併氐羌，地方數千里，號為強國。誇呂在位時，在今青海湖西南築國都伏俟城，其疆域「東西二千里，南北千餘里」，幾乎包括了整個青海省。

　　面對當時「五胡」紛爭的形勢，吐谷渾採取了「南通蜀漢，北交涼州、赫連」的政策策略，同時「招集秦、涼亡業之人及羌戎雜夷」，因而部眾轉盛，國力更加強大。尤其在西夏占據河西走廊，對來往商旅的苛重稅務及安全得不到保障的情形下，吐谷渾採取與南、北朝都通貢結好的政策，為商客營造方便、安全的商貿活動，青海道興盛一時，增強了吐谷渾的國力，也為青海交通、經濟、文化的發展做出了一定的貢獻。

青海歷史上的南涼國

　　東晉隆安元年（西元 397 年），鮮卑族的一支 —— 河西鮮卑禿髮氏首領禿髮烏孤以廉川堡（在今甘肅永登西南連城、今青海樂都冰溝堡、今青海民和史納古城）為都城，立國於湟水流域，以涼為國號，建立南涼政權。南涼國歷時 18 年，經三世，時間雖短，在青海歷史上產生的影響卻是深遠的。南涼國留給後人憑弔的遺存有今西寧市西郊楊家寨南邊聳立的一座土臺，傳說是南涼王禿髮辱檀出兵誓師所築，以其子虎臺命名，俗稱點將臺。

　　禿髮烏孤建國後，開疆拓土，東晉隆安二年（西元 398 年），先占據將後涼嶺南五郡之地。嶺南五郡，指洪池嶺（今甘肅武威南）以南的廣武、湟河、澆河、樂都、西平五郡。占據嶺南五郡後，烏孤改稱「武威王」。次年，烏孤遷都樂都，經營河湟地區，在政治上舉起反抗後涼呂氏統治的旗幟，擴大號召力和影響力，同時廣泛招攬吸收河隴等地的漢族豪族和儒士參政。另模仿漢制，內設臺省，外接郡縣等，使南涼政權成為一個漢化的封建政權，促使鮮卑禿髮氏直接由部落聯盟進入國家體制，推動了鮮卑禿髮氏的歷史向前發展，從而奠定了禿髮烏孤在鮮卑禿髮歷史上的突出地位。

　　正值南涼國勢發展迅速之際，烏孤因酒後落馬致傷，不久死去，其弟禿髮利鹿孤繼位，由「武威王」改稱「河西王」，立志統一河西。此時北涼在敦煌興起，利鹿孤將都城從樂都遷到西平（今西寧）。西平地理優越，東憑湟源峽（小峽、大峽）、西望金山、南依積石、北控祁連、近窺西海、遠通西域，自西漢以來就是西部政治、軍事重鎮，既可以防範北涼的南侵，又可進一步開發經營湟水上游地區，以固根本。

東晉元興元年（西元 402 年）三月，利鹿孤病重而故於西平，傳其弟辱檀嗣位。史稱辱檀「少機警，有方略」，是南涼史上最為世人推崇的一個領袖人物。繼位後更河西王為涼王，還都城於樂都。東晉義熙元年（西元 405 年），取後秦重鎮姑臧，次年十一月，辱檀將都城從樂都遷往姑臧，南涼國勢達到鼎盛時期。其疆域據史載，東起今甘肅黃河蘭州以西，西至甘肅山丹縣大黃山之麓，北抵今甘肅騰格里沙漠，南至黃河以南今青海黃南同仁一帶，東南到今青海循化，西南到青海湖東北至海南貴德一帶，成為河西、隴右地區的霸主。

但辱檀好大喜功、剛愎自用、獨斷專行、難聽諫言，在立足未穩的情形下，派兵遣將，多次進攻北涼，遭到一連串的失敗，終因窮兵黷武導致南涼亡國。特別是義熙三年（西元 407 年）的陽武（今甘肅靖遠境）戰敗，使南涼元氣大傷。隨後又強徙 300 里內的百姓入姑臧城，引起「邊、梁之亂」，內外交困，勢力漸衰。辱檀疲於奔命，在後秦與北涼的雙重打擊下，姑臧丟失，也就失去了對祁連山北河西走廊東部地區的統治，不得不退回到今湟水流域。河西失守後，辱檀並未總結教訓，將精力放在休養生息、積蓄國力、重結鄰好、以圖再起上，而是繼續戀戰、窮兵黷武，結果屢戰屢敗，在河西失守後短短 5 年，西元 414 年，在西秦的強力攻勢下敗國，自己被西秦王乞伏熾磐毒殺，不久太子虎臺也遭西秦殺害。歷時 18 年的南涼王國至此滅亡。

何為諾木洪文化

諾木洪文化是青海境內代表羌人青銅器時代的重要文化遺存之一，由 1959 年發現於青海省都蘭縣諾木洪塔里他里哈而得名。在柴達木盆地

考古調查的遺址有 40 處，相對集中在盆地的東南部，目前發掘的遺址僅塔里他里哈一處。經碳 14 測定，其年代距今 2,900 年左右，正是西周時期。遺址內發現土坯圍牆、木結構房屋、墓葬等遺跡，出土遺物有直口陶缸、陶罐、石斧、骨鏟、銅刀、銅鉞、毛織物等，具有獨特的考古文化特徵。專家們結合古文獻記載考證遺物，參照卡約文化、辛店文化文物，認定其與卡約文化有一定連繫，認為它是卡約文化向西的延續。由此也證實該文化的主人是羌人，當時羌人的經濟生活以畜牧業為主，兼營農業。

趙充國屯田是怎麼回事

西漢時期，趙充國在湟水流域主持進行了第一次軍事屯田活動。趙充國（西元前 137～前 52 年），西漢著名軍事家，歷經武帝、昭帝、宣帝三朝，祖籍隴西上邽（今甘肅天水西南），隨父徙居令居（今甘肅永登西北）。漢宣帝元康三年（西元前 63 年），駐牧於湟水流域的先零羌與諸羌種豪 200 餘人解仇結盟，欲與匈奴聯合反漢。神爵元年（西元前 61 年），後將軍趙充國自薦率兵出征河湟，為解決參戰漢軍 6 萬人的糧食供應，減輕國家負擔，趙充國三上「屯田奏」，提出「屯田十二便，出兵則失十二利」，「內有亡費之利，外有守禦之備」等關於屯田的一整套理論，並親自付諸實踐，自臨羌至浩門間，開墾田地 2,000 公頃，修挖水渠，改善農業生產條件，並由內地移民實邊。今湟水沿岸和西寧北川，是當時屯田處所。趙充國屯田不僅在當時收到了顯著的經濟效益，取得了平羌的軍事勝利，而且對後世產生了極其深遠的影響。根據資料，當時在今平安縣設中營、東營和西營，時至今日，不僅東營、西營的地名依舊保留，而且民間仍有人把平安鎮叫「平中營」。

青海歷史：羌中傳奇與古國遺韻

羌中道在哪裡

羌中道是漢代絲綢之路的重要輔道之一，又稱青海道，因路經柴達木盆地、青海湖、湟水流域，東西橫貫青海地區而得名。一說因漢代這塊區域地屬羌人，故名「羌中道」。西元前139年，漢武帝派遣張騫第一次出使西域，自長安出發，經臨洮，渡黃河，至湟中，在翻越祁連山進入河西走廊的途中，被匈奴拘留10餘年。後張騫逃出，到大月氏（ㄖㄨˋㄓ），勸其與漢聯合攻打匈奴。大月氏王已安樂其地不願重歸故地，張騫返回途經于闐（今新疆和田）、且末、鄯善，為避開河西匈奴，向東南越過阿爾泰山，進入柴達木盆地，行至若羌至鮮水海一帶時，又被匈奴所俘而未能返回長安。

但張騫路經之處使中原的人們知道除了河西道外，還有一條大道可通西域。羌中道位於河西走廊之南，以鮮水海（今青海湖）為中心，大致分為三條：一條由青海湖西至小柴旦、大柴旦到今甘肅敦煌。自敦煌西出陽關至今新疆的若羌（當時的鄯善），與絲綢南道連線。一條由青海湖西到今格爾木，再西北經過尕斯庫勒湖，越過阿爾金山至鄯善，匯入絲綢之路南道。一條從青海湖經過格爾木，往西南的布倫臺，沿今楚拉克阿拉干河谷進入新疆，向西越阿爾金山，順著今天的阿雅克庫木湖至且末縣，與上述兩條路線會合。

從張騫「鑿通」，開闢中西交通的文化走廊開始，伴隨著形勢的轉變，河西道和青海道交替使用，相輔相成，為溝通中西文化交流和商貿往來，發揮了十分重要的作用。如魏晉南北朝時期，西夏曾一度占據河西走廊，中西往來的商旅等在河西道被阻塞不通，而吐谷渾國憑藉所在的青海道繁榮興盛起來，為溝通中亞經濟文化交流，做出了積極的貢獻。

石堡城之戰

這是唐與吐蕃在天寶年間為爭奪日月山策略要塞而進行的一次著名戰役。石堡城，又名鐵仞城，吐蕃於開元六年（西元718年）修建。據史書記載，石堡城在鄯州（今樂都）西300里，赤嶺（今日月山）東20里的地方。具體位置應在今青海湟源縣日月鄉大茶什浪村的大小方臺。考古工作者在此地也發現了唐代的房址、銅錢、陶片、磚等遺物。

史料載，石堡城三面懸崖絕壁，唯一面有盤旋石路可上，易守難攻，地勢十分險要，是唐王朝防禦吐蕃進入河湟侵脅中原的前哨陣地。因此，唐蕃雙方反覆爭奪，十分激烈。開元十七年（西元729年），唐信安王李禕率軍攻占石堡城，改名為振武軍。開元二十九年（西元741年），吐蕃攻破石堡城，進入「塞內」。此後每年麥熟季節，吐蕃總要到唐積石軍（今貴德縣）等屯區奪麥，唐軍難以阻止。天寶六年（西元747年），隴右節度使、河源軍使哥舒翰殲滅吐蕃奪麥士兵5,000餘騎，致使吐蕃奪麥之舉有所收斂。次年，哥舒翰在青海湖北增神威軍，在青海湖區築應龍軍，加強對吐蕃的防備。天寶八年（西元749年），哥舒翰命高秀岩、張守瑜率朔方、河東10萬大兵，強攻石堡城。唐軍血戰數日，傷亡重大，付出沉重代價攻占了石堡城，更名為神武軍（後又改名為天威軍）。

石堡城戰役之後，唐朝方面在唐蕃對峙的策略態勢中，由原來的守勢漸漸地變為軍事上的攻勢，從而扼止住了吐蕃東進的態勢，穩定了青海的局勢。哥舒翰因功被封為西平郡王。為此，詩人們留下了許多讚美的詩篇。如李白的〈答王十二寒夜獨酌有懷〉云：「君不能學哥舒，橫行青海夜帶刀，西屠石堡取紫袍。」西元755年，「安史之亂」爆發，唐軍東調，石堡城於唐肅宗至德元年（西元756年）重陷吐蕃之手，長達百年之久。

青海歷史：羌中傳奇與古國遺韻

大非川之戰

　　大非川之戰是唐朝為幫吐谷渾復國與吐蕃在青海境內展開的一次大規模戰役。唐高宗龍朔三年（西元663年），吐蕃吞滅唐之屬國吐谷渾，盡占吐谷渾牧地，立國350年的吐谷渾終被吐蕃吞滅。咸亨元年（西元670年），吐蕃趁勢大舉進攻今新疆地區的焉耆、龜茲、疏勒、于闐四鎮，唐廷並廢安西四鎮，在西域地區的統治發生動搖，影響了中西絲綢之路的暢通，於是決定對吐蕃進行大規模的反擊。同年八月，唐高宗周密布置，任命右威衛大將軍薛仁貴為邏娑道行軍大總管，左衛員外大將軍阿史那道真、左懷將軍郭待封為副將，率兵10萬征討吐蕃，企圖一舉擊敗吐蕃，幫助吐谷渾復國，重返青海牧地，以抵擋吐蕃進犯唐朝腹地。

　　薛仁貴奉命率軍行至大非川（今海南州興海縣大河壩地區），命副將郭待封率2萬人在大非嶺守護軍糧輜重，囑咐其堅守不可輕離，自率主力進攻烏海（今托素湖），突襲吐蕃獲勝。郭待封不願受薛仁貴節度，為搶頭功擅自違令率輜重隨後繼進，遭吐蕃圍攻，軍糧輜重全部喪失。薛仁貴回師相救，退軍屯於大非川，遭到號稱四十萬吐蕃大軍的圍剿，唐軍終寡不敵眾，除薛仁貴、阿史那道真、郭待封等將領逃脫外，幾乎全軍覆滅。著名的大非川之戰以唐軍慘敗而告終，從此吐蕃進一步鞏固了對吐谷渾轄地的控制，雙方在日月山一帶加強兵力防守，展開了曠日持久的對峙。大非川戰役對吐谷渾來說，憑靠唐朝的力量復國的希望徹底破滅。吐谷渾復國無望，王室遷往靈州（今寧夏靈武），此後再也沒有回到青海故地。

唐蕃聯姻

唐蕃聯姻是指唐與吐蕃之間發生在西元 641 年和 710 年的兩次聯姻活動。

第一次是唐貞觀十四年（西元 640 年），吐蕃遣大相祿東贊至長安向唐朝為贊普松贊干布請婚。唐太宗應允以文成公主許婚。次年，太宗遣江夏王李道宗持節送公主入吐蕃。松贊干布率兵到柏海迎候。唐太宗陪送豐厚的嫁妝，包括釋迦牟尼八歲等身像，松贊干布日後專門在拉薩修建了小昭寺供養。此外，公主入嫁吐蕃還將大批金玉綢帛等精美的手工藝品及有關生產技術、醫學、佛經、卜筮、曆法等書籍數卷，中原地區的農具製造、紡織、建築、製陶、冶金等技術和曆算、醫學等帶入吐蕃，為吐蕃文化注入了中原漢族的文化基因，同時開創了唐蕃雙方關係史上的嶄新局面。此後，唐蕃雙方以甥舅相稱，在政治、經濟、文化各方面展開了廣泛的交流和溝通。文成公主與松贊干布的故事在民間也以戲劇、壁畫、民歌、傳說等多種形式廣為流傳。在藏傳佛教中，文成公主被視為觀音化身之一——綠度母的化身。位於今玉樹縣巴塘鄉所在地西北約 4,000 公尺的貝納溝存有著名的文成公主廟，是唐蕃聯姻在青海的重要遺跡。

第二次是景龍元年（西元 707 年），唐中宗將雍王李守禮之女金城公主嫁給吐蕃贊普赤德祖丹。景龍三年（西元 709 年），赤德祖丹遣大臣尚贊吐等千餘人到長安迎娶。次年，唐中宗派左驍衛大將軍楊矩護送金城公主取道青海，前往邏些。唐中宗還親自送金城公主至始平縣，並改縣名為金平縣，哭別之地為鳳池愴別里。金城公主喜愛文藝，隨帶樂工、雜持眾人，各種工藝典籍及錦繡數萬匹到吐蕃。唐朝以黃河九曲之地為

公主湯沐邑。在金城公主的努力下，唐玄宗開元二十年（西元732年），吐蕃請求以赤嶺為界，互市於甘松嶺（今四川松潘西北），唐朝應允以赤嶺為界，在赤嶺就地互市。開元二十二年（西元734年），唐朝派金吾將軍李佺前往赤嶺劃界豎碑會盟，碑文明確提到「舅甥修其舊好，同為一家」。雙方保證「不以兵強而害義，不以為利而棄言」。文成公主、金城公主入蕃聯姻，漢藏和平相處，為兩族人民的友好往來、文化交流奠定了深厚的基礎，為兩族人民世代讚頌。

吐谷渾國都伏俟城今何在

吐谷渾國都城伏俟城在今青海湖西岸7.5公里處，即今青海海南藏族自治州共和縣石乃亥鄉鐵卜恰古城。西元535年，誇呂繼立為吐谷渾王後所築，為吐谷渾後期政治、經濟活動中心。其城牆遺跡尚存。城牆長220公尺，寬12公尺，高12公尺，牆基17公尺，東西有門，尚有外廓。

弘化公主是何人

弘化公主，唐朝宗室女，吐谷渾王諾曷缽之妻。唐太宗貞觀十三年（西元639年），吐谷渾王諾曷缽入朝長安，獻馬牛羊萬頭，且請婚。太宗以17歲的弘化公主妻之，在長安完婚，妝奩甚厚。他們在京城度過了甜蜜日月。次年三月，唐太宗令皇叔淮陽王李道明為特使，右武衛將軍慕寶率軍持節，送弘化公主夫婦歸國到伏俟城（青海湖西岸約7.5公里處）。從此唐與吐谷渾結成甥舅關係，雙方友好往來頻繁，隴右青海呈現

出一幅安寧繁榮的景象。

　　唐高宗龍朔三年（西元 663 年），吐蕃進攻吐谷渾，弘化公主隨諾曷缽逃至涼州（今甘肅武威）。咸亨元年（西元 670 年），大非川戰敗，吐谷渾復國無望，弘化公主夫妻率殘部歸唐，被安置於靈州（今寧夏靈武）。武則天時賜弘化公主姓武，改封西平大長公主。武則天聖曆元年（西元 698 年）病逝，葬於涼州（今甘肅武威）陽暉谷冶城山岡。民國時發現其墓室，墓誌銘「大周故西平公主墓誌」。當時武威縣商務會長受武威縣知事康敷鎔指派，將墓誌移入武威縣文昌宮儲存，現存武威縣文化館。

金城公主與文成公主是什麼關係

　　貞觀十四年（西元 640 年），唐太宗將文成公主嫁給吐蕃贊普松贊干布為妻。松贊干布西元 650 年去世，因其子共松共贊死於松贊干布之前，故由其孫芒松芒贊繼位。西元 679 年，芒松芒贊故，其子赤都松贊嗣位。703 年，赤都松贊陣亡，705 年由其子赤德祖贊繼承贊普之位。西元 709 年，唐中宗將金城公主許給吐蕃贊普赤德祖贊為妻。由於赤德祖贊是贊普松贊干布的曾孫，那麼，文成公主則應是赤德祖丹的曾祖母，金城公主則是文成公主的曾孫媳婦。

唃囉政權在青海歷史上的地位如何

　　北宋景祐元年（西元 1034 年），贊普後裔的唃廝囉以青唐城（今西寧市）為都城，建立起宋代河湟地區的一個以藏族為主體的地方政權。唃

廝囉立足青唐地區，努力經營西寧地區，大力發展農牧業生產，加強政權、軍事及城鎮建設。尤其是在商業貿易方面，河西走廊被西夏控制，東西方往來之商人無法通行，青唐政權抓住這一歷史機遇，充分發揮絲綢之路青海輔道的作用，創造便利條件。如給往來商旅提供食宿館驛、語言翻譯、道路安全保障等，鼓勵西域商人在青唐城從事商貿活動。據《青唐錄》記載，宋末，青唐城內就有于闐、回紇等西域往來賈販之人數百家居之。

「青唐道」的興盛，使青唐政權由此獲得了巨大的經濟利益。《宋史·吐蕃傳》說：「廝囉居鄯州，西有臨谷城通青海，高昌諸國商人皆趨鄯州貿易，以故富強。」隨著經濟交往的密切，青唐吐蕃政權與西域各地的政治文化關係也得到加強。在文化上，青唐政權繼承吐蕃崇尚佛教的傳統。《宋史·吐蕃傳》記載：「其國大抵吐蕃遺俗。」佛教得到統治者的大力扶持，佛教僧侶在社會中擁有很高地位，甚至參與朝政，「吐蕃重僧，有大事必集僧決之。僧麗法無不免者」。當時，青唐城內塔廟眾多，「城中之屋，佛舍居半」，賦予了青唐濃厚的佛教文化氣息，是青唐獨特的文化特色。

據史料記載，青唐政權最盛時，疆域東到秦州西界，南達今果洛地區，北至祁連山，西越青海湖，大致據有《宋史·地理志》上的鄯、湟、廓、熙、河、洮、岷、迭、宕等州和積石軍地，基本上是安多地區，東西長約1,500里，南北寬約800里，擁有人口約百萬。青唐已成為當時湟水流域政治、經濟、商貿和文化發展中心，對於青海東部社會經濟文化的發展和溝通中西經濟文化交流等方面產生了重要影響。

青唐城今何在

青唐城即今西寧城，唐朝在這裡設鄯城縣，稱鄯城。唐朝安史之亂後，鄯城被吐蕃占據，稱為青唐城。「青唐」是藏語「吉塘」的對音，在藏語中，吉塘是指青海湖以東的河湟地區。宋朝漢文史書稱「宗喀」地區為「宗哥」。北宋時期唃廝囉以青唐城為王城，建立政權，宋代史料中對其所統部眾，稱作「青唐族」。青唐城原是魏晉和十六國時期的古西平郡城，位於湟水之濱，東與宗哥城（藏語稱湟水為宗喀水，宗哥城即宗喀城）相接，西與林金城（臨谷城、臨蕃城）相鄰，北與犛牛城（在今大通縣內，也叫宣威城）毗連，南與伏羌堡（今湟中縣內）接壤，四川交會，群山環抱，地勢險要，是絲綢之路東段南道、唐蕃古道和茶馬之路上的重鎮，地理位置十分重要。

李遠著《青唐錄》記載，青唐城周回20里，城門8座，分為東、西二城。西城為王城，建有規模宏大的議事大殿、青唐主宮室、貴族府第、喇嘛教寺院、軍政衙門、大型祭壇，住有數千戶人家。東城為商城，各族開設的商店林立，貨物品種繁多，生意興隆。當時西夏控制河西走廊，採取高稅盤剝政策，而唃廝囉製造寬鬆環境，以優惠政策保護過往商旅的貿易和安全，來往於絲綢之路上的各國各族商人均改道，走青海道和河湟道。於是，青唐城就成為了溝通東西方貿易的中轉站，各地商人雲集，商品琳瑯滿目，堪稱為當時的繁榮都市。青唐政權財稅收入源源不斷，財富積聚十分可觀。《宋史》說：「唃廝囉居鄯州（青唐，西元1099年北宋改名鄯州），西有臨谷城通青海、高昌，諸國商人皆趨鄯州貿易，以故富強。」

「三賢哲」對藏傳佛教後弘期有何貢獻

據藏文史籍記載，西元 9 世紀中葉，吐蕃贊普朗達瑪下令禁佛，佛教僧人四處逃散，尋找棲身之所。當時，正在西藏曲臥日地方（今西藏曲水縣境）靜修的三位佛僧藏饒賽、約·格迥和瑪爾釋迦牟尼聞訊，攜帶律經西逃阿里，後到新疆于闐（今和田縣），最後輾轉到河湟地區傳法，在今青海化隆境內招收當地牧童貢巴饒賽剃度為徒。貢巴饒賽在旦斗寺修行弘法，建立了許多寺院。藏傳佛教史上把貢巴饒賽的三位剃度師稱為「三賢哲」或「三賢士」。三賢哲和貢巴饒賽的弘法活動迎來了藏傳佛教後弘期下路弘法的蓬勃興起，使河湟一帶成為當時藏傳佛教文化的復興基地。

茶馬互市是怎麼回事

自古以來，農業區和牧業區迥然不同的氣候環境、地理特點、生活方式，使得農牧之間在經濟上一直存在互通有無、相互補充，開展互市的活動。茶馬互市就是其中一項重要的內容。長期從事畜牧業生產的兄弟民族，歷來就有以羊、馬或其他畜產品向漢族交換布匹茶絹的傳統。如隋朝與吐谷渾開承風嶺進行互市。唐朝與吐蕃於開元十九年（西元 731 年）以赤嶺為互市地點，唐用絲織品、茶葉等物與吐蕃交換馬匹及其他畜產品。唐代宗時，回紇「送馬十萬匹，酬以縑帛百萬餘匹」。到德宗時，改以茶易馬，「回紇入朝，始驅馬市茶」。在歷史文獻資料上留下了關於茶馬互市的最早記載。

那麼，茶與馬的結緣何以如此深厚呢？大家知道，西北地區，尤其

是青藏高原，對茶葉的需求，一方面來自於茶葉的功效用途，另一方面是由青藏高原高寒、乾燥的氣候和以牲畜肉食為主的飲食特點所決定的。這就使得茶葉成為青藏高原的少數民族人民生活中不可缺少的必需品。但茶葉不產於本地，而青藏高原等地出產的良馬，又為中原王朝所急需，所以在歷史上很長一段時期內，茶馬互市便成為青藏各地與內地的一項大宗貿易，同時封建王朝利用茶葉的特殊需要牽制籠絡西北邊疆民族，將此作為一項重要的治邊方略，並根據具體情況的變化不斷得到完善，逐漸形成一套完整的制度。

史料記載，五代時，西北蕃商入邊貿易不絕，茶和馬是主要商品。北宋時期，宋、遼、夏長期對峙，軍馬需求量劇增，而隴右產馬區不歸北宋統轄，於是在原、渭、德順三州開闢市場，漢蕃間進行互市。宋神宗時施新法，改馬政，建榷茶市馬。熙寧七年（西元 1074 年），令「李杞入罰，經畫買茶」，並「於秦、鳳、熙、河（等州）博馬」。次年，採納李杞的建議，「賣茶買馬，固為一事」，「同提舉買馬」。駐守熙河路的王韶建言：「西人頗以善馬至邊，所嗜唯茶，置提舉熙河路買馬。」元豐四年（西元 1081 年），宋設都大提舉茶馬司，將茶馬併為一司，規定「凡市馬於四夷，率以茶易之」，由朝廷統一經營茶馬市易遂成定制。這是專職茶馬事務的最早機構。到宋哲宗紹聖年間（西元 1094～1098 年），熙河路每年買馬達 2 萬匹，是北宋初年從中國範圍市購馬總數的 4 倍，成為買馬最多的路。元符二年（西元 1099 年），宋軍入河湟，次年把熙河路的存茶全部集中到湟州，專市青海馬。

元代疆域廣大，馬匹易得，茶馬市易一度中衰。明代茶馬互市再度興盛，其制度比前代更加細備。明代茶馬市易由國家壟斷經營，規定商人交錢領引（由政府發給茶商的一種運銷憑證）運茶，每 7 斤包裝一篦

（武宗正德十年，即西元 1515 年，淨茶 3 斤為一篦），從產茶之地運至茶馬司後，官商對分，官茶易馬，商茶自賣。按商人所運茶數，每百斤給 14 斤附帶茶（簡稱附茶，又稱副茶），作為運價。有茶之地設有徵稅的茶課司，收儲有茶倉，商人運輸、銷售茶葉有引，產馬地區有儲茶易馬的茶馬司，交通要道有查驗茶、引的批驗所。

明政府設巡茶御史總管茶馬事務，後改由馬政都御史兼管。官府嚴禁私茶流入產馬的少數民族地區，調集軍隊在交通要道嚴格把守，違者從重治罪。明洪武五年（西元 1372 年），先後在秦州（今甘肅天水）、河州、甘州、莊浪等設茶馬司（洪武三十年改為西寧茶馬司），管理甘青地區藏族的茶馬市易事務。明代完備茶馬互市的另一項舉措是在藏區定期實行差發馬制，明初規定，上等馬賜給茶 120 斤，中等 70 斤，駒 50 斤。洪武十六年，令甘青等地的少數民族按土地和人戶的多寡承擔賦稅，如 3,000 戶的 3 戶出馬 1 匹，4,000 戶則 4 戶出馬一匹，定為土賦，其目的是「使其知尊君親上奉朝廷之禮也」。與此同時，為了杜絕邊將假借朝命擾害少數民族，派使臣到西寧等地向沿邊部落頒發金牌信符，憑牌交馬給茶。如必里衛 29 族，金牌 21 面，納馬 7,705 匹，在河州司交納；西寧塞外四衛及巴哇等藏族發金牌 16 面，納馬 3,050 匹，在西寧茶馬司交納。由欽差近臣統領官軍 3 年一次檢查金牌，印烙徵收。

明中期以後，金牌差馬制漸廢，改勘合制，茶馬司由 3 年一次改為每年定期開市，養馬者持朝廷頒給的勘合文書，直接赴茶馬司納馬領茶。孝宗弘治三年（西元 1490 年），准許每名商人運茶 30 引（每引不超過百斤）至茶馬司，官收其十分之四，用以換馬，其餘可由商人自賣營利，後改為官收十分之三。武宗正德元年（西元 1506 年），規定商人不願從價者，以茶葉的一半給商人，令其自賣，遂成為定制。商人販茶除

用以換馬外，也可用茶換取少數民族毛布、土特產和雜物等畜產品。

明末，私茶氾濫，茶馬司只能得到中下之馬，良馬盡入商人之廄獲得重利，導致明王朝失去了對茶葉的壟斷，茶法、馬政廢止。明朝參與茶馬市易除了藏、撒里畏兀兒、撒拉等族以外，與西海蒙古也實行過馬市貿易，但一般用銀、錢或布、糧等物易馬，而不以茶易馬，目的是防止蒙古貴族得茶後操縱藏族。

清初沿襲明制繼續實行茶馬互市。順治二年（西元1645年），恢復西寧等茶馬司，統由陝西茶馬御史督理。順治十年（西元1653年）規定每引正茶100斤，另附茶14斤作為商人運費。茶馬比價：上馬給茶12篦（每篦10斤，合兩封），中馬9篦，下馬6篦。康熙四十四年（西元1705年），中止以茶易馬，改徵茶稅，以充兵餉，准允商人自由貿易。雍正九年（西元1731年）用兵新疆，西寧等5司又恢復以茶易馬，下等馬茶價增至7篦。雍正十三年，新疆戰事平息，少數民族以易馬為累，請求停止。於是，以茶易馬復停，延續千餘年之久的茶馬互市結束。

劉元鼎使蕃的意義是什麼

9世紀初，吐蕃連年與唐爭戰，民窮財盡，朝內爭奪權勢。王室在日趨衰落等情勢下，利用藏傳佛教在吐蕃的興起，在僧相缽闡布的策動下，為贏得民心，鞏固王室權力，多次派遣使臣赴唐請求和盟，唐蕃雙方關係得到改善。長慶元年（西元821年），唐穆宗命宰相及大臣17人與吐蕃使論訥羅在長安西郊會盟，唐朝方面承認吐蕃占有河隴，吐蕃承諾不再擾侵唐邊境。次年，唐派大理卿大夫劉元鼎作為會盟使，前往吐蕃

邏娑（今西藏拉薩）參加會盟儀式，受到吐蕃贊普赤德祖贊（赤熱巴金）的盛情款待。這次會盟史稱長慶會盟，亦稱甥舅會盟。會盟的盟文用漢藏兩種文字刻在〈長慶會盟碑〉上，該碑至今屹立在拉薩大昭寺前，成為漢藏兩族兄弟友情的歷史見證。

劉元鼎使蕃意義重大：其一，長慶會盟基本結束了唐蕃間多年的爭戰，符合唐蕃各族人民的共同願望，順應歷史潮流；其二，劉元鼎使蕃時途經青海，期間他會見了早年從軍流散到邊疆的內地父老，憑弔了古城堡，謁見了赤嶺界碑。尤其是劉元鼎入蕃會盟往返途經今青海境內黃河上游，歸長安後寫成〈使吐蕃經見紀略〉，詳細描述了沿途山川地貌，對黃河河源的地理狀況作了細緻的描述，具有很高的歷史地理價值。

開元劃界是怎麼回事

唐朝時期，唐蕃雙方戰爭連綿不斷，兩國都消耗了巨大的人財物力。特別是在較大的幾次戰役中，吐蕃失利，損失慘重，急於罷兵停戰。金城公主為此做了不懈的努力，她多次與贊普一起上書唐玄宗，表達自己希望唐蕃兩國和睦相處。對唐朝來說，朝廷內大多數人也希望停戰，以紓民困。開元十八年（西元 730 年），唐玄宗派皇甫唯明及張元方等人以探視金城公主為名入蕃，表達停戰和平之願望。吐蕃方面立即作出積極響應，派重臣名悉臘隨唐使入朝談判，雙方很快達成協議，於「赤嶺（今日月山）各豎分界之碑，約以更不相侵」。

開元二十二年（西元 734 年），唐派金吾將軍李佺到青海，在赤嶺與吐蕃分界立碑。碑文明確提到「舅甥修其舊好，同為一家」。隨後，唐蕃分派官員到雙方交界各處，布告「兩國和好，無相侵掠」。這就是著名的

「開元劃界」，也稱「赤嶺分界」。赤嶺立碑兩年後，唐蕃邊境又起戰事，開元界碑被毀壞。今天在青海湟源縣博物館還能見到唐蕃開元界碑殘段及碑座遺物。

隋煬帝西巡

隋煬帝西巡是隋朝皇帝楊廣以征服吐谷渾打通西域通道為目的的一次巡行。大業四年（西元608年），隋聯合鐵勒擊敗吐谷渾後，隋軍撤回，吐谷渾主伏允趁機恢復其故地，占據今日月山以西環海地區及今河曲草原和海南、海西等，東達洮迭，「西兼鄯善、且末」，「多氂牛，饒銅鐵」，擁有優良畜群和數以萬計的騎兵。特別是吐谷渾利用絲綢商路青海道國富兵強，引起隋朝政府的極大不安。隋煬帝時，國力強盛，解除了最大的突厥邊患。鑑於此，煬帝欲取吐谷渾，占據絲綢之路，以滿足隋煬帝本人好大喜功、向外擴張的野心。

大業五年（西元609年）三月二日，隋煬帝率文武百官、嬪妃侍從及各路大軍浩浩蕩蕩從長安出發，巡視隴右河西地區，拉開了隋煬帝西巡的序幕。三日到武功，八日過扶風，逾隴山後，四月三日至隴西，到隴川宮，九日到狄道（今甘肅臨洮）。四月二十七日出臨律關（今甘肅積石山縣大河家）渡過黃河，至西平郡（今青海樂都），在此陳兵講武、演習軍事。

五月九日至十三日，煬帝在拔延山（屬今青海拉脊山脈）圍獵五天。十四日入長寧谷（今西寧北川），二十日宴群臣於金山（在今大通縣西南部）、渡星嶺（大坂山），二十二日至浩門川。渡河時橋壞，殺朝散大夫黃亙及督役者9人，幾天後橋修好過河。這時吐谷渾王伏允率眾據守覆

袁川（今祁連縣永安河谷一帶）。煬帝渡過大通河，包圍覆袁川，採取四路合圍的策略，將伏允圍殲於覆袁川。伏允以金蟬脫殼之計率數十騎逃出重圍，退保車我真山（今祁連八寶山），退守青海湖南部。

五月二十六日，煬帝遣右屯衛大將軍張定和率軍攻車我真山，張輕敵上陣，中矢而死。其次將柳武建擊破吐谷渾。二十八日，吐谷渾仙頭王被圍，率10萬餘眾降隋。六月二日，煬帝遣梁默、李瓊追伏允，均兵敗被殺。又派銀青光祿大夫劉權出伊吾道，經柴達木沿布哈河南下，擊敗吐谷渾，破其伏俟城。伏允南奔，客居党項。吐谷渾戰敗後，隋在吐谷渾故地置西海、河源、且末、鄯善四郡（其中西海、河源兩郡地在今日青海湖地區和海南黃南等地），發天下輕罪徒移居於此，開屯田，命劉權屯積石鎮，「留鎮西鏡」。

六月八日，隋煬帝率眾經大斗拔谷（今甘肅國樂縣扁都口）前往張掖。六月十一日抵張掖，六月十七日登燕支山（今甘肅山丹縣大黃山），設宴款待高昌、伊吾等西域27國國王及使者。二十一日，在觀風行殿引見高昌王、吐屯設等升殿宴飲，陪列者20餘國，奏九部樂，演魚龍戲，氣氛熱烈而友好。據當地百姓傳說，隋煬帝西巡駐蹕處是今張掖大佛寺。六月二十五日，煬帝一行巡視朔方、榆林等地後，返回都城長安，西巡結束，成就了中國歷史上帝王首巡西陲的罕事。

宗哥河之役

宗哥河之役是北宋前期西夏與唃廝囉政權爭奪河湟的重要戰役。宋初，西夏興起，將青海河湟地區作為擴張的目標。宋仁宗景祐二年（西元1035年），夏主元昊遣其令公蘇奴兒率軍2.5萬人進攻唃廝囉，會戰於犛

牛城（今青海大通新城），夏軍慘敗，蘇奴兒被俘。第二年，元昊率大軍再攻犛牛城及青唐、宗哥諸城，青唐城失陷，唃廝囉退居邈川。不久，唃廝囉探得虛實，得知夏軍趁夜渡宗哥河（今湟水），並在河中水淺處插上小旗為標誌，遂派人暗將小旗移到深水處。結果夏軍依照旗所示下水渡河，十之八九被溺死，元昊慘敗退回西夏。宗哥河之役，唃廝囉擊退夏軍，成功地保衛了新興的青唐政權及河湟人民的生命財產，唃廝囉在河湟吐蕃人中的威望大大提升。

明朝移民安邊是怎麼回事

　　明朝建立後，為鞏固邊防，解決守邊軍士的糧食供應問題，令各地都司衛所普遍屯田，日漸完備，遂形成一整套軍屯制度。在青海境內，主要在西寧衛和歸德千戶所所轄之地屯田。洪武十年（西元1377年）西寧衛開始屯田，主要分布在今湟源峽以東湟水河谷地區，歸德千戶所於永樂十年（西元1412年），在今貴德到循化之間的黃河及其支流隆務河河谷地區開展屯田生產。據《臨洮府志》、《循化志》等方志資料記載，歸德千戶所有10個屯寨，即今貴德莫渠溝一帶的王源寨、周鑑寨、劉慶寨；今尖扎康楊地區的楊鸞寨、康泰寨、李釗寨；今同仁保安地區的吳屯、李屯、季屯和脫屯。後來，軍戶落籍屯地，這些屯寨逐漸發展為規模較大的村落。

　　伴隨著屯田舉措，中國有不少漢人來到河湟地區從事屯田或戍守，有些定居下來，對青海民族構成和分布格局產生了重要影響。洪武、永樂時，西寧衛有官軍戶7,200戶，歸德所有官軍戶1,100多戶。除此以外，還有其他的來源，一是明初隨鄧愈、沐英等將領入兵關隴，先後進

據河湟地區的軍卒，其中多為江左淮泗一帶的人。民國時西寧等地還有穿弓鞋的婦女。這種服飾在甘肅臨潭、岷縣一帶也有，《洮岷志》稱著弓鞋的婦女為「鳳陽婆」。二是因罪充軍或被籍為軍戶後發配來的。據有關記載，來西寧及河西地區邊衛的有山西、河南、山東、湖廣、陝西、直隸、保定、安東、瀋陽等府州縣被發配為軍戶者。據傳洪武年間南京珠璣巷居民元宵節演社火，有人化裝猴戲，倒騎馬上，明太祖朱元璋認為係有意譏諷馬皇后，將全巷居民或殺或發配到邊疆。還有一類是正常調撥來此地定居的。如保定四屯，就是「屯兵之初，皆自內地撥往，非番人也。故今有吳屯者，其鐵飯碗蓋江南人，餘亦有河州人」。

湟中三捷是怎麼回事

湟中三捷是明神宗萬曆二十三年（西元 1595 年），明軍半定西海蒙古侵擾河湟地區三次戰事的總稱。自萬曆十八、十九年（西元 1590、1591 年）鄭洛經略青海後，雲集青海的東蒙古大部散歸故地，勢力較強的永邵卜、火落赤、真相等部也徙帳別處，西陲暫獲安寧。鄭洛還兵後，永、火、真諸部又復聚西海，屢入抄掠，西寧衛諸地又不得安寧。明廷遣甘肅巡撫田樂等率軍重創蒙古大軍，取得了湟中三捷。

首捷為甘山大捷。甘浚山地處河西走廊的張掖，東蒙古切吉台吉從子青把都據此地，他與青海永邵卜等遙相呼應，明軍疲於奔波，勞而無獲。田樂與諸將商議，決定兵分四路，於萬曆二十三年（西元 1595 年）五月四日潛師進襲甘浚山，消除了明軍對付西海諸部的後顧之患。

第二捷為南川大捷。九月九日，適逢重陽節，永邵卜認為明軍必不設防，便揮師進兵西寧南川。明軍由監牧通判龍膺策劃，以兵備使劉敏

寬為主帥，命參將達雲率西寧漢、土、番部設伏於南川捏爾朵峽（今湟中縣上新莊南），待永邵卜千餘騎進入峽內，大敗蒙古兵。

第三捷康纏之役。永邵卜不甘挫敗，糾合火落赤、真瓦剌它卜囊諸部，於十月十三日由湟源一帶進入西寧南川。田樂聽取龍膺等人建議，採取誘敵深入的辦法，誘使蒙古軍進入西川康纏溝（今湟中縣康城寨一帶）。二十二日，達雲率軍對蒙古軍形成包圍之勢，於次日大敗蒙古軍，永邵卜、瓦剌它卜囊等部族連夜徙帳於鹽池以西，火落赤渡黃河向南而去，康纏大捷宣告結束。

甘山、南川、康纏三大戰役使西海蒙古迭遭重創，在青海的勢力從此衰落，河湟地區所謂「海寇之患」被徹底肅清。

什麼是土司制度

明朝建立後，承繼元代以土官治土人的制度，順治四年到十一年（西元1647～1654年），清政府相繼發給土官號紙印敕，正式稱其為「土司」，並分別授予指揮使、指揮僉事、指揮同知等職銜。土司既是中央王朝封授的封建領主、本地區少數民族的豪酋，也是封建王朝統治的代理人。清朝根據所屬部族和牧地、耕地占有情況，令「各土司仍其舊」，「封土司民」，「各領所部耕牧」，「皆予世襲」。同時土司對國家要承擔朝貢、徵調和保塞等職責。另外，各家土司有品級，但不領俸祿。在其轄區內，建有土司衙門的政府機構，兵刑錢穀皆管，設有監獄和刑具，有土兵、土差，制定土規、土律等，但衙門不許修城。在清廷「以流制土」制度下，土司與朝廷派來的流官共同負責地方事務。

明代，在西寧封十六家土司，大部在土族地區。其中西寧縣（包括

湟中、互助）6家，碾伯縣（包括民和）10家，土族7家。青海土司直到1931年8月才由南京國民政府明令取消，各土司分別委任為副縣長、區長、家長之職，土司制度正式退出了歷史舞臺。

羅卜藏丹津叛亂是怎麼回事

羅卜藏丹津是和碩特蒙古最高首領固始汗之孫，清朝康熙五十三年（西元1714年）承襲和碩特親王的爵位，成為青海和碩特部蒙古貴族的最高首領。康熙五十九年（西元1720年），羅卜藏丹津作為和碩特蒙古貴族的代表參加了清軍護送達賴喇嘛入藏的軍事行動。伴隨著這次入藏，清廷剪除了準噶爾對西藏的控制，繼而不再恢復和碩特汗王統治西藏的舊制，而是選派4名藏族世俗貴族組成噶倫，負責西藏政務。

這一舉措使和碩特蒙古親王羅卜藏丹津失望，粉碎了羅卜藏丹津重掌西藏的政治目標。所以在雍正皇帝剛剛登上皇位，即雍正元年（西元1723年），羅卜藏丹津脅迫青海蒙古各部貴族在察罕托羅海會盟，自稱「達賴渾台吉」，強令各部台吉用舊名號，一概不許稱本朝封給的王、貝勒、公等，號召「恢復先人霸業」，發動了反清的武裝叛亂。他令各部蒙兵、部分藏族部落和各大寺院喇嘛眾僧，向西寧附近的南川、北川、西川等地發起進攻，放火搶掠財物。清廷聞知，派駐西寧辦理青海事務侍郎常壽前往勸說羅卜藏丹津罷兵，常壽反被拘執；繼命年羹堯為撫遠大將軍，以四川提督岳鍾琪參贊軍務，進駐西寧指揮平叛。同年冬，清軍收復西寧周圍諸堡寨，繼而收復了塔爾寺、廓隆寺，羅卜藏丹津敗退青海湖以西。第二年二月，岳鍾琪率軍進入柴達木，蒙古部眾降者數萬，

清軍將羅卜藏族丹津的母親和妹妹俘獲。羅卜藏丹津化裝為婦人，攜其妻妾，逃往準噶爾避難。

羅卜藏丹津反清失敗，結束了和碩特貴族在青藏高原上的政治割據局面，為清朝在青海地區全面施政鋪平了道路。此後不久，清廷以年羹堯所奏《青海善後事宜十三條》及《禁約青海十二事》為基礎，陸續發表了一系列對青海歷史影響重大的治理措施，包括改衛所制為府縣制，如改西寧衛為西寧府，下設 2 縣 1 衛，即西寧縣、碾伯縣、大通衛；對蒙古族各部採取編旗設佐領的措施，共編為 29 旗；在藏族地區推行千百戶制；同時派駐欽差辦理青海蒙古番子事務大臣管理青海蒙藏所有事務。以上種種舉措，使清朝對青海的施政和治理得到強化，對青海地區的發展和進步產生了全面的推動作用。

清代青藏驛道如何設定

清代青藏驛道是指清代青海西寧至西藏拉薩之間的官馬大道。驛道沿唐蕃開闢的古道發展而成，是內地入藏的主要通道。自起點西寧至終點拉薩間的官道里程分二段，從西寧至穆魯烏蘇河柯柯賽渡口 30 程，共 1,710 里，再由柯柯賽渡口至西藏拉薩 37 程，共 1,960 里。途經丹噶爾、倒淌河、星宿海，至色吾河谷口，渡烏魯木蘇河，基本與唐蕃古道重合。在這條官道上一般不設固定驛站，來往官員及文書傳遞等差役，均由路經各族及各部落負責支應，沿途各部族也有責任擔當傳遞文書、江河濟渡等護送任務。

何為西寧塞外四衛

明代為進一步鞏固西北邊陲，加強對邊遠地區各少數民族的統治，於今嘉峪關以西、哈密以東以及青海湖、柴達木盆地一帶設立 7 個衛，稱「關西七衛」。其中今青海境內有安定、阿端、曲先和罕東 4 衛，史稱「塞外四衛」。明朝施以「羈縻」政策統治四衛，由部落首領擔任衛官，職位可世襲，衛官在轄區內擁有民政、司法、軍事等權力。四衛屬民不列入國家戶籍，屬民也不向國家交納賦稅。朝廷既不派流官治理，也不派兵駐紮，准許四衛因俗而治，但要受西寧衛節制。塞外四衛的民族成分主要是撒里畏兀兒人，也有蒙古、西番、漢人等。武宗正德年間（西元 1506～1521 年），因東蒙古侵擾，四衛遂廢。

西寧辦事大臣有何職掌

清朝平定羅卜藏丹津叛亂後，鑑於青海牧區地廣人稀，蒙藏兩族逐水草而牧，經濟社會發展明顯落後於中原等現實情況，採取了特殊的統治體制，即不把青海牧業區納入內地行省體制當中，而是看成一個相當於行省的特殊行政區域，由中央設定西寧辦事大臣進行管理。西寧辦事大臣全稱為「欽差辦理青海蒙古番子事務大臣」，簡稱「青海辦事大臣」。雍正三年（西元 1725 年）以後，因其衙門署置於西寧府城，又稱為「西寧辦事大臣」。

西寧辦事大臣統轄區域主要是青海蒙古三十旗和玉樹四十族的游牧之地。乾隆五十六年（西元 1791 年），循化及貴德兩廳所屬的 76 個「熟戶」部和 77 個「生番」部落也歸由西寧辦事大臣管轄。五十九年（西元

1794年），清朝又將循化、貴德兩廳文武官員歸辦事大臣調遣。嘉慶十一年（西元1806年），西寧鎮、道以下官員也歸入西寧辦事大臣兼轄節制。西寧辦事大臣總管上述蒙藏部落轄區和政教一切事務，具體包括蒙古王公及札薩克的封爵承襲，藏族千百戶頭人的任免，各大寺院活佛轉世事宜；稽查各旗、部落的戶口、牲畜、田畝；管理、控制蒙藏各旗、部的茶糧貿易；管理蒙藏兩族間的各種糾紛和命盜案件；會同陝甘總督、駐藏辦事大臣及四川督撫協調處置甘青、青藏和青川之間的相關事宜。定期督察和主持會盟也是辦事大臣日常管理之事。另外，辦事大臣還握有統兵之權。

丹噶爾何以稱為「小北京」

丹噶爾，今青海湟源縣，「路通西藏，逼近青海」，具有重要的策略地位。尤「為漢土回民遠近番人及蒙古往來交易之所」，在清朝嘉慶、道光之際，「青海、西藏番貨雲集，內地各省客商輻輳，每年進口貨價至百二十萬兩之多」。商業特盛，成為西北地區民族貿易的重鎮，以至於「丹民衣食，仰給農業者半，仰給工商者亦半」。故有「小北京」之稱。

「西寧」一名起於何時

北宋宋徽宗崇寧三年（西元1104年）五月，宋軍攻占河湟地區，改鄯州為西寧州，置安撫使都護，受隴右節度。青海省城西寧之名始於此，距今已有900餘年的悠久歷史。「西寧」西漢時為先零羌所據，史籍中曾寫作「西零」。在今西寧西北有「西納川」（藏語讀西零、西寧為西納），

故「西寧」是由西納衍化而來。另「西寧」含「西方安寧之意」。當時西寧州設定後，轄一縣，三城。一縣即倚郭縣，治今西寧南川伏羌堡。三城：龍支城（今青海平安縣古城一帶），寧西城（今西寧市本次黑嘴或吳仲村附近），宣威城（今大通縣橋頭鎮附近）。高永年為西寧州第一任州知事。

貴德十屯是怎麼回事

明朝洪武六年（西元1373年）貴德城始建，到洪武十三年（西元1380年）修建竣工，歷時7年。同年七月，明朝為加強貴德的守軍力量，遷河州（今甘肅臨夏）農民48戶至歸德，「免其賦稅守城」，後又調河州百戶王猷、劉慶、周鑑攜帶家屬來貴德守禦城池，設王、劉、周3屯。此後，又在貴德轄區設立了7屯，即今黃南同仁縣的脫、季、李、吳4屯和尖扎縣的康、楊、李3屯，共計10屯。

青海建省在何時

1928年10月17日，中國國民黨中央政治委員會根據馮玉祥的建議，決定將原甘肅西寧道所屬的西寧、大通、碾伯、循化、巴燕、湟源、貴德7縣與原西寧辦事大臣長官所屬的青海牧區劃出，成立青海省，並決定以西寧為省會。任命孫仲連、馬麒、黎丹、林兢、郭立志5人為省府委員會委員，後增補九世達賴、班禪額爾德尼為委員。任命孫仲連為第一任省政府主席。1929年1月18日，孫仲連到達西寧，26日正式就任省主席一職。新建立的青海省，除將原來的巴燕縣改為化隆、碾伯縣改

為樂都縣外，又增設互助、民和、同仁、門源、共和 5 縣，將玉樹、都蘭兩理事改為玉樹縣和都蘭縣，青海建省設定初具規模，轄地與今大致相同。青海建省，在青海歷史上是一件大事，青海從此進入了一個新的歷史發展時期。

甘邊寧海鎮守使

甘邊寧海鎮守使是民初在青海設定的軍政職官名稱。1915 年，改西寧鎮總兵為西寧鎮守使，繼而又仿照川邊西康鎮守使先例，改西寧鎮守使為甘邊寧海鎮守使。同年青海辦事長官一職被裁撤，規定「以青海屬甘，以長官事屬鎮守使」，任馬麒為甘邊守海鎮守使兼蒙番宣慰使。鎮守使署、蒙番宣慰使署同設西寧。1926 年，國民革命軍馮玉祥部進入青海，次年 2 月改甘邊寧海鎮守使為青海護軍使。

鳳山書院在哪裡

鳳山書院在今青海省所轄的樂都縣境。清高宗乾隆二十四年（西元 1759 年），由碾伯縣（今青海樂都）知縣何澤著在縣城西北隅建立，舊名「樂都書院」，後廢。清宣宗道光二十一年（西元 1841 年），知縣馮燨改移東關重建，因其地背倚鳳凰山，故改稱鳳山書院。建門室五重，前為講堂，北為樓，左右為小屋，東有別院。光緒三十一年（西元 1905 年），知縣吳寶琛將其改造成碾伯縣高等小學堂。

青海歷史：羌中傳奇與古國遺韻

俺答汗來青海是為了什麼

　　俺答汗，是明代蒙古族歷史上一位傑出的領袖人物，成吉思汗第17代孫，在青海歷史上留下了很重要的足跡。其父巴爾斯博羅特濟農（達延汗）是右翼三大部即鄂爾多斯、土默特和永邵卜部的盟主。從嘉慶十一年（西元1532年）開始，俺答汗隨長兄墨爾根濟農西征到達青海。隆慶四年（西元1570年），俺答汗第二次到青海。萬曆五年（西元1577年），俺答汗第四子丙兔在青海湖南岸的察卡齊雅勒（今青海共和縣恰卡恰）建成一座寺院，明神宗賜名「仰華寺」。第二年，俺答汗與格魯派領袖索南嘉措在仰華寺會晤，雙方以元朝蒙古統治者和薩迦派的關係為榜樣，確立了「供施關係」，結成同盟。

　　兩位首領互贈名號，俺答汗賜給索南嘉措「聖識一切瓦齊爾達喇達賴喇嘛」的尊號，意思是「法海無邊偉大的上師」，黃教僧侶最高神王「達賴喇嘛」轉世活佛的名號即由此而來。哲蚌寺往上追贈兩世，宗喀巴的親授弟子根敦朱巴為第一世達賴喇嘛，哲蚌寺的法臺根敦嘉措為第二世達賴喇嘛，索南嘉措為第三世達賴喇嘛。索南嘉措尊俺答汗為「轉千金輪咱克喇瓦爾第徹辰汗」（意為睿智賢明的轉輪王）。這個尊號與元朝初年大國師八思巴贈與元世祖忽必烈汗的尊號相同。

　　俺答汗頻繁入居青海，尤其是對西海（青海湖）的占有，究其原因大致有四：

- ◉ 第一，為贏得在蒙古內部封建割據戰爭中的勝利，俺答汗必須擴大領地，以滿足封建主分封領土的需求而占據西海。
- ◉ 第二，俺答汗進據西海，是其經濟活動的必然要求。隨著蒙古部落生產的日益發展，牲畜的增多，牧地日趨緊張，必然引起牲畜與草

原承載能力之間矛盾的加劇，於是尋找新牧場就成為緩解矛盾的必然選擇。而地曠人稀、水草豐美的西海牧場就成為東蒙古的理想選擇。

- 第三，皈依黃教，始於俺答。俺答汗與索南嘉措在仰華寺的歷史性會晤，不僅揭開了黃教在蒙古族中傳播的序幕，同時也成為蒙藏關係史上一個新的起點。從此，蒙古汗王成為格魯派政治上、經濟上的強大支持者和護法王。這對格魯派的傳播和興盛產生了重要的影響。
- 第四，西海的策略位置十分重要，它不僅是絲綢之路的重要通道，也是入藏大道的必經之路，這對尋求蒙古部落新的發展至關重要，充分顯示出俺答汗頗有政治眼光，此後的歷史也證實了這一點。

固始汗是何人

固始汗（西元1582～1655年）亦名顧實汗，本名圖魯拜琥，藏名敦真知卻吉嘉波，衛拉特蒙古四部之一和碩特部的首領，成吉思汗弟哈布圖哈薩爾的第19代孫，父親哈尼諾顏洪果爾，世代為衛拉特汗。明神宗萬曆三十四年（西元1606年），固始汗用和平方式調解平息了喀爾喀蒙古與衛拉特蒙古之間的戰爭，被藏傳佛教格魯派的東柯爾活佛和喀爾喀部汗贈「大國師」稱號，故稱固始汗（國始汗轉音）。

崇禎九年（西元1636年），固始汗率部屬由天山北麓進入青海。次年，在血山戰役中戰勝喀爾喀蒙古王公卻圖汗，取得青海地區的統治權，將所屬部青海和碩特部分為左翼和右翼，派自己的10個兒子統領。固始汗信仰格魯派，崇禎十一年（西元1638年）被五世達賴喇嘛羅桑嘉

措授予「丹增卻傑丹波」即「持教法王」的名號。崇禎十三年（西元1640年），他消滅了四川甘孜的白利土司，次年，又率兵進入西藏，消滅了反對格魯派的第悉藏巴，以格魯派護教法王身分坐鎮拉薩，建立以和碩特汗王為核心，蒙藏統治階級相結合的西藏地方政權。在政治上，固始汗極力推崇格魯派。

順治二年（西元1645年），固始汗贈給後藏扎什倫布寺羅桑卻吉堅贊「班禪博克多」的稱號，由此確立了格魯派第二大活佛轉世系統，並獻給後藏稅收以為供養，為班禪尊號之始。順治十年（西元1653年），清政府遣使冊封五世達賴為「西天大善自在佛所領天下釋教普通瓦赤喇怛喇達賴喇嘛」，並賜金冊、金印。清廷同時也派使臣到西藏，封固始汗為「遵行文義敏慧顧實汗」，賜給金冊金印，冊文用滿、漢、蒙古三種文字，實際承認固始汗作為清朝的代理人身分統治西藏。順治十一年（西元1654年），固始汗在拉薩病故，順治皇帝在給理藩院的諭旨中指出，固始汗「克盡克誠，深為可嘉。予以祭典，以酬其忠」並「遣官致祭」。

楊應琚在青海歷史上有何作為

楊應琚，字佩之，號松門，遼海（今遼寧開原）漢正白旗人，出身顯宦世家。清世宗雍正十年（西元1732年），以廕生授員外郎，出任山西河東道。十一年（西元1733年）蒞任西寧道，次年轉任臨鞏道。清高宗乾隆元年（西元1736年）再調任西寧道。前後十七八載，廉潔守志，百事躬親，興利除弊，調整地方軍政建制，對河湟地區社會安定和經濟文化的發展做出了突出的貢獻。

行政建制方面，在雍正三年（西元1725年）改西寧衛為西寧府的基礎上，在日月山下的丹噶爾城（今湟源）設縣佐；乾隆三年（西元1738年），將原屬甘肅臨洮府的歸德千戶所（後改稱貴德）改隸西寧府管轄；九年（西元1744年），析碾伯縣境東南新設巴燕戎格撫番（今化隆），將大通衛署由永安（今海北門源縣）移駐白塔城（今大通老城關鎮）。

　　任陝甘總督期間，二十六年（西元1761年）改大通衛為大通縣；二十七年（西元1762年）原屬河州管轄的循化設循化廳；使西寧形成府、縣、廳三級較為完備的行政區劃。針對西寧府「一線東通，三面外暴」的孤之勢，乾隆初年，在拉脊山和日月山以南一線修築了黑古城、乩思觀、扎什巴、康家寨、河拉庫托等9處城堡，派官兵分守，「自設城防兵後，諸番皆畏怯不敢肆惡，居民行旅咸便之」。

　　文化教育方面，楊應琚深刻了解教育對改變青海文化落後的重要性，首創西寧府貢院，捐資設立西寧縣儒學，始創回民社學，在丹噶爾城創立新社學，還建立了貴德所義學，設儒學、社學、義學多處，延請江浙儒士任教。在經濟上，設官墾田整治水利，督勸墾殖，積極推廣先進的耕作技術。首倡在西寧、碾伯、大通、貴德等地設立社倉，分儲糧食，河湟地區「生齒歲增」，在西門口外修了惠民橋。

　　由於政績卓著，楊應琚受到乾隆的讚賞。曾遷任甘肅、山東巡撫、河東道、兩廣總督、閩浙總督。二十四年（西元1759年），又以太子太保銜調任甘肅總督。次年任陝甘總督。三十一年（西元1766年），移雲貴總督，終年71歲。楊應琚博學多才，勤於著述。所修《西寧府新志》文字精雅，資料詳實，考證慎嚴，綱目詳備，眾多方志中，屬上乘之作。另有《據鞍錄》傳世。

青海歷史：羌中傳奇與古國遺韻

青海三馬指誰

　　青海三馬指馬麒、馬麟和馬步芳三人，皆為河州（今甘肅臨夏）人、回族、西北馬家軍閥，三馬對青海近代歷史產生了重大影響。

　　馬麒（西元 1869～1931 年），字閣臣，父親馬海晏，生馬麒、馬麟和馬鳳三子。馬麒 1912 年任西寧鎮總兵，馬氏家族開始走向獨立的發展道路。1915 年升任甘邊寧海鎮守使兼蒙番宣慰使，組建寧海軍。1918 年參與拉卡楞事件。1922 年成立寧海回教促進會，任會長，並在西寧、大通、貴德等 7 縣設會立小學。1923 年，任甘邊寧海墾務總局督辦，數次禁種罌粟。1924 年派朱鄉進京參加善後會議，希冀建立青海特別行政區。1927 年任青海護軍使。青海建省後為省政府委員兼建設廳廳長。1930 年，馮玉祥與蔣中正發生「中原大戰」，由馮玉祥批准代理青海省政府主席。1931 年 8 月 5 日，馬麒病逝於湟中上五莊水峽官邸，終年 62 歲。

　　馬麟（西元 1873～1945 年），字勛臣，馬麒胞弟。民初隨兄入西寧。寧海軍組建後，任參謀長兼右營統領。青海省建省時任建設廳長。1929 年孫連仲代行甘肅省政府主席，調馬麟赴蘭州，任甘肅保安總司令，旋編建甘肅騎兵第一師並任師長，1931 年該師移駐武威，交馬步青接任，馬麒繼兄代理青海省政府主席職務，後受親姪馬步芳排擠。1936 年馬麟卸任後，退居河州乩藏老家，營建「鳳林園」一座，持名「國府委員」，直到 1945 年 1 月 26 日病歿，終年 71 歲。

　　馬步芳（西元 1903～1975 年），字子香，馬麟次子。1912 年入寧海軍軍官訓練團學習。1915 年任甘邊寧海鎮守使署參謀。1918 年任寧海軍馬隊第一營副營長。1925 年任寧海軍騎兵團長。4 年後，孫連仲入西寧，任獨立第九混成旅旅長。1930 年調駐西寧，任青海暫編第一師師

長。1931年春被蔣中正改編為暫編第一師任師長。1934年任新編第二軍軍長，所轄第九師改編為第100師。1935年任青海保安處長。1936年馬麒離職後代理省主席職務，1938年正式被任命為青海省主席，手握一省軍、政、財大權，成為遠近聞名的「青海王」。後擴充軍馬，壯大勢力，到1948年武裝力量擁有8萬人。1949年馬步芳被任命為西北軍政長官，在蘭州就任。同年8月，在第二次國共內戰的蘭州戰役中，主力部隊被人民解放軍擊潰，與其子馬繼援先後逃離青海，結束了馬氏軍閥對青海長達近40年的統治。不久，馬氏一家遷居國外，1975年馬步芳病故於沙烏地阿拉伯，終年72歲。

拉卜楞事件是怎麼回事

　　拉卜楞事件是民初馬麒軍政勢力與甘肅拉卜楞寺寺主政教勢力之間的衝突事件。拉卜楞寺位於甘肅省夏河縣，係青海蒙古河南親王所建，清代以來拉卜楞地區行政上隸屬青海管轄。1916年，拉卜楞寺寺主嘉木樣四世圓寂，阿莽倉活佛任「斯姜」（攝政），與管家宗哲發生爭執。甘肅督軍張廣建派馬麒負責查辦。馬麒派人調停，阿莽倉拒絕調解，馬麒決定以武力解決事端，於1918年6月派馬麟率寧海軍約千人赴拉卜楞，阿莽倉敗死，寺權歸於宗哲，馬麟將寧海軍一個營的兵力留在拉卜楞寺。

　　1920年嘉木樣五世轉世靈童選定了西康黃位中之子，馬麒派人請靈童盡快坐床，黃位中卻以寧海軍撤離作為回寺坐床的條件。馬麒應允，但事後卻無撤軍行動。寧海軍駐寺軍官馬壽干預寺內事務，引起僧眾不滿。1924年初，黃位中要求馬麒調換馬壽。是年2月，馬麒以對抗政府陰謀造反的罪名，下令寺院及所屬部落的槍支一律收繳，還索馬罰款。

黃位中便暗中派人告之甘督陸洪濤，陸派甘肅實業廳廳長車玉衡調處。結果馬麒停止收槍，調回馬壽。黃位中雖多次赴省申訴，要求馬麒部撤離，並要求將拉卜楞地方由西寧道改隸蘭州道，均無結果。

1925年，黃氏到甘南牧區，組織武裝，準備武力驅逐寧海軍出境。馬麒聞訊，派馬麟率萬餘人赴拉卜楞。黃位中的武裝與馬麟部先後在甘家灘、桑科灘發生戰鬥，雙方均有傷亡，北洋政府派甘肅軍務督辦馮玉祥處理此事，馮令中將劉郁芬就近解決。在國民軍的調集下，1927年春，馬麒的代表魏敷滋與拉卜楞寺的代表黃正清（五世靈童之兄）在蘭州談判，決定在拉卜楞設立治局，歸蘭州道管轄，恢復嘉木樣五世的政教權力，寧海軍撤離，由甘肅省派保安大隊維持治安。至此，歷時近10年的拉卡楞事件結束。

何謂寧海回教促進會

寧海回教促進會是民國時期設定的青海民間教育機構。1922年5月在同仁學校長邵鴻恩（漢族）等人的精心籌備下，在西寧東關清真大寺建立了寧海回教促進會，馬麒任會長，西寧東關清真大寺教長馬駿任副會長。初建以「促進回教青年學生教育，並闡發回教真諦」為宗旨，1924年，按甘肅省指示易名為寧海回教教育促進會。1929年，國民軍孫連仲主政時，改寧海回教教育促進會為青海回教促進會。安樹德（回族）任會長。1931年馬步芳自任會長。促進會在西寧東關設師資講習所，招生一班，學制一年，為該會創辦中等專業學校的肇起，也是後來崑崙中學的萌芽。次年，在師資講習所原址設立初級中學一所，校名為青海回教促

進會立初級中學校（簡稱回中），1942 年 9 月改稱青海省回教教育促進會立崑崙中學。

　　崑崙中學實行軍事管理，開設步兵操典等軍事課程，主要招收回族學生，宗教色彩也較濃，是一所「既有宗教的特點，又含有政治的實質」的學校。畢業的學生多從政從軍。在當時中國回民教育中享有一定的盛名。正如著名記者范長江在《中國的西北角》一書中所說：「尤以回教中學，其辦理之完善，恐在西北當歸入第一等學校中。」該校為青海回族教育的發展和普及，奠定了一定的基礎。

青海歷史：羌中傳奇與古國遺韻

青海漫遊：雪域奇觀與湖泊祕境

青海漫遊：雪域奇觀與湖泊祕境

「在那遙遠的地方，有位好姑娘……」每當唱起或聽到王洛賓這首膾炙人口的著名歌曲，我們就會想起美麗的青海，想起那夢一般的青海湖和那浪漫的金銀灘草原；想起那莊嚴肅穆、金碧輝煌，瀰漫著濃郁宗教色彩的塔爾寺；想起那神奇的三江源；想起藏羚羊的故鄉可可西里；想起那永遠活在高原人民心中年輕貌美的文成公主以及她所走過的路、翻過的山；想起青海五個世居少數民族——藏族、回族、土族、撒拉族、蒙古族的純樸熱情和能歌善舞……

青海省省情有何特點

具有權威性的《中國國家地理》雜誌有這樣描述青海地理方位的句子，「對邊疆，它像內地；對內地，它像邊疆」，文字不多，卻很恰當。打開中國地圖你會發現，在中國的靠西部，有一行政區的形狀恰似一隻溫順可愛的玉兔，那便是美麗的青海省。青海省省情主要有以下幾方面特點。

1. 面積大，人口少

青海省簡稱青，省會西寧，它地處被譽為「世界屋脊」的青藏高原的東北部。其北部、東部與甘肅省相鄰，東南部與四川省接壤，南部、西南部與西藏自治區相連，西北部與新疆維吾爾自治區相接，是西藏、新疆連線內地的重要紐帶之一，也是中國西部地區的地理中心區域。青海省東西長1,200公里，南北寬800公里，總面積72.12萬平方公里，僅次於新疆、西藏、內蒙古，居中國第四位，從面積上來說，青海顯然是一

個大省。據最新統計，在 2023 年的統計，青海省總人口 594 萬，在中國的行政區域中，人口僅多於西藏自治區（365 萬）而位列倒數第二，因此又是一個人口小省。

2. 海拔較高，高山多，湖泊多

青海省是青藏高原的一部分，相對來說海拔較高，全省平均海拔在 3,500 公尺以上，最高海拔 6,860 公尺，最低海拔 1,650 公尺。海拔較低的青海東部河湟谷地，包括西寧市在內，也多在 2,000 公尺以上。需要說明的是，青海省與內地相比海拔高是事實，但對絕大多數遊客而言不會有多大影響。很多遊客畏懼高海拔主要是心理作用，克服心理畏懼感，就很容易適應這種環境，如今青海旅遊的發展已證明了這一點。況且，青海絕大多數的主要旅遊景點都分布在海拔 2,000～3,300 公尺之間，另外，挑戰高海拔本身就是遊青海的一大誘惑與挑戰。

特殊的地質結構使這裡彙集著世界上許多著名的高大山脈，烘托出一股無與倫比的雄偉氣勢，也使青海有了「萬山之宗」之美名。其北部有阿爾金山－祁連山脈，南部有唐古拉山脈，中部有著名的崑崙山脈。這些高大的山脈將青海分割為柴達木盆地、共和盆地、河湟谷地和青南高原四大塊。巍巍雪山孕育了無數江河湖泊，其中中國的母親河──黃河以及長江，還有亞洲著名的河流瀾滄江均發源於此，構成了三江源，使青海享有「中華水塔」的美譽。豐富的水資源也造就了星羅棋布的湖泊，青海省共有大小湖泊 458 個，湖水面積 12,855 平方公里，僅次於西藏居中國第二位。其中青海湖是中國最大的內陸湖泊，也是最大的內陸鹹水湖，青海省因青海湖而得名。另外，地處柴達木盆地的察爾汗鹽水湖是世界上最大的內陸鹽水湖之一。

3. 特色資源豐富

　　青海省是一個美麗而富饒的地方，各種資源非常豐富，其中最具地方代表性、最具經濟開發價值的資源有：水電資源、鹽水湖資源、有色金屬資源、石油天然氣資源、畜牧業資源、野生動植物資源、旅遊資源以及太陽能、風能等新興資源。

　　據統計，全省礦產資源人均占有量為中國人均占有量的 50 倍，名列中國首位。全省已發現礦種 126 種，在已探明的礦產資源儲量中，有 53 個礦種居中國前 10 位，其中鋰、鎂、鍶、鉀鹽、芒硝、石棉等 11 種礦產儲量名列中國第一。

　　水電資源居中國第 5 位，僅龍羊峽至寺溝峽 200 多公里的河段上，落差就達 860 公尺，可修建大型水電站 6 座、中型水電站 7 座，被譽為中國水力資源的「富礦」地帶，稱為「黃金水道」。已建成的水電站有龍羊峽水電站、李家峽水電站、公伯峽水電站、拉西瓦水電站、直崗拉卡水電站、尼那水電站等。

　　可利用草原面積 4.74 億畝，為中國四大牧區之一。野生動植物資源也很豐富，目前有中國一級保護動物 20 餘種，如藏羚羊、野犛牛、白唇鹿、黑頸鶴等，二級保護動物有 39 種。野生植物資源有 1,000 餘種，其中 600 餘種有較高的藥用價值，如神奇的冬蟲夏草、大黃、貝母、雪蓮、藏茵陳、佛手參等，成為中國天然野生中、藏藥材生產基地。

4. 歷史悠久，民族眾多，文化燦爛

　　據考古發現，早在距今兩三萬年前的舊時代晚期，就有人類在今柴達木盆地、崑崙山一帶繁衍生息，所以說這裡是中國古代文明的發祥地之一。青海又是一個多民族聚居省分，全省共有 40 多個民族，其中有

6個世居民族，分別是漢族、藏族、回族、土族、撒拉族和蒙古族。目前，少數民族人口占全省總人口的45.5%。在長期共同的發展歷程中，各民族在這塊土地上既保留本民族特色，又相互融合、相互影響，創造了燦爛無比、獨具異彩的地方文化，成為人類寶貴的文化遺產。

青海省有幾個民族自治州

青海省現轄6個民族自治州，分別是海南藏族自治州（簡稱海南州）、海北藏族自治州、黃南藏族自治州、玉樹藏族自治州、果洛藏族自治州和海西蒙古族藏族自治州。

海南藏族自治州位於青海省東部，因地處著名的青海湖南部，故名海南。海南州現轄共和縣、貴德縣、興海縣、貴南縣、同德縣，另外轄一行政委員會，即龍羊峽。州府為恰卜恰鎮，「恰卜恰」為蒙語，意為肥沃的草原，海拔2,880公尺。海南州既是青海省重要的畜牧業基地，又是重要的農業基地。黃河在這裡緩緩流淌，途經貴德，神奇地造就了「天下黃河貴德清」這一令世人感慨的美景，真不知是黃河因貴德而神奇，還是貴德因黃河而美麗。

海北藏族自治州因地處青海湖北岸，故名海北。著名的祁連山及其支脈由西北向東橫貫州境，這裡河流眾多，水草豐美。綠的草原、綠的森林、湛藍的青海湖、黃燦燦的油菜花和神祕的原子城等構成了海北州迷人的主色調。海北州現轄門源回族自治縣、祁連縣、剛察縣、海晏縣。州府為旅遊勝地西海鎮，海拔3,000公尺。

黃南藏族自治州位於青海省的東南部，全州基本以畜牧業為主。因為黃河的沐浴，在這片土地上生活著除藏族之外的漢族、蒙古族、土

族、回族和撒拉族等眾多民族。同樣是因為黃河的沐浴，在這片土地上，神奇地綻放出一朵民族文化的奇葩——熱貢藝術。黃南州現轄同仁縣、尖扎縣、澤庫縣、河南蒙古族自治縣和李家峽辦事處。州府為同仁縣隆務鎮，海拔 2,480 公尺。

玉樹藏族自治州位於青海省的西南部，面積 19.8 萬平方公里，占全省總面積的 27.5%，可謂地域遼闊，是全省重要的畜牧業基地之一。玉樹州有四個顯著特徵：

- 第一，藏民族聚居。全州人口中近 97% 是藏族，占全省藏族人口近 1/4，是省內藏族分布最集中的地區，因此，這裡的藏文化非常豐富、非常有特點。漫步玉樹草原，你隨處可看到藏傳佛教不同教派的寺院，隨處可欣賞到粗獷豪放、形式多樣、表現力極強的藏族歌舞，玉樹草原也就有了享譽海內外的「歌舞的海洋」之美名。
- 第二，高山、極高山眾多。北有崑崙山，西有可可西里山，南有唐古拉山，東北部有巴顏喀拉山等，平均海拔均在 5,000 公尺以上，因地處崑崙山以南，這裡成為青南高原重要的組成部分。
- 第三，中國乃至亞洲重要的水源地。長江、黃河、瀾滄江均發源於此。
- 第四，旅遊資源豐富。除了代表性的藏文化以及神奇的高原自然景觀外，歷史上的唐蕃古道和今天的青藏鐵路在此巧妙地構成了一大旅遊景觀。

玉樹州現轄玉樹縣、稱多縣、囊謙縣、雜多縣、治多縣、曲麻萊縣。州府為玉樹縣結古鎮，結古為藏語，是集散之地的意思，海拔 3,710 公尺。

果洛藏族自治州地處青藏高原腹地的黃河源頭，這裡草原遼闊，牧

草豐美，是全省主要的畜牧業基地之一。白雪常年覆蓋的阿尼瑪卿山是藏族人民心中的神山，也是果洛這塊土地剛毅而神奇的象徵。這裡有黃河流域兩個最大、最美的淡水湖——鄂陵湖、扎陵湖；這裡有千湖競碧的星宿海；這裡是藏族人民的英雄格薩爾的故鄉。果洛州共轄6個縣，分別是瑪沁縣、瑪多縣、甘德縣、達日縣、班瑪縣、久治縣，州府駐地為大武鎮，海拔3,730公尺。

海西蒙古族藏族自治州因在青海湖以西，故名海西。它北鄰甘肅省，西接新疆自治區，南與本省的玉樹、果洛兩州相連，東與本省的海南、海北兩州毗鄰。地域遼闊是該州的一大特點，總面積達到32.58萬平方公里，占青海省總面積的45.17%。海西州是青海省的重工業基地，該州州域的主體為舉世聞名的聚寶盆柴達木盆地，盆地面積幾乎占到了該州總面積的80%，青海省引以為自豪的鹽水湖資源、石油天然氣資源、有色金屬資源等均蘊藏於此，現已建成了鹽化工基地、有色金屬基地、石油天然氣基地。另外，海西州旅遊資源不但豐富，而且品味高、壟斷性強，再加上便捷的立體式的交通，尤其是青藏鐵路的開通，使海西州成為青海省發展旅遊業的另一重要基地。海西州現轄三縣兩市三個行政委員會，分別是德令哈市、格爾木市、都蘭縣、烏蘭縣、天峻縣、大柴旦行政委員會、冷湖行政委員會、茫崖行政委員會，自治州首府為德令哈市，海拔2,980公尺。

青海省有幾座大城市

青海省現有3座城市，分別是，青海省省會西寧市；海西州州府所在地德令哈市；青海省第二大城市、青藏高原第三大城市格爾木市。這

裡我們重點介紹德令哈市和格爾木市，省會西寧市在後面有詳細介紹。

格爾木，中國的鹽水湖城，「格爾木」蒙古語為「河流密集的地方」，轄區面積12.45萬平方公里，號稱世界最大城市（指轄區面積）。市區面積30多平方公里，居住著漢、藏、回、蒙古族等20多個民族，人口20多萬。市區海拔2,800公尺，屬典型的高原大陸性氣候，地表層的水氣蒸發量大於降水量，因此乾旱少雨是一大特徵。聽當地人說，在格爾木，若誰家在幫年輕人舉辦結婚大事的時候恰巧碰見下雨天，那可是天賜吉祥，是非常幸運的日子。另外格爾木日照充足，晝夜溫差大，冬暖夏涼，是理想的避暑勝地。

格爾木還是青海省重要的交通樞紐，向南可至拉薩，向北可達甘肅敦煌，東與省會西寧相連。青藏、青新、敦格公路均交會於此。更重要的是，它是青藏鐵路的起點，是進藏的門戶，搭飛機可達西寧、西安、濟南等城市。隨著社會經濟的不斷發展，格爾木作為交通樞紐的地位愈顯重要，交通將會更加方便、快捷。格爾木市是青海省各種資源的富集區，動植物資源和礦產資源極為豐富，尤其是旅遊資源讓人驚嘆，高原奇特的自然風光和獨特的民族風情異彩紛呈，非常適合開展野生動植物觀光、探險、登山、狩獵、科考、自駕車旅遊、民俗風情遊和現代工業遊等多種特色旅遊活動。

德令哈市位於柴達木盆地東北邊緣，1988年撤鎮建市，現在是海西蒙古族藏族自治州州府所在地，是全州政治、教育、科技、文化中心，也是海西東部經濟區中心。「德令哈」是蒙古語，意為「金色的世界」，轄區總面積3.2萬平方公里，海拔2,980公尺。人口近10萬，共有蒙古、藏、回、撒拉、土、漢等19個民族，蒙古族為當地主要少數民族。德令哈市地域遼闊，地形複雜，山、川、盆、湖兼有，資源富集，土地肥

沃,光熱充足。這裡是青海省生態綠洲農牧業的重點地區,是柴達木優質絨山羊的繁育基地。這裡物華天寶,資源眾多。旅遊資源尤為豐富,有神祕的「外星人遺址」、古柏蓊鬱的柏樹山、碧波粼粼的黑石山水庫,有一鹹一淡、生態各異、遙相呼應、神韻悠長的「褡褳湖」——托素湖和可魯克湖。特色旅遊區吸引著來自四面八方的遊客。

西寧市為何被譽為「中國的夏都」

西寧市是青海省的省會,是全省政治、經濟、文化、教育、科技、交通和商貿中心,現轄城東、城中、城西、城北四個區和大通、湟中、湟源三個縣以及西寧經濟開發區和城南新區,總面積 7,649 平方公里,長住人口 246.79 萬,其中市區面積 350 平方公里,市區長住人口 103 萬多,由漢、回、土、藏、蒙、滿、撒拉等 36 個民族組成,是青藏高原上第一個,也是唯一人口超過百萬的中心城市。

「夏都」是對西寧城市內涵及特徵的準確定位,是對外宣傳促銷的訴求點,是提升西寧市地位及知名度、美譽度非常有特色的品牌。「夏都」品牌應包含以下幾方面內涵:

◆ **第一,「夏都」的地域範圍**

「中國夏都」是指以西寧市為核心,方圓 150～200 公里內廣大區域,東西南北分別包含了樂都、民和、循化;日月山、青海湖;同仁熱貢藝術之鄉;互助土族之鄉等。所以,「夏都」實際上是一個環西寧圈。該圈是青海省的東部地區,從地理學上講屬於東部季風區,海拔平均在 2,200 公尺左右。

青海漫遊：雪域奇觀與湖泊祕境

◆ 第二，「夏都」品牌的形成是基於氣候的原因

「夏都」的核心區西寧市地處青藏高原東部邊緣，黃河支流湟水上游，平均海拔 2,295 公尺，屬大陸高原半乾旱氣候，冬無嚴寒，夏無酷暑，年平均氣溫 6.1°C，即使在七八月分，平均氣溫也只有 12°C～19°C，涼爽宜人，溼度適宜，相對於內地盛夏季節的高溫天氣，的確是天然的避暑勝地。這一氣候特徵在中國少有，所以「中國·夏都」這一品牌從氣候、氣溫的角度來講，的確是名副其實。

◆ 第三，「夏都」旅遊資源極為豐富，旅遊業發達

這一範圍內包括了著名的青海湖、鳥島、日月山、金銀灘草原、互助北山林場、孟達天池、坎布拉國家森林公園以及藏傳佛教聖地塔爾寺、隆務寺、瞿壇寺等，還有享譽國際的熱貢藝術、柳灣彩陶和以藏族、土族、撒拉族等民族為代表的高原民族風情等。另外，西寧市作為高原城市除了是青海省最重要的旅遊集散地外，其本身就是一大旅遊景觀。這裡交通方便，通訊發達，旅遊基礎設施完善，已被評為中國國家級優秀旅遊城市。因此，在「夏都」可開展多種旅遊活動，尤其適合開展避暑、觀光、休閒、度假、體育、跨文化旅遊等多項旅遊專案。每年夏季在這裡舉辦的「中國鬱金香節」和「環青海湖國際公路自由車賽」已成為享譽海內外的知名品牌，吸引著眾多遊人前來觀光。

◆ 第四，西寧的歷史悠久

西寧是一座具有 2,000 多年歷史的古城，悠久的歷史留下了厚重的文化。西寧又是一個多民族聚居之地，民俗風情、宗教文化豐富多彩，獨具地方特色。在中國西部大開發政策的推進下，西寧已發展為一座現代化都市。所以「中國·夏都」又是歷史文化夏都和高原現代都市文化夏都。

西寧市區內好玩的地方有哪些

　　西寧市作為青海省省會，一直是青海省最重要的旅遊集散地。這裡交通方便，通訊發達，住宿、餐飲、娛樂、購物等基礎條件較為完善，而且環繞西寧市周圍旅遊景點豐富。很多來青遊客誤以為西寧市區內沒有多少旅遊景點，不是主要的旅遊目的地。其實只要你留心，在西寧市市區內可供遊玩的地方很多，也都很有特色。

　　遊西寧首先應看看青海博物館，這是一個外鄉遊客認識青海、最便捷的窗口；在青海博物館的正前方是西寧市最大、最有特色的新寧廣場；去逛西寧市人民公園是不錯的選擇，這裡綠樹成蔭、鳥語花香，是你放鬆心情的好地方，是一座嶄新的透著地方特色與時代氣息的新型主題公園；西寧南山公園和上海浦東新區結為友好市區，山上有樹有草，有亭有園，有古老的寺院，有現代的雕塑，登此山可一覽古城西寧全貌；登完南山再上北山，此處就是省內著名的一大旅遊景點土樓觀，是西寧作為2,000多年歷史古城的見證，它以獨特的山體造型和山中的寺、觀、塔、窟等建築而著稱於世，是中國先民留下的一筆豐厚的文化遺產。

　　其他好玩的地方還有：青海省最大、最有影響，並且是西北四大清真寺之一的西寧東關清真大寺、西寧植物園、西寧虎臺公園、西寧文化公園、西寧中心廣場、西寧生物園區的藏醫藥文化博物館、西寧城南新區。如果你想逛街，可以去大什字到西門口的老商業區，可以去城西區商業巷周圍新的繁華商業區；如果你想品嘗西寧小吃和地方特色菜，可以去城東區東大街逛逛。還有，莫家街一定要去，保你滿意。華燈初上，是逛夜市的好時光，推薦你去大新街夜市和水井巷夜市。

青海漫遊：雪域奇觀與湖泊祕境

青海省有哪些中國 4A 級以上景區

旅遊業的迅速發展，帶動了青海省旅遊景區景點的建設，為數眾多、特色鮮明的一批旅遊景區景點相繼建成並向遊人開放。目前，全省有幾個景區景點被評選為中國 4A 級景區，分別是格爾木崑崙文化旅遊景區、青海省博物館和循化撒拉族綠色家園。此外，塔爾寺旅遊景區、互助土族故土園旅遊景區和青海湖旅遊景區是 5A 級中國最高級別旅遊景區。

青海省博物館為何代表著青海的旅遊形象

青海省博物館籌建於 1957 年，1986 年 9 月利用原馬步芳公館——馨廬正式建立並對外開放。2001 年 5 月，青海省博物館整體遷入位於西寧市新寧廣場東側的新館中。這是青海省第一座具有現代化功能的大型博物館，占地 1.7 萬平方公尺，內設主、側展廳 9 個，整體建築採用傳統的中軸對稱手法，具有濃厚的民族、地方特色。博物館是西寧市的代表性建築，同時也代表著青海的旅遊形象。

青海省博物館自建館以來，即以服務觀眾、提高展覽水準、加強學習為工作重心，利用館藏文物，突出地方特色，以在校學生為主要服務對象，先後推出一系列順應時勢、受青少年學生、百姓歡迎的展覽，得到了社會各界的廣泛好評。青海省博物館遷入新館後，更是以觀眾利益為重，推行「二為」方針，精選館藏文物，廣泛徵求意見，在 2001 年 5 月 1 日新館開館之際推出「青海史前文明」、「青海民族文物」、「青海藏傳佛教藝術」三個基本陳列，並榮獲第五屆「中國十大陳列展覽精品」提

名獎。「柳灣墓地陳列」榮獲第六屆（「中國博物館十大陳列展覽精品」。

　　青海省博物館為青海省第四個中國 4A 級旅遊景區。該館還引進了「雙藝合璧——瑞士攝影家縣伊代克鏡頭中的大使賈珂梅悌」、「臺北故宮館藏書畫展」等展覽，又應澳門政府的邀請，籌備「青海春節習俗展」赴澳門展出。這些業務活動豐富了本地觀眾的文化生活，拓寬了視野，為社會大眾提供了高品味的自我展示才華的場所，同時也為外地遊客了解青海發揮了窗口作用。

　　青海省地處三江源頭，歷史悠久，自古以來就是一個多民族聚居的地區，因而館藏文物也極富地方和民族特色。彩陶是新石器時代和青銅時代本地先民創造的最輝煌的文明成果，也是館藏的特色之一。這些彩陶在數量、種類、造型、紋飾以及工藝等方面的成就無不令人嘆為觀止，其中有享譽國際的舞蹈紋彩陶盆、雙人抬物盆等。青海的歷史是一個多民族相互融合、共同發展的歷史，因而多元化的文化遺產是館藏文物的又一特色。青海還是藏創佛教復興之地，藏傳佛教對青海地區的政治、經濟和文化的發展有著重要作用，境內藏、土、蒙古等民族崇信藏傳佛教，故而銅佛像、唐卡、壁畫，以及各種法器等藏傳佛教文物是館藏的第三大特色。

中國藏醫藥文化博物館

　　中國藏醫藥文化博物館的建立，旨在向國內外展示藏醫藥輝煌文化，重現藏醫藥發展歷史，搶救和繼承傳統藏醫藥非物質文化遺產。博物館由青海金訶藏藥藥業集團投資 1.2 億元人民幣興建，總面積為 1.2 萬平方公尺，其主體建築以天圓地方為主題，融藏族傳統建築風格與現代

建築藝術為一體，氣勢宏偉，內涵深邃。博物館共分三層，設有藏藥標本、藏醫醫史、醫學唐卡、醫療器械、古籍文獻、天文曆算6個展廳，展出反映藏醫藥歷史、發展過程、理論基礎等方面的文物標本4,000餘件。特別是館內永久性展出的長618公尺、寬2.5公尺的〈中國藏族文化藝術彩繪大觀〉唐卡鉅作，由400位藏、蒙古、漢、土家等民族頂尖工藝美術師歷時4年精心製作完成，已被載入金氏世界紀錄。

具有青海特色的「三藏」（藏毯、藏藥、藏藝）產品，是推動特色文化與旅遊系統結合、促進旅遊消費、加快地方經濟發展的一個重要的經濟成長點。藏醫藥文化博物館作為一個宣傳和弘揚藏族文化的旅遊景點，已成為青海省文化旅遊精品和文化旅遊基地之一。藏藥博物館的建設，不僅填補了中國藏醫藥文化事業的空白，同時在世界上產生正面而重大的影響，對弘揚民族傳統文化精粹，促進藏醫藥學術交流，帶動藏醫藥深層次科學研究開發，都能產生重大的作用。青海藏醫藥文化博物館是集保護、研究、展示青藏高原藏醫藥文化、藏族民俗文化、藏傳佛教文化的博物館，是目前中國乃至世界唯一的展示藏文化的專業博物館。

青海省的自然旅遊資源主要有哪些？有何特點

當李白慨嘆「黃河之水天上來」時，並不知道這「天上」其實就在青海，黃河、長江、瀾滄江這三大著名河流均發源於此，青海也就有了讓世人羨慕的「三江源」和「中華水塔」之稱。「登崑崙兮食玉英」，橫空出世的崑崙連同浪漫的西王母神話其實就發生在橫互於青海境內的偉大的崑崙山脈，由此青海又有了「萬山之祖」之美譽。在這塊神奇的土地上，

大自然鬼斧神工、匠心獨運地造化出了以「高」、「大」為特徵的，只有在青海才能有幸欣賞到的山川風貌——高原、高山、大河、大峽谷、大湖泊、大草原、大盆地、大戈壁、大鹽水湖等一系列自然景觀。青海省自然旅遊資源的具體分類如下：

1. 奇山險峰類

西藏與青海的分界嶺唐古拉山；把青海幾乎一分為二使南北自然景觀迥然不同的崑崙山；作為屏障阻擋著部分從西北而來的寒流、沙塵暴的祁連山；藏族人民心中的神山阿尼瑪卿雪山；進入玉樹必登的巴顏喀拉山；適於業餘登山愛好者攀登的玉珠峰；瀰漫著神話色彩的玉虛峰；歷史與傳說鐫刻成的日月山；流淌著青海「花兒」的大同老爺山；見證著西寧變遷的西寧南北山等。

2. 大川名湖類

中國現今最大的國家級自然保護區三江源自然保護區，這裡有黃河、長江、瀾滄江的源頭以及由此而構成的各河流的上游景觀；中國最大的內陸湖和最大的鹹水湖、也是中國最美的湖——青海湖；黃河源頭最大、最美的兩個淡水湖——鄂陵湖和扎陵湖；世界最大的鹽水湖察爾汗鹽水湖；千湖之地星宿海；地處德令哈市的情人湖——托素湖和克魯克湖；青海最美最大的天池孟達天池等。

3. 高原特有地貌類

提起青海，很多人都會想當然地認為青海省是青藏高原的一部分，其實不然。從地質學講，青海省應由三大區組成，分別是崑崙山以南的

青藏高原區（占絕大部分面積），崑崙山以北的西北乾旱區（柴達木盆地為主）和占青海省面積最少而人口最多、也是經濟最為發達的東部地區構成的東部季風區。不同區域形成了不同地貌景觀，這本身就是青海省的一大景觀。這裡有中國最美的六大草原之一的祁連山草原、遼闊的青南草原、浪漫的金銀灘草原、美麗的河南蒙旗縣大草原；以方山、奇峰、洞穴、峭壁為主要特徵的坎布拉丹霞地貌；被稱為魔鬼城、迷魂陣的地處柴達木盆地的雅丹林群；被稱作外星人遺跡的地處柴達木盆地的白公山；神奇的貝殼梁；從李家峽到松巴峽的黃河大峽谷；世界上保持最為完整的崑崙山大地震遺跡等。

4. 珍禽異獸、奇花異草類

青海特殊的地理環境為種類繁多的動植物提供了繁衍生息的條件，被稱為「植物王國」、「動物王國」和三江源自然保護區。可可西里自然保護區是藏羚羊的故鄉，隆寶灘自然保護區是黑頸鶴的故鄉。這裡有中國最大的鳥島——青海湖鳥島，有北山國家森林公園、大通國家森林公園、仙米國家森林公園、坎布拉國家森林公園、麥秀山森林公園等。

5. 氣候類

青海被譽為中國最大的「避暑勝地」。每到盛夏，當內地許多地方的高溫酷暑使人難以忍耐時，青海的氣候卻涼爽宜人，因很少有汙染而顯得湛藍的天空、清新的空氣、碧綠的草原使人備感清涼，加之宗教文化、地方民俗文化，讓人有一種返璞歸真的感覺。由此，青海有了「中國·夏都」之稱。

青海省的人文旅遊資源主要有哪些？有何特點

早在兩三萬年前，人類的先祖就在青海這塊神奇的土地上繁衍生息。悠久的歷史創造了無比燦爛的高原文化。民族文化、宗教文化、習俗文化豐富多彩。

◆ 歷史古蹟類

在青海東部的樂都有一處史前時代晚期墓地──柳灣，它是目前中國考古發掘中最大的一處氏族公共墓地，由於在此出土了數以萬計的彩繪陶瓷，被稱為「彩陶王國」。此外還有反映民族團結的著名的「唐蕃古道」；處在都蘭的吐蕃墓葬群；見證東西方文化交流和貿易往來的「絲綢之路南線」即吐谷渾道等。

◆ 宗教聖地及宗教文化類

藏傳佛教、伊斯蘭教和道教等是青海各少數民族信仰的主要宗教，宗教活動留下了許多著名的寺院、道觀。青海最著名的藏傳佛教寺院便是塔爾寺，其他著名寺院還有同仁的隆務寺、互助的佑寧寺、樂都的瞿壇寺、玉樹的結古寺等。最著名的清真寺是西寧清真東關大寺，其他還有循化街子清真寺、平安洪水泉清真寺等。西寧土樓觀是一座較大規模的道觀。崑崙山更是道教的聖地。不同宗教寺院又呈現著不同風格的厚重而神祕的宗教文化。

◆ 民俗風情類

青海有六個世居民族，每個民族都有自己鮮明的民風民俗，表現在衣食住行、歌舞娛樂、婚喪嫁娶、生產勞作等各個方面。已形成旅遊資

源優勢的有：花兒會、熱貢藝術、玉樹歌舞、玉樹賽馬會、土族風情、撒拉族風情、六月會、於菟舞等。

◆ 現代建設景觀類

青藏鐵路、青藏公路、青海博物館、柳灣彩陶博物館、原子城、萬丈鹽橋、中國夏都西寧、鹽水湖城格爾木等。

其他類型景觀還有很多，在此不一一列舉。青海人文旅遊資源的最大特點就是豐富性、民族性、宗教性、多元性、神祕性等，對旅遊者有很大的吸引力，不僅是青海的人文旅遊資源，也是人類寶貴的文化遺產。

青海湖為什麼是當今中國最美的湖

青海湖曾被評為中國最美的五大湖之首，專家評論：「青海湖有一種東方的氣質，看似簡單，但簡單中蘊含的東西卻很深廣。」的確，青海湖的美不僅僅在於湖水本身。

青海湖的美首先在於她至高的海拔、遼闊的湖面和她那藍得讓人心醉的湖水。青海湖位於省會西寧市以西151公里處，高是她的一大特點，湖面海拔為3,260公尺，比兩個東嶽泰山還要高，是名副其實的高原湖泊。由於這裡地勢高，氣候十分涼爽，即使在盛夏，日平均氣溫也只有15℃左右，是理想的避暑消夏勝地。青海湖的另一特點是大，她是中國第一大內陸湖泊，也是中國最大的鹹水湖。浩渺的煙波、蕩漾的碧水給予初來遊客最強的視覺衝擊和心靈震撼。據側算，青海湖東西長106公里，南北寬65公里，環湖一周長360多公里，面積達4,456平方公里，

蓄水量達 1,050 億立方公尺，比著名的太湖大一倍還要多，形象地說，在她寬廣的胸懷裡可裝得下四個香港。

考證青海湖的名稱，我們會再一次折服於她的遼闊和湖水的主色調——藍色。青海湖，古代稱為「西海」，又稱「鮮水」或「鮮海」。藏語叫做「錯溫波」，意思是「青色的湖」；蒙古語稱它為「庫庫諾爾」，即「藍色的海洋」。由於青海湖一帶早先屬於卑禾族的牧地，所以又叫「卑禾羌海」，漢代也有人稱它為「仙海」，從北魏起才更名為「青海」。也難怪青海人自豪地稱該湖為海，「青海省」便由此得名。

青海湖的美在於她有多處迷人的景觀。因為青海湖的大，所以可遊覽的著名景點很多，由此形成了青海省主要的一大旅遊區——環青海湖旅遊區。如青海湖的門戶日月山、倒淌河、青海湖二郎劍景區、三塊石、海心山（為保護生態環境長期不對外開放，2019 年始明令禁止）、吐谷渾都城——伏俟城遺址、布哈河、鳥島、沙陀寺祭海、青海湖沙島、金銀灘草原、原子城等。

青海湖的美在於她奇特的成因以及由此而產生的傳奇色彩、浪漫神話。青海湖的形成是距今 4,000 萬年前，印度大陸板塊和歐亞大陸板塊長期碰撞、擠壓，青藏高原隆起的結果。研究顯示，青海湖原為外瀉湖，周圍百川之水盡匯湖中，湖水又從現在的倒淌河等處向東外瀉流入古黃河，後因地殼斷裂形成的造山運動，致使湖東的日月山漸漸隆起，使湖水的出口被山脈所阻隔，青海湖便成為只進不出的高原大湖。民間有許多有關青海湖成因的美麗而神奇的傳說故事，這些傳說故事代代相傳，更增添了青海湖的神祕與美麗。

青海湖的美在於她所擁有的生物的多樣性。「作為中國最大的鹹水湖與最大的內陸湖，青海湖是生物多樣性的寶庫。」青海湖是魚的樂園，

青海漫遊：雪域奇觀與湖泊祕境

多種候鳥的天堂，世界級瀕危動物中華對角羚的家園，牠們與青海湖共存，是青海湖的主人。青海湖以盛產特有魚種湟魚而聞名。湟魚學名叫青海湖裸鯉，無鱗，魚身泛黃，因生活在鹹水湖，可選食物少，生長非常緩慢，據說每10年才能長一斤。由於青海省政府下令實施封湖育魚，目前魚類資源較為豐富。湟魚的存在使數以萬計的候鳥在青海湖能得以繁衍生息，也就有了中國8個鳥類保護區之一，且居於首位的青海湖「鳥島」。

鳥島位於青海湖西部，在入注湖內的第一大河布哈河附近，由一東一西兩個島嶼組成。西邊的島名叫海西山，也就是人們所說的鳥島，島上的鳥類眾多，主要是斑頭雁、魚鷗、棕頭鷗等。它的面積雖然只有0.5平方公里，春夏季節卻棲息著10萬多隻候鳥。到了每年五六月分的產卵季節，島上的鳥蛋非常之多，所以海西山還有一個有趣的名字，叫「蛋島」。另一個島叫海西皮，面積大一些，有46公頃，島上主要鳥類是鸕鶿，最多時有1萬多隻，所以也叫鸕鶿島。此外，鳥島上還有中國一級保護動物黑頸鶴，冬天有數以千計的大天鵝在此越冬，春秋兩季還有大量的水鴨子在此棲息，可以說青海湖是鳥的天堂。另外，青海湖周邊還生活著許多珍貴的陸地野生動物，最有名的便是世界級瀕危動物中華對角羚（也叫普氏原羚），現存300多隻，而且全都棲息於此。青海湖與周邊遼闊的草原相對接，互為一體、息息相關。由此，青海湖生態保護顯得尤為重要，已引起多方關注，目前青海湖已列入聯合國《國際重要溼地手冊》，同時加入了《水禽棲息地國際重要溼地公約》。

青海湖的美還在於她是傳說中的神湖。生活在青海湖周邊的游牧民族（主要是藏族）至今保留著一個神聖的習俗——祭祀青海神，簡稱祭海。因為祭海，青海湖在唐宋元明清各朝代依次有了「廣潤王」、「靈顯青

海大瀆之尊神」、「神靈」、「水神」等尊號。祭海的原因有多種傳說，但人們透過這種習俗祈求一方平安、六畜興旺、健康幸福是不變的主題。如今「祭海」已是青海湖每年一次的草原盛會。

　　青海湖的美在於她在不同的季節裡有迥然不同的景色。夏季是青海湖最美的季節，藍的湖水、綠的草原、數不盡的牛羊、黃的油菜花以及那五彩繽紛的野花，景色十分綺麗。冬季，當寒流到來的時候，青海湖便開始結冰，浩瀚碧澄的湖面，冰封玉砌，銀裝素裹，似一面巨大的寶鏡，陽光下熠熠閃亮。來年早春，青海湖會自導自演一幕獨特而神奇的自然景觀戲，那便是「開湖」，此時的青海湖呈現出一種氣吞山河、無拘無束、嚮往精采生活的美。

　　青海湖的美是多層次、多方位的，只有走進她、端詳她，你才能體會到她那美的內涵。「環青海湖國際公路自由車賽」更使青海湖聲名遠播，她正展現著一種傳統與時代結合的美，她是人與自然和諧相處的樂園。

到青海湖鳥島觀鳥什麼季節最佳

　　到青海湖鳥島觀鳥並由此而開展一些與鳥有關的科考活動是眾多遊客來青海湖觀光旅遊的主要目的和主要活動之一，給遊客留下了最深、最美的印象，是青海湖蜚聲海內外的主要原因。從每年的3月中下旬開始，當印度洋上的暖流湧來時，成群結隊的候鳥陸續從南亞及中國南方長途遷徙來到青海湖，棲息於面積並不很大的鳥島之上，到了四五月分，島上的各種候鳥基本聚齊，數量上最多可達十五六萬隻以上，牠們在此要完成一項光榮而艱鉅的任務——築巢產卵，孵幼育雛。此時的鳥

島已變成了鳥的世界，放眼望去，在藍天白雲間、在浩渺碧波中、在湖岸岩壁上，萬千隻飛鳥或穿梭飛翔、或嬉戲打鬧、或談情說愛、或在盡父母職責、或在享天倫之樂。

純潔的湖水、湛藍的天空、自由的鳥兒、快樂的遊人，此情此景也許就是「天人合一」，也許就是我們追求的終極樂園。當然，在青海湖觀鳥，時間除每年的四五月分外，在寒冷的冬季你還會欣賞到在此越冬的、數以千計的美麗高貴的大天鵝，那場面會使你永久感動。如今，鳥島已列入中國國家鳥類保護區。願青海湖永遠美麗，願鳥島永遠快樂！

你知道關於青海湖的傳說嗎

青海因青海湖這個中國最大的鹹水湖而得名，關於這個美麗的湖泊的形成流傳著許多美麗的神話傳說。

相傳水晶宮裡的老龍王有四個兒子，他決定讓他們獨自去闖蕩一番，便把大海分封給兒子們，大兒子分到了東海，二兒子分到了南海，三兒子分到了北海，分到小兒子，老龍王對他說：「孩子，我手裡沒有海了，你要是龍的勇敢子孫，就自己去造一個海吧！」小龍王聽了父親的話，精神倍增，駕起雲頭到處尋找造海的地方。他看見了東部的大湖——洪澤湖和太湖，也看見了中部的鄱陽湖和洞庭湖。他飛來飛去怎麼也找不到一塊適合造海的地方，只好回到了父親身邊。老龍王鼓勵他別洩氣，天地如此之大，飛遠些一定會找到合適的地方。小龍王再次駕起雲頭，往更高更遠處飛去。他飛到大西北，看到了遼闊寬廣的土地，立刻按落雲頭，大顯神通，匯集了108條河水，終於造出了「西海」。老龍王看見小兒子的成就，心裡高興，從龍宮取出一個寶盒向空中一揚，

只見漫天五彩繽紛，那金銀珠寶如同下雨一般，紛紛落到水中、島上和湖畔，從此，青海湖就成了一個美麗、富饒的寶湖。

還有一種傳說，當年文成公主在進藏途中，行至日月山口，回首漢宮，思鄉之情油然而生，不禁取出臨行時皇帝所賜日月寶鏡，鏡中出現長安迷人景色，公主悲喜交集，毅然將寶鏡甩下赤嶺。寶鏡變成了碧波蕩漾的青海湖，而公主的淚水則匯成滔滔的倒淌河。在青海湖的西面，有一條河叫倒淌河。因為中國的河流大都是從西向東流，而這條河卻是由東往西流，故得名。

還有的則說，孫悟空出世後，偷吃了蟠桃，大鬧了天宮，惹得玉皇大帝大發雷霆，派出了所有的天兵天將捉拿他，誰知都不是他的對手。玉皇驚慌失措，忙派二郎神去抵擋。誰知二郎神也不是對手，被孫悟空一頓金箍棒打得抱頭鼠竄，無處躲藏，只好逃往凡間，想找個僻靜處，緩一口氣再說。

二郎神逃到崑崙山下，看到此處僻靜，還有一眼泉。這時，他又渴又餓。急忙叫跟隨的童子，取下隨身所帶的鍋，在泉中取水造飯。他拾了三塊白石頭，支起了個「三石一頂鍋」。哪知童子從神泉中取了水，卻忘了蓋上蓋，等他把鍋架到三塊石上，把鹽下到鍋裡，泉水已溢成了汪洋大海，淹沒了附近的村莊人畜。二郎神正想打個盹，卻被這漫天洪水驚醒，急忙中沒有了主意，慌慌張張地在柴達木胡亂抓了一座山，壓在神泉口上，這就是現在青海湖中的海心山。

當時二郎神因為心慌意亂，抓山時手下得深了一些，抓成了坑，所以現在柴達木成了盆地。孫悟空打來打去，不見二郎神，他用火眼金睛往四下一看，看見二郎神躲在崑崙山腳燒火造飯。本來不想再跟這個手下敗將打了，可是一看二郎神那副狼狽相，又想和他再開個玩笑。於

是,翻了一個筋斗,來到崑崙山,悄悄躲在二郎神的背後,突然高聲喊道:「你在這裡準備午餐,為什麼不請請我老孫?」二郎神一聽背後響起的聲音,頭皮一麻,慌不擇路,一腳踢翻了鍋,領著童子急急逃命。那支鍋用的三塊白石頭,就是現在的海心西山。鍋中倒出的水,因為已下了鹽,所以,至今湖水是鹹的。這還不說,孫悟空在後面緊緊追趕逃命的二郎神,他舉起金箍棒一捅,「嘩啦」一聲,二郎神背的鹽口袋被劃了一條大口子,邊逃邊漏,漏下了一堆又一堆的鹽,在青海湖畔留下了大大小小數不清的鹽水湖和鹽澤⋯⋯

以上是漢族關於青海湖形成流傳的故事。青海湖是藏族心目中的神湖,在藏族中流傳著關於青海湖形成的另一種傳說。

相傳遙遠的古代,如今的青海湖底,還是一片茫茫草原,天然牧場。遠處丘陵起伏,到處水草茂盛,牛羊成群,牧歌聲聲。這裡,還有一個奇異的神井,淙淙甜水,匯成一條清澈的小溪,無論是旱年或者澇季,井水既不會乾涸,也不會氾濫。牧民就在這裡居住,靠著肥沃的草原和神井,飼養牲畜,過著衣食無愁的平安日子。後來,這裡出生了一個大智者,名白馬江乃。他住在神井邊上,一面刻苦地做學問和修行,一面給往來行旅布施神井的水。行路人喝上這水,立刻止渴生津,精神倍增。不久,白馬江乃為了修行深造,決心到加嘎爾(印度)去求法,行前囑咐他的徒弟說:「我走後,你要繼續施水給往來行人,但施罷水,一定要蓋好井蓋。」但是他忘了把不蓋好井蓋的害處告訴他的徒弟。白馬江乃西行求法之後,徒弟按照他的囑咐,繼續每天施水。一天傍晚,徒弟施罷水,忘了蓋上井蓋。睡到半夜,被水聲驚醒了,朦朧中還沒來得及抓住井蓋,水就把他沖走了,水繼續從井中洶湧而出。沖啊,沖走了田舍房屋,沖走了一群群牛羊,沖走了世世代代在這裡安居的人民。於

是這裡變成了汪洋大海。

　　白馬江乃當時剛走到西南邊界，忽然覺得心驚肉跳，他預感到一定是神井溢水成災了。於是不假思索地隨手在腳下抓起一座山，口中唸唸有詞。這座山一下子飛到海面上，落在井口上，壓住了噴湧的大水。

　　當時，在如今青海湖西的一個山洞中，住著一個千年熊精，名叫者摩。牠一見海水淹沒村莊和人畜，正在幸災樂禍，夢想洪水氾濫，天下大亂，牠好乘機稱霸一方。沒想到，井口被從天上飛來的山堵住了。牠想，這一定是白馬江乃幹的好事，別人是沒有這麼大的法力的。忌妒之心把牠引出山洞，鑽進水裡，拼上全身的力氣，掀開了大山，往水裡一推。水又洶湧澎湃，濁浪奔騰，溢個不住。這座被推進水中的山，就是海心山。

　　白馬江乃在途中感到海水仍在不斷地湧溢，心中納悶，但救地方百姓要緊，他又抓起了兩座小山，用法力舉起，飛來壓住了井口，但不久又被熊精掀掉了。白馬江乃無可奈何，只得放棄深造的願望，趕回湖畔，驅逐了熊精，止住了井水噴湧。

　　蒙古族把青海湖叫做「庫庫諾爾」，意為「藍色的海」，這裡也有一個傳說故事。古往今來，青海湖的各族牧民環湖而居，生息繁衍。但是，一些部落的頭人被權勢欲支配，不斷挑起戰爭，常常搞得屍橫遍野，血染草原。後來，蒙古族內出了一位明智的英雄，他的名字叫庫庫諾爾。他耐心地教育著本民族的兄弟，和鄰居和睦相處，反對頭人們挑起的不義之戰。

　　鄰族人受到狼、豹的襲擊，他帶領本族人，幫助鄰族驅逐狼、豹。鄰族人受到天災，牛羊成群死亡，他說服本族人相助賙濟。漸漸地，這裡的蒙古族牧民和相鄰的其他各族牧民解除仇隙，消弭戰禍，親如家

人,團結共處。

　　為了各民族的團結,庫庫諾爾奔走勞累,鞠躬盡瘁,積勞成疾。他死後,人民的哀思和痛哭震驚了上天,上天知道他是個最好的人,是個真正的英雄,便封他為團結之神,並由他管理湖周牧民的福禍。牧民們知道了這件事奔走相告。於是蒙古人就把青海湖也叫做庫庫諾爾,成為團結友愛的象徵。

著名的日月山與文成公主有何關係

　　日月山是青海省一個著名的旅遊景點,凡是從西寧出發去遊覽青海湖的遊客都要翻越此山,並在此駐足觀賞留影。提起日月山,大家都會想到一個歷史事件,一個著名的歷史人物。因為這一事件和事件中的主角,使此山凝聚了一段歷史。這一歷史事件發生在唐貞觀十四年(西元640年)的唐蕃聯姻,而主角就是那位在當時還是青春少女卻心存志遠、勇敢剛毅的文成公主。那麼,這著名的日月山與文成公主之間究竟有什麼關係呢?

　　日月山位於西寧市湟源縣縣城西南方向40多公里處,為祁連山支脈,西北－東南走向,平均海拔4,000公尺左右,最高峰阿勒大灣山,海拔4,455公尺,而遊人經過的日月山埡豁口,海拔在3,520公尺。因山頂山土呈紅色,故唐初稱「赤嶺」,藏語稱「朵尼達」,意為「日月石鏡」。此山在擁有眾多山峰的青海省算不上是高山,更談不上是險峰,但它所處地理位置的重要性卻使其他一些山峰望塵莫及。

　　日月山是中國自然地理上一條非常重要的分界線,它處在黃土高原

與青藏高原的銜接地帶，是農業區與牧業區明顯的分界線。站在山頂，回首向東，是田園千頃，阡陌縱橫，極目西方，則是廣袤的草原，所以日月山被譽為「草原門戶」。另外，它又是中國水系外流區域與內流區域（青海湖流域）的分水嶺，因而，日月山有「西海屏風」之稱。地理方位的重要性使日月山成為人們關注的山，而曾在歷史上促進漢藏交流的文成公主在途經此地時留下了美麗的故事，使此山一躍成為人們心中的名山。

相傳，貞觀十五年（西元641年），唐太宗指派江夏王李道宗隨同吐蕃王朝使者祿東贊護送文成公主（相傳當時她只有16歲）去吐蕃王朝的國都邏些（今拉薩），當文成公主一行來到赤嶺（今日月山）時，她立刻山脊，翹首西望，只見群山起伏，草原茫茫，不禁悲傷陣陣，便拿出行前皇后送給她的「日月寶鏡」，據說鏡中儲藏著家鄉的美景和親人的笑臉，叫她在思念家鄉時照一照，以解思愁，霎時她看到了繁華的長安和思念的親人，公主不禁淚水漣漣，可是她想到自己所肩負的重任，想到家人的囑託，毅然將寶鏡摔碎在了赤嶺，踏上了西行的路程。

也有傳說是文成公主因傷感，不慎失手摔碎了寶鏡，更有傳說是祿東贊為了打消公主返唐的念頭，用同樣大小的日月石鏡暗自替換了公主出唐前家人送予她的寶鏡，公主當然無法在石鏡中看到家鄉景緻，生氣而摔。不論哪種傳說，公認的是，公主在此哭過，照過，摔過，摔碎的鏡子，遂有日月二山。現在日月山口的南北兩側各建一亭，南峰上的是日亭，北峰上的為月亭，日月亭裡豎有石碑等，記載著這段佳話。在日月山山坡下新豎立起了一座漢白玉雕塑的文成公主的大型塑像，這塑像似乎在注視著這時代的變遷，又似乎是在迎接著遠方的客人或與遊人進行著交流。

青海漫遊：雪域奇觀與湖泊祕境

一條河流為何被稱為「倒淌河」

天下江河自古從西向東流，可是在青海省有一條特殊的河流，它一反常態，在茫茫草原上桀驁不馴，以它特有的個性從東走來，一路向西流去，因而便有了一個形象的名稱——倒淌河。

倒淌河源自於日月山，向西流入青海湖，全長有40多公里，但要親眼目睹其風采，最佳地點位於「唐蕃古道」上的一個重鎮，而且是以這條河的名字命名的屬於海南藏族自治州管轄的倒淌河鎮附近，那裡矗立著一塊不大的石碑，上書三個大字「倒淌河」。走近它時你會發現，這條著名的河流其實要比我們想像的要小，正如一位作家所描述的，「一脈清粼粼的水，靜靜的，緩緩的，溫柔地向西流淌著，不見滔滔，不聞嘩嘩，像一條風中飄動的潔白的哈達（用長方形絹布製成的禮敬法器），像夜空中一條流動的星河，純潔淡泊，透明晶瑩，涓涓綿長」。

倒淌河算不上是一條大河，但它卻是青海省一處著名的景點，為眾多的遊客所稱道，究其原因，除了它不同於一般河流的流向外，更多的是源自於它的一段美麗動人的傳說。相傳，當年年輕貌美的文成公主奉使命遠嫁吐蕃王松贊干布，在眾人的護送下，經歷了漫漫路程並翻越了日月山後，繼續一路西行。公主騎著馬不時回首望長安，只見高山阻隔，四周草原茫茫，公主念家鄉，思父母，悲慟不止，流淚西進。於是公主的淚水化成了一條小河，因為同情公主的悲傷，也就隨公主一路向西流去，自然就成為一條倒淌河。由於這一美麗傳說，倒淌河又被譽為「女人河」。

地質學家分析，倒淌河原也是一條東流的河，它和布哈河等河流一起注入古黃河。距今大約13萬年前，這裡發生了一次強烈的造山運動，

最為典型的就是日月山隆起，使原為外洩湖的青海湖變成了內陸湖，一些原本向東流的河流折頭向西倒著流進了青海湖，成為了倒淌河。然而不知為何，這科學的論斷卻總被人忘記，遠古的傳說卻代代相傳，令人嚮往，使這條河流永遠籠罩著一層神奇與神祕。願這條女人河永遠美麗。

藏傳佛教聖地——塔爾寺

　　到青海來旅遊的遊客一定都會去塔爾寺，在遊客的心目中，塔爾寺和青海湖就是青海旅遊的象徵及代表，可以說，不遊覽塔爾寺就是枉來青海。那麼，塔爾寺是怎樣的一座寺院呢？

　　從西寧坐車經寧塔高速公路，歷時不到20分鐘便來到了湟中縣魯沙爾鎮，這裡還有一個美麗的漢語名字「蓮花坳」，因其周圍山丘的形狀如盛開的八瓣蓮花而得名，宗喀巴大師就誕生於此，以後修建的塔爾寺恰好便坐落在這蓮花的中心。

　　塔爾寺在藏語中稱為「袞本賢巴林」，意思是「十萬佛像彌勒洲」。相傳在宗喀巴大師誕生時，從剪斷其臍帶滴血之處生長出了一株白旃檀樹，樹上有10萬片非常茂密的樹葉，每片葉子都自然顯現出一尊獅子吼佛像（釋迦牟尼身像的一種），藏語因此稱之為「袞本」（十萬身像）。

　　宗喀巴大師係今青海省西寧市湟中縣人，生於西元1357年。宗喀巴3歲時，其父親把他帶到今平安縣境內的夏宗寺，拜見來青的噶舉派黑帽系第四世活佛若白多傑，受近事戒（佛教信徒不出家而受持的五戒，即戒殺、戒盜、戒淫、戒妄語、戒酒；受戒後稱近事男或近事女）。7歲時被送到今化隆縣境內的夏瓊寺，受到該寺建立者法王端智仁欽的灌頂，

取密宗名端月多傑，後又受到沙彌戒，取法名羅桑扎巴。16歲赴西藏學習佛經直到創立格魯派。大師於1419年63歲時在西藏拉薩甘丹寺圓寂。在他去西藏學佛6年之後，其母香薩阿切盼兒心切，託人捎去一束白髮和一封家書，讓宗喀巴大師回來探望老母。

大師接到母親的家書之後，為堅持學業和弘揚佛法而決意不歸，派弟子智華堅贊帶給母親香薩阿切和姐姐各一幅自畫像和獅子吼佛像，以慰老母和姐姐，並在信中告訴母親：「若能在我出生的地方用十萬獅子吼佛像和菩提樹（指大師誕生地的那株白旃檀樹）為胎藏（立塔造像之後，在佛塔佛像中裝入咒文經卷等為裝藏，藏即為塔像之內臟）修建一座佛塔，就猶如與兒見面一樣」。為此，第二年（明洪武十二年，西元1379年）香薩阿切在信徒們的支持下建成了一座塔，取名蓮聚塔。

此塔修成後180多年間，幾經改建和維修，終未形成寺院。直到明嘉靖三十九年（西元1560年）由禪師仁欽宗哲堅贊在蓮聚塔旁倡建了靜房1座，用於修禪，至此寺院才有了雛形。17年之後的明萬曆五年（西元1577年）又在蓮聚塔的南側建造了彌勒殿。從這時起，塔爾寺不僅初具規模，而且因先建塔後建寺而得名塔爾寺。所以塔爾寺的正式建立一般都是從這一年算起，其歷史應是400多年。到了明萬曆十年（西元1582年），三世達賴喇嘛索南嘉措來青海駐錫（原為比丘持杖求布施時，振杖頭上的錫環作聲，代替敲門兼防身之用；因此，一般稱僧人外出雲遊為「飛錫」和「巡錫」，稱居住一地為「掛錫」和「駐錫」）時，指示禪師仁欽宗哲堅贊以及當地藏族部落進一步擴建塔爾寺。並賜贈供奉佛像，同時進行了各種隆重的建寺儀式。自此以後，塔爾寺不斷擴大和發展，先後建成達賴行宮、九間殿、依怙殿、釋迦殿、經院和僧舍等，直至發展到今天的巨大規模。

塔爾寺現有各類建築 9,300 餘間、殿堂 25 座，占地約 40 餘公頃，成為一座著名的藏傳佛教寺院，它與西藏的色拉寺、甘丹寺、哲蚌寺、扎什倫布寺和甘肅的拉卜楞寺被稱為藏傳佛教格魯派的六大叢林（寺院），是青海最大的藏傳佛教寺院，多次撥款修葺，使之具有今天的壯觀恢弘氣勢。

　　遊覽塔爾寺的主要看點有如下幾點：

- 第一，塔爾寺主要建築及參觀遊覽景點眾多。主要有：紀念佛祖釋迦牟尼一生中的八大業績的如來八塔（從東向西依次是，蓮聚塔、菩提塔、初轉法輪塔、降魔塔、降凡塔、息諍塔、祈壽塔、涅槃塔）；小金瓦寺；時輪大塔；祈壽殿；印經院；時輪壇城；塔爾寺主體建築大經堂；大廚房；依怙殿；醫明學院；釋迦佛殿；塔爾寺主殿大金瓦寺；塔爾寺最早建築彌勒殿；九間殿；達賴遍知殿；時輪學院；密宗學院；大拉讓；酥油花館等。
- 第二，塔爾寺建築風格特色鮮明。塔爾寺以藏式建築為主，又相容了漢式建築與地方建築風格，特色鮮明。整個建築依山而建，錯落有致，殿宇經堂，金碧輝煌。
- 第三，藏傳佛教文化神祕而豐富。神祕的活佛轉世制度、反映傳統文化的四大扎倉、宗教色彩濃郁的四大法會等。
- 第四，享譽海內外的塔爾寺藝術三絕。酥油花、壁畫、堆繡被稱為塔爾寺的藝術三絕，尤其是酥油花更為奇特而珍貴，是塔爾寺文化藝術的傑出代表。

　　當然，塔爾寺的宗教文化及看點遠不止這些，只有當你走近它，才會體會到它的博大與精深，你的心靈也才會受到一種深深的震撼。

青海漫遊：雪域奇觀與湖泊祕境

大通老爺山為何是西寧市附近最美的一座山

老爺山又叫元朔山，老爺山海拔 2,928 公尺，是青海省級風景名勝區。老爺山屹立於大通縣城東側北川河畔，因山頂原有太元宮而素有「北武當」之稱。

老爺山距西寧市 30 公里，是西寧附近山勢最雄偉、風景最優美的山峰。西寧古八景「奇峰突兀」即指老爺山。它氣勢磅礴，奇峰突起，峭壁凌霄，蒼松白樺相間，四季景色各異，優美的景觀，造出了現在景區內奇岩嶙峋、石磴盤梯的景緻。老爺山的主要景點有：關公大殿、觀音洞飛來石、雙鶴臺大殿等，依山而建的殿宇與山勢相映成趣，令人叫絕。建在半山腰的仿古長廊，全長達 213 公尺，飛簷搭脊，迂迴斗折，顯得古樸雅趣。人在廊中，步移景換，既可小憩，又可盡情欣賞四周無邊勝景。向西可眺望縣境內山川河流、城鎮村落；向北可見奔騰不息的東峽河，犛牛山屹立其側；向南可見北川河浩浩東去，明長城蜿蜒群山之中。

元朔山極頂，建有玉皇宮。拾階而上，即進入坐北面南的山門，山門兩壁上各彩繪一門神，怒目圓睜，面目猙獰。進入四合院落，映入眼簾的便是大殿。院中有一巨大香爐，爐身雕有八龍戲四珠，左書「位列逆天」，右書「香焚寶鼎」，爐頂八角鑄有小小龍頭，暗喻道家八卦之奧妙。該爐鑄於明宣德年間，距今已有 500 餘年歷史。大殿正門前懸有一鐘，為善男信女燒香時所用。大殿採用雙層拱樓結構，飛簷翹角，丹柱虹梁，灰色瓦瓏，別具一格。大殿四角各嵌有一龍頭，瞰視四方。殿脊豎有兩條龍，呈騰雲駕霧之狀。殿內有玉皇大帝、太上老君等神像，雕

刻細膩，仙風道骨，栩栩如生。來到玉皇宮，霎時便有了俯視八極，一覽眾山小的意境。農曆「六月六」期間，此處都要進行一年一度的朝山會，屆時八方遊人齊集老爺山，遊山觀景，聆聽「花兒」，非常熱鬧。

　　老爺山自古以來「蒼松蓊翳，石磴盤梯，川流縈帶，風景佳麗」而遐邇聞名。丹崖翠壁，騰雲走霧；蒼松雜樹，負勢競上；山道盤旋，宛如羊腸。景色四時不同而終年常新：春則山嵐繚繞，夏日佳木蔥蘢，金秋紅葉似火，寒冬銀裝素裹。有人這樣描繪老爺山的景色：「奇峰疊疊水湯湯，林壑森然比武當。身外雲煙心上事，偶逢山鳥語斜陽。」到了「平空虛閣有霞住，六月深松無暑來」的夏季，遊人更是絡繹不絕。

度假旅遊的好去處 —— 高原江南貴德縣

　　絕大多數遊客以為，來青海旅遊的目的主要是欣賞青藏高原獨有的自然風貌，體驗高原神祕的宗教與民俗文化。其實青海還有許多供現代都市人度假、休閒的好地方，如青海湖二郎劍景區、青海湖沙島景區、互助北山國家森林公園、高原江南貴德縣等。其中，貴德縣度假休閒是理想的選擇。

　　貴德縣隸屬於海南藏族自治州，位於青海省東南部，距省會西寧114公里，交通便利。說貴德縣是度假旅遊的好去處有諸多理由：

　　理由一，貴德因地處黃河沿岸，氣候溫和、溼潤，空氣清新，境內山清水秀，瓜果飄香，綠蔭翠碧，春看梨花堆雪，秋賞碩果壓枝，一派江南風光，因而有「青海高原小江南」之美譽。

　　理由二，貴德歷史文化悠久。境內有以「馬家窯」、「卡約」文化和崑

崙神話傳說為主的早期人類文化遺產，有漢唐堡寨、明清樓閣記載著歷史和文化的發展。

理由三，貴德境內旅遊資源豐富。聞名全省的貴德「古八景」（龍池靈湫、羊峽古碑、仙閣插雲、沸泉冬溫、東山煙雨、南海溪聲、黃河春漲、素石積雪）和貴德「新八景」（石峽飛瀑、丹霞千佛、河濱翠珠、遺珠獻佛、長虹臥波、梨花堆雪、虎臺攬春、文昌仙閣）相得益彰，自然景觀與人文景觀相映成趣，為遊客提供了一道豐厚的旅遊大餐。

理由四，貴德境內有神奇的高原溫泉。扎倉溫泉屬弱鹼性多微量元素礦泉水，對腰肌勞損、皮膚病、關節炎、神經系統疾病有奇特療效，在省內及周邊省區久負盛名。

理由五，只有在這裡才可欣賞到「天下黃河貴德清」這一難得的美景，而且黃河沿岸的丹霞地貌與周邊的坎布拉國家森林公園和東山原始森林相依並濟，天工巧合，在整個黃河流域絕無僅有。

理由六，坐落於黃河兩岸、綠樹掩映下的農家小院對都市人有非常大的吸引力，吃農家飯、聽「花兒」、品「拉伊（藏族情歌）」、池塘邊垂釣、參與農事，讓遊人體會到「採菊東籬下，悠然見南山」的意境。

秀美的孟達天池為何有青海的小西雙版納之美譽

到青海來旅遊一定要到中國唯一的撒拉族自治縣循化縣，這裡不僅因生活著青海特有的世居少數民族──撒拉族以及由此構成的獨具異彩的撒拉族民俗文化而充滿著神祕色彩，而且更以其氣候溫和、物產豐

富、自然景觀多樣獨特等地域特徵名聲遠颺。孟達天池便是眾多自然旅遊景觀中的佼佼者，它不但是該縣的旅遊代表，也是青海省一處著名的遊覽勝地。

孟達天池位於青海孟達國家自然保護區境內，是一個被群山環抱並高高托舉著的海拔近 2,500 公尺的天然湖泊。孟達天池面積不大，東西寬約 350 公尺，南北長約 500 公尺，湖水面積約為 20 公頃，蓄水量約 200 萬立方公尺，水深達 26 公尺。遠眺天池，似一面鑲嵌在群山間的寶鏡，神奇無比。走近天池，湖水清澈，水質優良，湖光山色，鳥飛魚躍，風光旖旎，一派江南秀麗景色，令遊客流連忘返、心曠神怡。

孟達天池的秀美遠不止於此，環繞於天池的是面積達 14 萬餘畝的孟達林區，這裡群山起伏，地勢高峻，海拔 1,780 公尺至 4,180 公尺之間，由於受東西兩側不同季風的影響，雨量充沛，氣候溼潤，因而植被豐富，是一座天然植物園。據統計，孟達林區的植物約有 600 餘種、250 多個屬，許多副熱帶、暖溫帶、寒溫帶和副極地的植物會聚於此，如溫性針葉樹、華山松、遼東櫟、巴山冷杉、釣樟、中華獼猴桃（即奇異果）的同宗姐妹四萼獼猴桃、熊貓喜吃的華稭竹等。林區內還有人參、三七、羌活、貝母、刺五加等名貴藥材 120 多種，珍貴的藏醫藥材也很豐富。此外，可供觀賞的奇花異草品種繁多，珍珠梅、紫丁香、紅杜鵑、八仙花、海棠、薔薇等比比皆是，讓人彷彿置身於花的海洋。這裡還是動物的樂園，猞猁、麋鹿、林麝、狍鹿、黃羊、石羊、狐狸、蘇門羚、獾等 10 餘種珍稀野生動物生活於此，各種飛禽有 30 餘種。

山水相依、古木參天、奇花異草、鳥鳴魚躍，加之氣候溫和、景色秀麗，孟達天池連同孟達林區也就有了「青海的西雙版納」之美譽。

神奇壯麗的李家峽 —— 坎布拉旅遊景區

　　坎布拉旅遊景區地處西寧東南 120 多公里處的黃南州尖扎縣境內的李家峽黃河南岸，最低海拔 2,300 公尺，最高海拔 3,100 公尺，平均海拔 2,500 公尺，總面積 4,776 公頃。坎布拉旅遊景區由原始森林、丹霞地貌、黃河大峽谷等神奇的自然景觀和李家峽庫區、宗教寺院、民俗風情等神祕的人文景觀組成，是一處風景奇特、景色瑰麗的景區景點，是消夏避暑、休憩療養、觀光旅遊和開展科學考察、體育旅遊、探險旅遊等特種時尚旅遊的勝地。隨著旅遊基礎設施的不斷完善和政府的大力推廣，坎布拉正逐漸成為青海省又一著名的旅遊風景區。

　　李家峽 —— 坎布拉旅遊景區的主要景觀介紹如下：

◆ 高峽平湖 —— 李家峽水庫

　　李家峽西起貴德縣東部的阿什貢峽，東至直崗拉卡，峽谷內的黃河河面十分狹窄，最窄處不到 10 公尺，李家峽水電站建設在這個峽谷的出口。該電站是中國在黃河上游青海境內繼龍羊峽水電站後興建的又一座大型水電工程，總裝機容量 200 萬千瓦，年發電量 56.6 億千瓦時。高達 175 公尺的大壩，把黃河北面的拉脊山和南面的尖扎南山連線起來，形成一個容量 16.5 億立方公尺，方圓面積 31.58 平方公里的人工湖，成為黃河上游第二個人工高峽平湖，使李家峽庫區與坎布拉系統結合在了一起，不僅擴大了坎布拉旅遊景區的規模，也使自然景緻與人工建設成就融為一體。

◆ 奇特的丹霞地貌

　　坎布拉丹霞地貌多以奇峰、方山、洞穴、峭壁為其主要地貌特徵，而且其丹霞地貌發育典型、類型多樣、規模宏大，在中國實屬罕見。大

型山體如柱狀、塔形、城堡，陡峭直立，雄偉壯觀，氣宇非凡。小尺度的造型地貌似巨人、獸類，各種造型等栩栩如生，形態千奇百怪，有鬼斧神工之妙。專家認為，該區為中國迄今發現新第三系紅層中發育最典型的丹霞地貌區，不僅有很高的旅遊觀賞價值，而且還具有很高的科學研究價值。

坎布拉丹霞地貌景觀中，以「德傑峰」、「小瑤池」（又名「仙女聚會」）、「強起崗」的風光最具有代表性。

- 德傑峰：藏語意為「天龍八部」，在陽光照耀下，遠遠望去，猶如拉薩布達拉宮之盛景。層層疊疊，巍峨壯觀，門框、窗簾依稀可見，實為罕見的奇妙景觀。
- 「仙女聚會」：位於德洪村附近，是由數十個拔地而起、形態各異的圓錐形山體組成，上面有奇花異草點綴，四周地形隆起，猶如一座規模宏大的古城堡，居高臨下俯視，確如瑤池仙境，「仙女」們在翩翩起舞，景色奇特、秀美，如入仙境，讓人嘆為觀止。
- 強起崗：位於風景區的西部，海拔 2,700 公尺，是由大小數十座峭壁如削的塔狀山峰組成，在最佳景點觀賞，似群山起舞，林海茫茫，晴嵐雨雪，氣象萬千，給人氣勢磅礴、蔚為大觀之感，「江山如此多嬌」的無限感慨油然而生。

◆ 神奇的南宗溝

南宗溝以中段風景最為迷人。這裡奇峰突起，景色千變萬化，山坡上松柏疊翠，鳥語花香；谷底溪水潺潺，景色幽靜，令人神往。

南宗溝長約 5 公里，這裡除了美麗迷人的景緻外，最神奇的還在於古老而神祕的藏傳佛教文化。據史料記載，西元 9 世紀中葉，吐蕃贊普

朗達瑪禁佛，關閉毀壞寺院，焚燒佛像佛經，鎮壓和屠殺僧人，致使佛教無法生存下去。為延續佛法，西藏僧人藏饒賽、堯各郡、瑪爾釋迦牟尼（史稱「三智士」或「三賢哲」）馱負律藏經卷，晝伏夜行，經歷千辛萬苦輾轉來到這靜謐清幽的坎布拉阿瓊南宗一帶修行布道，弘揚佛法〔他們三人曾在尖扎的洛多傑扎崖洞（即今化隆的旦斗寺）、互助的白馬寺等崖洞中隱居修行，收徒弘法〕。現在的南宗峰頂有一古剎，據說就是當年「三智士」居住和修行的地方，是阿瓊南宗寺的雛形。古往今來，曾在此靜修的活佛、高僧竟達 300 餘人。這裡湧現了許多著名的佛學家，清朝大國師，甘青藏傳佛教寧瑪派領袖人物古浪倉曾在此修行、著書 40 個春秋。

　　這裡的主要寺院有阿瓊南宗寺，是尖扎縣、貴德縣等地寧瑪派教徒集中活動的重要場所，每年農曆三、四、九、十二月各集會一次，其中四月十三日法事規模較大，有跳欠活動（跳法王舞）。緊靠阿瓊南宗寺北面的是南宗扎寺，原為寧瑪派僧人的閉關靜房，後逐漸形成一座有一定規模的寺院。再向北出口處的一座寺院是聞名各地的南宗尼姑寺，屬寧瑪派寺院，現有經堂一座，尼捨近百院，在寺尼姑 150 餘人。在寧瑪派（紅教）占絕對優勢的南宗溝，還有一座格魯派（黃教）寺院，這就是尕布寺。

　　以上這些寺院是南宗溝成為青海省內唯一的紅教和黃教並存的寺院，也是顯、密、僧、尼並存的唯一法地，使坎布拉佛教文化景觀更加絢麗多彩。

和日寺石經牆為何有「世界石書奇觀」之美譽

和日寺位於黃南藏族自治州澤庫縣和日鄉政府所在地向北2公里的智合加，坐西朝東，屬藏傳佛教寧瑪派寺院，它的規模不是很大，歷史也不是很悠久，但它卻以獨具風采和規模宏大的石經藝術在整個藏區聲名遠播，由此構成了和日寺的神奇之處。

和日寺背面山上有四處大型石經牆，由當地藏族人民用石板來雕刻經文、佛像，然後將刻有經文等的石板堆砌成的三座石經牆和一座石經墩構成。其中位於寺院大經堂右面的中間主體石經牆，其長度為165公尺，寬2公尺，高1.1公尺，所刻經文為著名的佛教典籍《甘珠爾》大藏經，共刻兩遍，約3,960萬字。在其東頭有邊長9公尺，寬10公尺的經墩，刻有另一部著名的佛教典籍《丹珠爾》大藏經，約有3,870萬字。經墩東面40公尺處，有一道石經牆，所刻經文為《解脫經》，共刻了108遍。另外，在主體石經牆西約120公尺處又有一堵石經牆，長15公尺，寬1.3～1.6公尺，高1.2公尺，所刻經文共17種，並鐫刻有大小佛像、圖案、佛教故事畫等200餘幅。

這四處石經牆所刻經文字型清晰工整，筆力蒼勁，刀法流暢，繪畫精美莊重。特別是對刻有經文、影像等的大小不一的石板在疊放時很有講究，每一片石經板按每部經書的順序堆疊而成，使每部石經碼得像一本長條形藏文經典，保持了紙質經書的風格；石書的封面封底由大型彩繪石板做成，本與本之間由刻有經名的石板隔開，有條不紊，而且石經牆整體裝飾美觀大方、宗教氣息濃郁。

據記載，和日寺石經牆這一浩大工程約從清光緒年間開始，到1950年代初期告一段落，在漫長的刻經時期，寫經刻經的藏族藝人每日達50餘人，實際刻製約28年，刻經文兩億多字，用石料3萬多塊。和日寺石經牆規模如此之大，用工如此之眾，字數如此之多，裝幀如此之精美，堪稱華夏一絕，被譽為「世界石書奇觀」。這些石刻保留了重要的歷史文獻，對系統研究藏傳佛教和黃南地區的優秀民間石刻工藝提供了極為豐富的實物資料，現已列為省級文物保護單位。

「世間第一嘛呢堆」—— 嘉那嘛呢

地處青海玉樹州結古鎮新寨村的「嘉那嘛呢」，堪稱是青海最著名的嘛呢石堆之一。

「嘛呢」為觀音菩薩的根本神咒六字真言「唵嘛呢叭咪吽」的簡稱。藏傳佛教認為，世人常誦六字真言，能脫離六道輪迴之苦難而轉生到極樂世界。所以藏區有嘛呢會，嘛呢輪、嘛呢亭、嘛呢石等。在藏區刻嘛呢石被信徒視為一種神聖之事，即在石塊、石板上鐫刻「六字真言」，將刻好的石頭放置在寺院、山頂和「拉則」等處，日積月累，便成為嘛呢石堆。

「嘉那嘛呢堆」由結古寺第一世嘉那活佛木札佐蓋的倡導下始建於18世紀末。第一世嘉那活佛是今西藏昌都專區囊同地方人，青年時期曾去內地的峨眉山、五臺山等地雲遊20餘年，晚年回到結古寺。因其精通漢藏語文，佛學知識淵博，穿漢地僧人服飾，被當地的僧俗民眾尊稱為「嘉那朱古」，意為「漢活佛」。嘉那活佛多才多藝，精於建築設計，曾與結古寺大堪布巴德秋君共同設計建造了著名的結古寺大經堂；獨創了稱

為「多昂曲卓」的舞蹈100多種，現今流行在玉樹地區的「卓舞」多源於此。他晚年定居於新寨村，倡建新寨嘛呢堆，世稱「嘉那嘛呢」。

嘉那嘛呢堆經200餘年信徒們不斷鐫刻、疊加，如今嘛呢堆就變得越來越大，它東西長275公尺，南北寬74～82公尺，高4公尺，占地2萬餘平方公尺，體積達近9萬立方公尺，整個嘛呢石堆共由25億多塊嘛呢石砌成，因此有「世間第一嘛呢堆」之稱，其規模之大，數量之多，堆疊之壯觀，表現形式之獨特，實屬罕見。是青海省乃至中國十分重要的石刻文物遺存，具有很高的文物價值和旅遊價值。

長江源頭在哪裡

長江是中國的母親河，全長6,300公里、落差5,400公尺、流域面積180萬平方公里，亞洲第一、世界第三大河。長江發源於唐古拉山脈的主峰各拉丹冬冰峰下，綿亙幾十公里的冰塔林猶如座座水晶峰巒，千姿百態。1976年夏和1978年夏，長江流域辦公室兩次組織江源考察隊，對長江進行了詳盡的考察。考察結果證實，長江上源伸入青藏高原腹地的崑崙山和唐古拉山之間，有十幾條河流，其中較大的有三條，即楚瑪爾河、沱沱河和當曲，其中流域面積和水量最大的是當曲。但根據「河源唯遠」的原則，確定了沱沱河為長江正源。沱沱河的最上源，有東、西兩支。東支較西支略長，故長江的最初源頭應是沱沱河東支，它發源於各拉丹冬雪山的西南側。

各拉丹冬雪峰海拔6,621公尺，藏語各拉丹冬是「高高尖尖的山峰」的意思，主峰周圍簇擁著20座海拔6,000公尺以上的雪山，共同組成南北長50餘公里，東西寬約20公里的龐大雪山群。雪山群西南側，海拔

6,548公尺的姜根迪如雪山下的冰川融水,便是沱沱河的源頭。源頭位於東經91°07′、北緯33°28′。

長江源頭的自然界景觀十分奇特和壯觀。冬季,這裡是冰雪的世界,山上山下銀裝素裹;夏秋季節,烈日炎炎,冰消雪融,雪山下的天然草原上盛開著各種花朵,有的嫣紅,有的妊紫,有的金黃,有的雪白,真是千姿百態,豔麗多彩。為了抵抗暴風雪,這些花草長得都比較矮小,或呈星座墊狀,或匍匐在地。由於日照長和紫外線特別強的緣故,花草色澤鮮豔奪目。草原上不僅放牧著成群的牛羊,還有野牛、野驢、馬熊、猞猁、旱獺、黃羊、藏羚羊、雪雞等珍禽異獸。

黃河源頭的姐妹湖 —— 扎陵湖和鄂陵湖

距黃河源頭的瑪多縣縣城約40多公里處,有黃河源頭兩個最大的高原淡水湖泊 —— 扎陵湖和鄂陵湖,素有「黃河源頭姐妹湖」之稱。

扎陵湖和鄂陵湖,古稱「柏海」,又叫「查靈海」和「鄂靈海」,分別意為「白色的長湖」和「藍色的長湖」,這是當地藏族根據兩湖的形狀和景色而取的名字。扎陵湖和鄂陵湖自古以來就以美麗富饒而著名,這一帶不僅是中國古代游牧民族放牧養畜的天然牧場,也是中國歷史上內地通往西藏的交通大道。

黃河從巴顏喀拉山北麓的卡日曲和約古宗列曲發源後,經星宿海和瑪曲河(又名孔雀河),首先注入扎陵湖。扎陵湖東西長,南北窄,酷似一個美麗的大貝殼,鑲嵌在黃河上,湖的面積達526平方公里,平均水深約9公尺,蓄水量為46億立方公尺。扎陵湖水色碧澄透亮,湖心偏南是黃河的主流線,看上去,彷彿是一條寬寬的乳黃色的帶子,將湖面分

成兩半,其中一半清澈碧綠,另一半微微發白,所以叫「白色的長湖」。扎陵湖的西南角,距黃河入湖處不遠,有3個面積1～2平方公里的小島,島上棲息著大量水鳥,所以又稱「鳥島」。這裡的鳥大都是候鳥,每年春天,數以萬計的大雁、魚鷗等鳥類從印度半島飛到這裡繁衍生息。

黃河在經過扎陵湖之後,在巴顏郎瑪山南面,進入一條300多公尺寬的很長的河谷,河水在這裡分成九股道,散亂地穿過峽谷,流入鄂陵湖。鄂陵湖位於扎陵湖之東。鄂陵湖與扎陵湖的形狀恰好相反,東西窄、南北長,猶如一個巨大的寶葫蘆。湖的面積為628平方公里,比扎陵湖大100平方公里,平均水深17.6公尺,最深可達30多公尺,蓄水量為107億立方公尺,相當於扎陵湖的一倍多。鄂陵湖水色極為清澈,呈深綠色,天晴日麗時,天上的雲彩,周圍的山嶺倒映在水中,清晰可見,因此叫「藍色的長湖」。扎陵湖和鄂陵湖海拔4,300多公尺,比中國最大的內陸湖泊青海湖高出1,000多公尺,是名副其實的高原湖泊。這裡地勢高寒、潮溼,地域遼闊,牧草豐美,自然景觀奇妙,是難得的旅遊觀光勝地。

現在,扎陵湖和鄂陵湖地區,已成為青海省重要的牧業基地和漁業生產基地。經國際溼地公約組織批准,地處青海省三江源中國國家級自然保護區的扎陵湖和鄂陵湖被列入國際重要溼地名錄。

柴達木盆地有一道山梁,
為何是由無數的貝殼堆積而成的

柴達木盆地不僅以「聚寶盆」著稱於世,更以其富集而神奇的旅遊資源令人心馳神往,貝殼梁就是其中一處讓人嘆為觀止的神奇旅遊景觀。

從海西州都蘭縣以西的諾木洪鄉政府出發,經過一條由無數粗壯的

青海漫遊：雪域奇觀與湖泊祕境

楊樹、榆樹組成的近 30 多公里的綠色長廊，折北再行進約 30 公里，此時你會看到一條高高的沙坎，這便是貝殼梁。

貝殼梁是由上兆個貝殼和沙粒摻雜集結而形成的一道形似堤壩的山梁，它長約 3 公里，底寬約 70 來公尺，山梁頂端寬約 30 公尺，平均高度為 7～8 公尺，頗為壯觀。令人不可思議的是，為何在柴達木盆地會有如此眾多的貝殼？它們又是從哪裡來的呢？為何會堆積成一道山梁呢？

從地球的演變史中，不難發現，遠古時的柴達木是一片汪洋，經過漫長的地質演變，這裡由海變成了湖。劇烈的造山運動在造就南崑崙、北祁連、西阿爾金山的過程中，也造就了眾水向盆地中心會聚的現象。後經過無數次地質變化，這裡的氣候變得愈來愈乾燥，湖水水面逐漸縮小，生活在湖水中的大量貝類轉向中心水窪之地，而在當時諾木洪北邊一帶是盆地最低窪處，是河流、泉水發育之地，因此也就成為大量貝類動物的求生之處。貝類動物大量湧來，在古河道上，越積越多，越爬越高。後經過幾萬年的地質演變，古河道改道，旱象進一步加劇，在無情的風沙吹打之下，這些代代衍生的貝類終於走向了滅絕，只留下貝殼凝聚成的一道山梁訴說著這段漫長而又神奇的地殼運動歷史。

走進貝殼梁，隨手抓起一把貝殼，你會發現這裡的貝殼與大海邊所見到的貝殼有著明顯的差異。它們呈灰白色，體態小，且紋理淺，說明波浪衝擊小，是典型的湖泊沉積物，因為與沙粒膠結在一起，因此貝殼堅硬，即使經過了漫漫歲月，很多貝殼的形體基本保持完整，很有觀賞性，其中的一些貝殼稍稍加工便可成為一件有意義的旅遊紀念工藝品。如今的貝殼梁作為一處奇特的旅遊景觀正吸引著眾多的遊客前去觀賞、考察、遊覽。

中國最神奇的情人湖

在距青海省海西州首府德令哈市 40 多公里處，有一對鮮為人知的神奇之湖，她們便是托素湖（蒙古語，意為甘潤湖）和克魯克湖（蒙古語，意為水草豐美之地）。說她們神奇是因為兩湖面積不是很大（托素湖 180 平方公里，克魯克湖 57 平方公里），而且兩湖間有一條 7 公里的水道相連，猶如一對相依生存的姐妹，所以也稱姐妹湖。然而就是相距如此之近的一對湖，一個是鹹水湖，即托素湖；另一個卻是淡水湖，即克魯克湖。

因為水質的不同，兩湖呈現給人們的風姿截然不同，妹妹克魯克湖更像是一位充滿著活力和青春氣息的少女，她風姿綽約、嫵媚動人，湖裡魚兒暢游，湖面碧水蕩漾、魚鳥翻飛，湖岸蘆葦搖曳，一片生機勃勃。從 1980 年代中期，相關部門相繼引進了蝦、蟹、北京鴨等在此放養，富饒的湖水滋養得牠們強壯肥美，大的蟹可長到 320 克，每年收穫季節，大量的蟹遠銷到廣州、上海等沿海地區，真讓人不可思議，此湖成為了柴達木最佳養殖基地。克魯克湖現在是柴達木十景之一，每到旅遊旺季，很多遊客來此休閒，他們或在湖邊釣魚、野餐、品嘗難得的蟹宴和魚宴，或搭遊艇遊覽湖光山色，或在蘆葦叢中嬉戲玩耍。大戈壁的一湖碧波使人們疲憊的身心得到徹底的放鬆，實在是難得的一種享受。

姐姐托素湖則顯得很是平靜，因為鹹水的緣故，缺少像妹妹克魯克湖一樣的生機，但她的存在卻使這塊土地更顯神奇，尤其在她東北角的白公山、三維洞和鳥島上有一處被世人稱作「外星人遺跡」的神祕景觀，更增添了托素湖的神奇。

為何這對姐妹湖一鹹一淡呢？科學揭示了其奧祕。發源於哈爾科山

的巴音河由東向西注入克魯克湖，經連通河注入托素湖。克魯克湖有出入水口，而托素湖只有入水口，沒出水口，水就成了死水。氣候乾燥的柴達木盆地蒸發量大於降雨量的100多倍，所以入不敷出，水分大量蒸發，水中礦物質濃度不斷增加，托素湖便成了鹹水湖。

那麼這對神奇之湖為何被當地人又稱為「姐妹湖」和浪漫的「情人湖」呢？除了兩湖距離上的相近因素外，更多原因是自古生活在此的人們因為太喜愛她們，而賦予了美麗而動人的傳奇故事。

傳說古時有兩個相依為命的蒙古族姐妹，姐姐叫托素，妹妹叫克魯克，她們的戀人被奴隸主抓去金場當了沙娃（淘金人的俗稱）。兩人活著卻累得精疲力竭，餓倒在沙丘下，託大雁捎信給心上人。托素和克魯克得知後，妹妹背上乾糧，姐姐背起鹽包，日夜翻山越嶺去尋找愛人。當她倆找到死去的愛人時，悲切地痛哭，姐姐的淚水浸透了鹽包，流出一座鹹水湖，妹妹的淚水匯成淡水湖，後人便以兩姐妹的名字為湖命名，以示紀念。

關於情人湖的傳說是這樣的，很早以前，巴音河（蒙語富饒河）邊的部落裡有一對青梅竹馬、情投意合的情人，男的叫托素，女的叫克魯克，他們要結為夫妻，按當時部落習慣要到頭人那裡乞求準婚。誰知頭人一見克魯克長得如花似玉，動了邪念，生出一條毒計，讓托素到遙遠的鹽澤去背一袋鹽回來分給部落的人，藉口是結婚前先為部落的人盡點力，以便得到全部族人的支持，並考驗他對克魯克愛情的堅貞。托素便按此吩咐去做，在回程中，由於斷水斷糧，加上連夜奔波勞累，竟死在沙漠裡。克魯克不願受頭人凌辱，連夜逃出部落尋找托素，在天鵝指引下，找到托素屍體。她悲憤交加，生不能跟托素結為夫妻，死也要死在一起。她流乾了眼淚，摟著托素閉上了眼睛，在克魯克殉情處流出的眼淚變成了淡水湖，在托素背著鹽袋倒下的地方出現了一座鹹水湖。克魯

克搭在情人身上的手臂化作一條連線兩湖的小河。

　　神奇的湖水、動人的傳說構成了柴達木一道奇特景觀，如今它正吸引著無數遊客前去遊覽、休閒、度假。

崑崙山為何被譽為「萬山之宗」

　　「橫空出世，莽崑崙，閱盡人間春色。」博大雄渾，高峻滄桑，神聖深邃的崑崙山以其氣吞山河的氣勢被稱為「萬山之祖」、「龍脈之祖」、「亞洲脊柱」。這座山因高大而受世人矚目，在華夏兒女看來，它不僅僅是無數古老神話的誕生地，更是中國的人文精神象徵。

　　崑崙之稱出自匈奴語，意為「橫山」，橫貫亞洲中部，東西長 2,500 公里，平均海拔在 5,500 公尺以上，最高處為位於青海與新疆交界處的布喀達坂峰，海拔 6,860 公尺。崑崙山分東西兩段，西段喀喇崑崙山，位於新疆與西藏境內，東崑崙橫亙於青海境內，長 1,300 多公里。東崑崙在青海分成了幾列山，較大和較著名的有巴顏喀拉山、阿尼瑪卿山。這不斷延伸的崑崙山脈恰好橫臥於青海中部，幾乎把青海一分為二，即崑崙山以南的青南草原區和崑崙山以北的廣袤的柴達木乾旱區。圍繞這座神奇的山形成了許多旅遊景點，如崑崙山口、崑崙橋、崑崙神泉、玉珠峰、玉虛峰、野牛溝自然保護區、西王母瑤池等。

　　崑崙山東西綿延，地勢高聳，千里冰川，萬里雪峰，氣勢軒昂，讓人敬畏。它的偉大在於它牽引出了許許多多神奇高大的山脈；它的偉大在於它用點點滴滴的雪水會聚成無數河流；它的偉大更在於它用博大的胸懷造就了崑崙神話、孕育了華夏文明。這是一座偉大的山脈，是一座令人不得不頂禮膜拜的山脈。

> 青海漫遊：雪域奇觀與湖泊祕境

青海有哪些世界之最和中國之最

青海的世界之最：

- 世界上鹽水湖最集中的地區是青海，有鹽水湖 150 多個。
- 世界上飼養犛牛最多的地方是青海，共有犛牛 500 多萬頭。
- 世界上最大的鹽礦儲地是柴達木盆地，儲量約為 900 多億噸。
- 目前在世界上海拔最高、路線最長的青藏鐵路其大部分路段在青海省；另外，世界上最高的鐵路隧道、公路、公路橋梁均在青海境內。
- 世界上天青石礦藏最多的地方是青海茫崖地區，儲量 1,500 萬噸，占世界總量的 60%。
- 世界上最高、最年輕的高原是青藏高原，平均海拔 4,000 公尺以上，形成年代距今約 100 多萬年。
- 世界上第一大嘛呢石堆是位於青海省玉樹藏族自治州境內的新寨的嘉那嘛呢堆，它始建於明洪武年間，距今 600 多年，由 25 億塊嘛呢石組成。

青海的中國之最：

- 中國面積最大的沼澤地是柴達木盆地的鹽沼澤，面積有 110 萬公頃。
- 中國出產冬蟲夏草最多的地方是青海，產量約占中國總量的 70%。
- 中國河流發源最多的地區是青海青南地區，素有「中華水塔」之稱。
- 中國最大的鹽水湖是青海察爾汗鹽水湖，面積 5,856 平方公里。
- 中國石棉礦儲量最大的地區是青海茫崖石棉礦。
- 中國聚集鳥類最多的島嶼是青海湖鳥島。

- 中國海拔最高的盆地是柴達木盆地。
- 中國最大的內陸湖和最大的鹹水湖是青海湖。
- 中國面積最大、海拔最高的國家自然保護區是三江源自然保護區，總面積達 31.6 萬平方公里。
- 中國第一顆原子彈和第一顆氫彈的誕生之地是在青海省海北州的原子城，即今天的海北州州府西海鎮。

青海主要的物產之鄉和非物質文化遺產之鄉有哪些

青海物產之鄉：

- 石棉之鄉 —— 茫崖
- 石油之鄉 —— 冷湖
- 玉石之鄉 —— 祁連縣
- 大理石之鄉 —— 共和縣
- 鉛鋅之鄉 —— 錫鐵山
- 鉀鹽之鄉 —— 察爾汗
- 煤炭之鄉 —— 大通縣、熱水
- 沙果之鄉 —— 樂都縣
- 青油（菜子油）之鄉 —— 門源縣
- 西瓜之鄉 —— 民和縣
- 森林之鄉 —— 祁連山東端
- 冬蟲夏草之鄉 —— 玉樹州、果洛州

青海有代表性的非物質文化遺產之鄉：

- 熱貢藝術之鄉 —— 同仁縣
- 格薩爾故鄉 —— 果洛州
- 藏族歌舞之鄉 —— 玉樹州
- 土族彩虹之鄉 —— 互助土族自治縣
- 中國古代神話之源 —— 崑崙山
- 排燈藝術之鄉 —— 湟源縣
- 農民畫藝術之鄉 —— 湟中縣

青海有幾處國家森林公園

1. 青海坎布拉國家森林公園

坎布拉國家森林公園位於尖扎縣西北部，該景區地處拉脊山支脈，由山地、風蝕殘丘、山間小盆地相間組成，地層構成以紅色沙砂岩為主。坎布拉國家森林公園有景點50多處，以丹霞地貌為主體景觀，兼有宏大的李家峽水電工程。

這是青海省境內第一座國家級地質公園。「丹霞」峰林地貌、森林資源、人文景觀資源構成了坎布拉國家森林公園的三大風景區。它記載著青藏高原隆升與氣候演變的歷史，對研究中國西部新生代以來環境演變具有很高的科學價值。

坎布拉國家地質公園，在地質方位上處於青藏高原和黃土高原交會區域。公園內涵蓋「丹霞」峰林地貌景觀、新生界沉積環境和沉積構造類型以及3,800萬年以來的地質生態環境演化遺跡。坎布拉丹霞地貌由紅

色沙礫岩構成，岩體表面丹紅如霞。奇峰、方山、洞穴、峭壁為主要地貌特徵，山體如柱如塔、似壁似堡、類人類獸，形態各異，各種造型栩栩如生，形態千奇百怪，有鬼斧神工之妙。

2. 青海群加國家森林公園

　　青海群加國家森林公園位於青海省湟中縣境內，地處西寧市、海東地區、海南藏族自治州與黃南藏族自治州交界之處，總面積11,266公頃。森林公園為典型的高山峽谷地貌，山勢雄偉，景色誘人，雄、奇、險、幽融為一體，奇峰怪石、懸崖絕壁構成了複雜多姿的高原地貌景觀。登上山頂極目四望，但見層巒疊嶂，奇峰林立，怪石嶙峋，形態萬千。險峻幽深的峽谷寬窄多變，河流呈現灘谷相連，狹闊相間的景象。走進峽谷深處，山重水複，森林遮天蔽日，水流緩急相間。懸崖峭壁之下有一天然石洞，洞內滴水形成冰柱，長年不化，洞外鮮花盛開，果實纍纍，咫尺天地，包攬春、夏、秋、冬景色。

　　群加河為公園內最大的河流，發源於拉脊山南坡，在園內流程10.5公里，後直接匯入黃河。黑峽河從海拔3,830公尺的黑峽嶺穿洞流峽而下，匯入群加河。河水隨西岸山勢蜿蜒而行，緩處如碧潭清水，急處似洶湧奔騰。黑峽瀑布像白練從天而降，雷鳴般巨響在空谷迴盪。

　　登上高高的山峰極目遠眺，天邊外，黃河似一條銀色的巨蟒穿行在崇山峻嶺間，李家峽水庫高峽平湖，丹崖清波，碧水連天。

3. 互助北山國家森林公園

　　互助北山國家森林公園即北山林場，面積400多平方公里，位於青海省互助土族自治縣東北部。區內古木參天，松柏清香，山花爛漫，峽

高谷深，危崖壁立，有十八盤、黃堙豁、湖勒天池、老虎口、妖魔洞等眾多奇景。

4. 青海哈里哈圖森林公園

青海哈里哈圖森林公園位於柴達木盆地東部的烏蘭縣，距烏蘭縣城所在地希里溝鎮25公里，總面積5,170.5平方公里。1996年被青海省農林廳批准為省級森林公園。園內森林主要由祁連圓柏、青海雲杉等樹種組成，樹齡300～500年。森林和草原為野生動物的繁衍棲息提供了良好的條件，但見灌林密叢，雉飛鳥鳴，碧空萬里，鷹鷲翱翔。原始古樸的森林和眾多的動物，構成森林公園特有的生物景觀。

公園地處祁連山支脈哈里哈圖山系，山體高大渾厚，群峰競高，到處可見千姿百態、顏色各異、體量偉岸的奇峰異石，形態宛如人物鳥獸，活靈活現，構成了森林公園雄偉壯麗的地理景觀；湛藍的天空、潔白的雲朵、壯麗的高原冰雪、夢幻的煙雨雲霧、奇麗的六月飛雪、燦爛的繁星等組成了森林公園奇異的天象景觀；公園內泉眼密布，泉水叮咚，彙整合溪，溪水潺潺，奔流直下，森林、草地在泉水的滋潤下一衍生機盎然，溫潤的環境與極度乾旱的柴達木沙漠形成了鮮明的對比，更顯出哈里哈圖森林公園的神奇，也造就了森林公園多姿多彩的水文景觀。

作為「絲綢之路」的輔道，這裡曾是中西文化交流的重要通道。藏、漢、鮮卑、吐蕃、蒙古等民族都曾在這裡繁衍生息。幾千年來，歷史的變遷和多民族的融合在這裡留下了眾多的遺跡，記錄著歷史和文化的脈絡，更造就了獨特的民俗風情，留下了許多美好的傳說，這一切構成了這裡博大精深的人文景觀。

浩瀚的柴達木戈壁沙漠中，都蘭河涓涓流過，哈里哈圖森林公園位

於都蘭河兩岸的群山中。這裡的森林，空間分布很特別，遠看像一條綠色的綢帶，纏繞在山腰，蒼翠飄逸。綿綿群山阻擋住柴達木沙漠的繼續東進，為開展生態旅遊、滿足人們回歸和享受自然的願望提供了得天獨厚的條件。

青海的哪些山峰最適合於業餘登山愛好者開展登山活動

青海地處青藏高原，高山多且海拔高成了一大特點，這也就為開展登山活動創造了很好的條件，因此，青海是各國登山愛好者，尤其是業餘登山愛好者非常嚮往的一個地方，是登山者的樂園。目前，省內已開放開展體育登山旅遊的山峰有：

- 阿尼瑪卿峰（屬崑崙山脈，海拔 6,282 公尺）
- 年保玉則峰（屬崑崙山脈，海拔 5,369 公尺）
- 玉虛峰（屬崑崙山脈，海拔 5,933 公尺）
- 玉珠峰（屬崑崙山脈，海拔 6,178 公尺）
- 各拉丹冬峰（屬唐古拉山脈，海拔 5,369 公尺）
- 雅拉達澤峰（崑崙山脈，海拔 5,214 公尺）
- 新青峰（崑崙山脈，海拔 6,860 公尺）
- 唐古拉山（唐古拉山脈，海拔 6,205 公尺）
- 馬蘭山（崑崙山脈，海拔 6,056 公尺）
- 錯日尕則峰（崑崙山脈，海拔 4,610 公尺）
- 湖北冰峰（崑崙山脈，海拔 5,769 公尺）

- 五雪峰（崑崙山脈，海拔 5,805 公尺）
- 大雪峰（崑崙山脈，海拔 5,863 公尺）
- 龍亞拉峰（唐古拉山脈，海拔 6,104 公尺）

其中玉珠峰、阿尼瑪卿峰是青海省主要的登山基地，每年吸引著眾多登山愛好者來此向自己挑戰、向自然挑戰，尋找登山樂趣。玉珠峰又稱可可賽極門峰，海拔 6,178 公尺，是崑崙山東段最高峰，位於青海省格爾木市南 160 公里的崑崙山口東南 10 多公里處。其兩側矗立著眾多海拔在 5,000 公尺左右的山峰，南北坡均有現代冰川發育，地形特點南坡緩北坡陡，其中南坡冰川末端海拔約 5,100 公尺，北坡比降較大，冰川延伸至 4,400 公尺。

玉珠峰被登山者譽為最平和的山脈，其南坡山勢平緩、路線清楚，不存在雪崩問題，對攀登技術要求較低，是初學者非常理想的山形地貌。玉珠峰北坡則相對複雜，具有冰裂縫、冰塔林、冰陡坡、刃形山脊等種種地形，特別適合大部隊的登山訓練活動。

北坡大本營距西大灘 4 公里，海拔 4,300 公尺，雪線 4,400 公尺。因此可以在南坡獲得高海拔地區的登山經歷，而且能學到更多的冰雪技術和登山戰術。玉珠峰地區屬大陸性氣候，全年降雨量僅 200 毫米，年平均氣溫 -5℃，極端最低氣溫可達 -30℃。登山季節為 5 月至 9 月，現在青海省體育局等單位在每年的 5 月分都要舉辦一次玉珠峰登山大會，影響較大，受到了許多勇於冒險的年輕人的喜愛。

阿尼瑪卿峰位於果洛藏族自治州瑪沁縣西北部的雪山鄉，距州府大武鎮僅 80 公里。阿尼瑪卿山是東崑崙山中支的最東端，主峰瑪卿崗日海拔 6,282 公尺。由於地勢高峻，氣候複雜多變，氣溫低，山上冰雪連綿，終年不化。遠眺阿尼瑪卿峰，雪峰突兀，光潔晶瑩，一種聖潔偉大的氣

質令人感動，所以每年來此觀光、攝影、探險、登山者絡繹不絕。每年的4月至6月是登此山的好季節，歷史上已有好多支登山隊攀登過此山，留下了英雄者的足跡。阿尼瑪卿習慣上被稱為阿尼瑪卿雪山。傳說阿尼瑪卿峰也稱「斯巴僑貝拉格」，即開天闢地的九大山神之一，掌管安多地區的河山滄桑之變，因而被藏族視為神山，每年都有大批朝聖者跋山涉水、風餐露宿前來此地進行虔誠的轉山朝拜。

青海哪幾條精品旅遊路線最適於開車自助旅遊

　　青海因地域遼闊、地形複雜多樣，海拔高，氣候變化多端，加之多民族聚居以及青藏高原的神祕色彩，成為眾多自駕車旅遊者的首選目的地。在青海，適宜開車自助旅遊的路線較多，而且各有特色，這裡可提供幾條有代表性的路線，僅供參考。

◆「激情穿越柴達木」

　　具體路線：以格爾木為起點，經過都蘭的戈壁風光、茶卡鹽湖的「天空之鏡」、大柴旦的沙漠與水上雅丹地貌，再至德令哈的可魯克湖與托素湖，以及冷湖的雅丹魔鬼城，最後返回格爾木或西寧。

　　路線特點：海拔高、所轄範圍廣、氣候乾燥、人煙稀少，但其旅遊景觀眾多，極具挑戰性。

◆「環中國夏都自助開車旅遊」

　　具體路線：由西寧出發，經黃教聖地塔爾寺至貴德，全長130多公里。主要景點有塔爾寺、拉脊山口、丹霞地貌、清清黃河、玉皇閣、扎

倉溫泉、農家垂釣等。

路線特點：路況良好，但需要翻越海拔近4,000公尺的拉脊山，公路盤山而上，依山而下，駕車頗有刺激感，且沿途景色多變，很是新鮮。

◆「環青海湖民族體育遊」

具體路線：西寧－青海湖－原子城－西寧，路線長600多公里。沿途主要景點有多巴國家高原訓練基地、日月山、青海湖二郎劍、鳥島、沙島、金銀灘草原、原子城等。

路線特點：路況非常好，青海省許多著名景點會集於此，民族風情濃厚，體育色彩鮮明，來回路線不重複（由青海湖南岸西進，沿青海湖北岸折回）。

◆「藏傳佛教朝觀遊」

具體路線：由西寧出發，經塔爾寺繞行到循化文都寺，再進入黃南州來到同仁縣隆務寺，還可延伸到甘肅拉卜楞寺。主要景點：塔爾寺、南宗寺、十世班禪大師故居、文都寺、熱貢藝術之鄉（隆務寺、上下吾屯寺、年都乎寺等）、拉卜楞寺等。

路線特點：路況良好，但也有部分繞險峻峽谷、上山、下山等有刺激的路段，另外，宗教氛圍濃厚。

◆「唐蕃古道遊」

具體路線：西寧－日月山－青海湖－共和－瑪多（黃河源頭）－玉樹－拉薩。

路線特點：路線距離長（青海省內有近1,000多公里路程，若遠赴西藏全程有近2,000多公里）；全路線程海拔逐漸增高，需要翻越多座高大山峰，對車手的開車技術、身體狀況以及意志力都是很大的考驗。在青

藏高原開車飛奔又是人生難得經歷，沿途風光神奇，藏文化濃郁，可體驗風餐露宿的艱辛與興奮，觀賞青藏高原特有野生動植物。

◆「青藏高原風光遊」

具體路線：由西寧出發，經格爾木至西藏拉薩，全長 2,000 多公里，沿線要經過日月山、青海湖、茶卡鹽水湖、吐蕃墓葬群、鹽水湖城格爾木、崑崙山口、可可西里、長江源頭、五道梁、安多、那曲、拉薩等。

路線特點：該路線主要沿青藏公路行進，路況良好，非常適宜汽車探險；沿途經過中國國家級景區──格爾木崑崙文化旅遊區，這裡自然景觀與人文景觀相得益彰，歷史文化遺跡與現代化建設成就有機結合，景觀類型多、數量大、地域性突出，很多景觀是世界級的，值得到訪；走青藏公路，看青藏鐵路，兩條「天路」並肩起行，堪稱世界奇觀。

青海哪些地方適宜開展探險旅遊

探險旅遊深受年輕人的喜愛。在青海，適宜開展探險旅遊的地方較多，以上兩個小專題──登山旅遊和開車旅遊的路線和目的地其實就是探險旅遊的去處。結合目前青海開展的探險旅遊現狀，並展望發展趨勢，以下幾處地方非常適宜開展探險旅遊：徒步穿越柴達木盆地；尋訪黃河源頭、長江源頭；在河南蒙古族自治縣感受美麗大草原、尋訪黃河大峽谷；崑崙山尋祖；無人區可可西里自然保護區有限度的探訪；中國國家地質公園年保玉則探險；柴達木盆地西北部神奇的雅丹林（魔鬼城）探險；距德令哈市 50 多公里處的「外星人遺跡」探險；都蘭吐蕃墓葬群探訪；民和喇家遺址探訪等。

青海漫遊：雪域奇觀與湖泊祕境

圍繞青海特色旅遊資源所開展的國際性體育賽事有哪些？有何影響

青海地處青藏高原，特有的高原地理地貌、高海拔氣候和高原特有人文環境非常適宜的國際性體育賽事。其中有三項運作得相當成功，產生了很好的效益，分別是環青海湖國際公路自由車賽、國際黃河挑戰賽、青海高原國際攀岩賽三大國際體育賽事。這當中最有影響，並已成為賽事品牌的要數「環青海湖國際公路自由車賽」。

該賽事由最初的被國際自由車總會註冊為 2.5 級的比賽，到第二、第三屆時上升為 2.3 級，第四屆環湖賽更新為亞洲頂級賽事。環湖賽每屆比賽都有 20 支左右世界職業車隊和國家級車隊參賽，參賽隊員達到了 100 多名，而且逐年在增加，使該項賽事從一開始就展現出了水準高、規模大的特點。與世界上許多高水準國際自由車賽相比，環湖賽有著與眾不同的顯著特點：

- 一是高海拔，比賽地點海拔平均在 3,000 公尺以上，目前在世界上獨一無二；
- 二是落差大，賽程海拔最高點達 4,000 公尺以上，最低點為 1,800 多公尺；
- 三是組織方把體育賽事巧妙地和高原奇幻迷人的景色以及青海多姿多彩的人文環境結合在一起，促成了一項集自然、人文、現代體育、旅遊為一體的競技品牌；
- 四是舉辦地政府全力支持、民眾的參與程度非常高。

這項特色鮮明的高水準國際賽事，帶給青海帶來的影響卻非常明顯，主要表現在三方面：

- 第一，宣傳了青海，展示了青海，全面提升了青海的國際知名度；
- 第二，環湖賽已是青海共同的重大節日，因此，賽事的舉辦大大提高了青海人的精神風貌，增強了青海人的自信心；
- 第三，環湖賽大大促進了青海省基礎設施的建設和完善，尤其是促進了道路改造，從而促進了旅遊業的快速發展。

用三句話概括其影響：展示青海的平臺和窗口；拉動青海經濟發展的鏈條；鼓舞青海人民的士氣。

青海每年所舉行的民俗及宗教節慶活動主要有哪些

◆ 塔爾寺四大法會

- 一是農曆正月的祈願大法會，主要活動內容有，農曆正月十四日塔爾寺社火院跳法王舞（跳欠），四月十五日上午晒大佛，當日晚上塔爾寺上下院舉行著名的酥油花展；
- 二是農曆四月大法會，活動內容有，農曆四月十四日中午跳法王舞，四月十五日上午晒大佛；
- 三是農曆六月的轉法輪節，初七上午晒大佛，下午跳法王舞四月，初八上午舉行「轉金佛」儀式，下午跳馬首金剛舞；

◉ 四是農曆九月舉行的大法會，從農曆九月二十日至二十三日共舉行四天，主要是在大金堂集體誦經，二十三日中午跳馬首金剛護法舞。

◆ 六月六花兒會

青海是「花兒」的故鄉、「花兒」的海洋，每年的農曆六月六期間，全省各地（主要是河湟地區）都有一些有影響力的「花兒會」如期登場，如西寧鳳凰山、大通老爺山、互助五峰寺等，「六月六花兒會」是青海各民族共同的狂歡節。

◆ 玉樹賽馬會

活動時間：每年農曆的七月二十五日至三十日。

活動地點：玉樹州府結古鎮。

活動內容：主要有賽馬、康巴藏族服飾展演、藏族歌舞表演、宗教寺院歌舞演出等，還可欣賞到頗為壯觀的帳篷城。

◆ 黃南同仁地區的「六月會」

活動時間：每年農曆六月十七日至二十五日。

活動地點：隆務河兩岸的近 50 多個藏族、土族村子。

活動性質：是熱貢地區藏族、土族的大型民間宗教節日活動。

活動流程及內容：祭神、請神、迎神、舞神、拜神、祈禱、送神、軍舞表演（莫合則）、神舞表演（拉什則）、龍舞（勒什則）等，還有生殖崇拜、拉伊、民間藏戲等各類表演活動。

◆ 民和「納頓會」

活動時間：每年農曆七月十二日至九月十五日，歷時長達兩個多月，被譽為「世界上歷時最長的狂歡節」。

活動地點：民和縣三川地區。

活動性質及內容：生活在民和三川地區的土族進行的大型民間宗教祭祀活動。

◆ 跳「於菟」

活動時間：每年的農曆十一月二十日。

活動地點：黃南州同仁縣年都乎村。

活動性質及內容：該村的土族村民舉行的驅邪納吉的民間祭祀活動。

◆ 祭海

活動時間：從清雍正時期至民國的官祭，一般為每年農曆七月十五日；如今民間的祭海活動通常選在每年農曆的四五月分。

活動地點：青海湖。

活動性質及內容：是生活在環湖地區的藏族、蒙古族等祭拜青海湖神的民間祭祀活動，主要由祭祀海神的一系列儀式和跳羌姆活動構成。

青海漫遊：雪域奇觀與湖泊祕境

青海目前倡導而創辦的大型文化旅遊節慶活動主要有哪些

◆ 中國‧青海鬱金香節

活動地點：西寧市。

舉辦時間：每年的5月初。

活動內容：高貴的鬱金香花展以及青海有代表性的各民族民俗文化展示和大型文藝會演等。

◆ 青海湖國際詩歌節

活動地點：環青海湖及西寧市。

時間：隔年8月。

活動內容：邀請國內外一大批著名詩人到美麗詩意的青海採風作詩、學習交流、撫琴朗誦。首屆詩歌節的主題為：「人與自然‧和諧世界」。

◆ 王洛賓音樂文化旅遊節

活動時間：隔年7月。

活動地點：金銀灘草原。

活動內容：在美麗的大草原上進行王洛賓歌曲演唱；開展多種形式的民族文化藝術活動。

◆ 中國鹽湖城暨崑崙文化旅遊節

活動時間：每年的7月至8月。

活動地點：格爾木市。

活動內容：展示鹽水湖城的魅力；品嘗崑崙文化的神奇與博大；欣賞蒙古族風情等。

◆ 瑪域格薩爾文化旅遊節

活動時間：每年 8 月。

活動地點：果洛州府大武鎮。

活動內容：格薩爾史詩演唱；果洛藏戲演出；民族文藝活動等。

◆ 中國‧青海民間藝術文化旅遊節

活動時間：每兩年舉辦一次，具體時間為舉辦年的 6 月至 9 月。

活動地點：青海省主要旅遊接待地（西寧市、海北州、海南州等地）。

活動內容：集中展示青海地方民族歌舞、民族藝術、民間工藝美術、民族服飾等。

◆ 中國‧土族旅遊文化節

舉辦時間：每年 7 月。

活動地點：互助土族故土園。

活動內容：「花兒」、安召舞、輪子秋、土族服飾、土族婚俗、民居、飲食、刺繡等土族民俗文化展示。

◆ 黃南熱貢藝術節

活動時間：每年農曆六月與「六月會」同期進行。

活動地點：熱貢藝術之鄉同仁縣。

活動內容：展示內容豐富、名揚天下的熱貢藝術；欣賞當地具有多民族文化相互交融特點的其他民俗藝術等。

◆ 貴德梨花節

舉辦時間：每年4月20日至5月1日。

活動地點：貴德縣。

活動內容：觀賞美麗的梨花；欣賞當地民族歌舞、民間藝術；品嘗農家飯菜；體驗農家風情；漂游清清黃河水等。

此外，「海西那達慕大會」、「門源油菜花旅遊節」等也是很有特色的文化旅遊節慶。

青海十大熱門旅遊路線

隨著青海旅遊知名度的提高，特別是青藏鐵路開通後，來青海旅遊的自助遊客越來越多，怎樣使這些遊客在青海盡快選擇到既具有青海特色，又能滿足個性需求的旅遊路線呢？

◆ 西寧－日月山－倒淌河－青海湖（鳥島）－金銀灘大草原－原子城

主題：環青海湖民俗風光遊。

特點：是青海遊的王牌路線，也是最大眾化的常規路線，而且是一條環線（由青海湖南岸西進，沿北岸東返），知名景點多，交通住宿十分便利，適宜開展腳踏車遊、徒步遊、開車遊，適合兩日到三日遊。

◆ 西寧－塔爾寺－互助

主題：宗教民俗遊。

特點：是青海遊的又一條王牌路線，塔爾寺與互助土族故土園都是青海少有的5A級景區（點），是一條非常成熟的一日遊路線。

◆ 西寧－塔爾寺－貴德

　　主題：宗教民俗風光遊。

　　特點：遊覽內容多樣，貴德又是一處度假勝地。

◆ 西寧－坎布拉國家森林公園－撒拉族綠色家園－孟達天池－同仁熱貢藝術

　　主題：宗教民俗風光遊。

　　特點：宗教文化、民族文化、民俗文化濃郁而獨特，自然景觀異彩紛呈，適宜開展文化藝術考察，多日遊路線。

◆ 西寧－青海湖－茶卡鹽水湖－都蘭－格爾木－崑崙山口－可可西里

　　主題：青藏高原風光與文化遊。

　　特點：一路西進，海拔從 2,000 來公尺飆升到 4,000 公尺以上，是開展古文化遊、工業遊、登山遊、高原野生動植物觀賞等特種旅遊的絕佳路線。

◆ 西寧－塔爾寺－日月山－青海湖－黃河源頭－玉樹

　　主題：重走唐蕃古道，品味高原獨有風光與文化。

　　特點：路線長，景觀跨度大，康巴民族文化濃郁，適宜開展民俗遊、宗教遊、探險遊、自駕車遊等特種旅遊。

◆ 西寧－柳灣彩陶博物館－瞿曇寺

　　主題：宗教文化遊。

　　特點：領略史前時代高原人類的生活及彩陶藝術。適合一日遊。

青海漫遊：雪域奇觀與湖泊祕境

◆ 西寧－大武－阿尼瑪卿峰－年保玉則山－久治

　　主題：領略青藏高原雪山風采，欣賞青南草原游牧風光。

　　特點：路線長，海拔高，極具挑戰性，適宜開展登山遊、徒步探險、開車遊等特種旅遊。適合多日遊。

◆ 西寧－大通－門源－祁連

　　主題：高原風光民俗遊。

　　特點：從西寧出發，一路北上，景色宜人，民俗文化多樣，適宜開展自駕車遊，兩日至三日遊為佳。

◆ 西寧－青海湖－都蘭－察爾汗鹽水湖－魔鬼城

　　主題：柴達木盆地風光文化遊。

　　特點：自然景觀博大、原始、神奇，人文景觀厚重而神祕，適宜開展探險遊、自駕車遊，多日遊路線。

雪域高原犬類活化石 —— 藏獒

　　藏獒是由1,000多萬年的喜馬拉雅巨型古犬演變而來的高原犬種，是犬類動物中唯一沒有被時間和環境所改變的古老的活化石。牠曾經是青藏高原橫行四方的野獸，直到6,000多年前才被馴化，開始了和人類相依為命的生活。

　　傳說很久很久以前，在布達拉宮腳下，居住著一群勤勞善良的藏族牧民，有一年春天山洪暴發，大地被冰雪覆蓋，正當藏族牧民和他們賴以生存的牲畜在飢寒交迫中掙扎時，忽見許多身披袈裟、手搖經輪，坐

在高大凶猛的坐騎上的活佛從天而降,活佛的坐騎就是藏獒。活佛和藏獒的到來,使冰雪融化、大地復甦,解救了善良牧民。所以在青藏高原,牧民一提起藏獒,無不對牠敬愛有加,認為藏獒是上天派來的使者,是神犬,是牧民的保護神。著名世界旅行家馬可波羅在遊記中也對藏獒進行了記載。西元1257年他來到中國,在四川第一次遇到西藏人和「來自西藏的狗」。他在遊記中描述:西藏人有如此巨大的犬種,如此凶猛、大膽,其形如驢,犬聲如獅吼,足震山嶽。來自義大利的馬可波羅和西藏犬種的故事在西元1300年間首次刊載。

藏獒因為生活地區不同,自然生態條件的差異,在體形外貌和品質上也有差別。1992年到1996年,甘肅農業大學動物科學技術學院教師在西藏、青海、甘肅的部分地區對藏獒進行調查,並對藏獒資質資源的現狀進行總結,將藏獒按地域分為西藏型、青海型、河曲型三個種群。青海省及內地許多養殖藏獒的人士認為,原產於青海省玉樹州的藏獒,由於產地相對封閉的地域條件和高海拔、低氣溫、強輻射等自然條件的特點,藏獒都比較凶猛,而且會自己捕食獵物,資質最佳。

對於藏獒的鑑定,主要是從牠的體形、體質、體高、體重、外形部位、氣質、毛色、健康和適應性進行評定,還要考慮其內在的潛力和發展,是否勇猛,對主人是否忠誠、敬畏。藏獒中數量最多、所占比例最高者(占70%以上)為黑背黃腹色,俗稱「鐵包金」。鐵包金藏獒來源混雜,其中絕大多數個體資質不高,但卻代表著藏獒毛色的基本型,由於18〜19世紀去西藏探險的西方人所見到的藏獒多為黑背黃腹色和純黑色,西方人反倒對其他毛色的藏獒持懷疑態度。對鐵包金毛色的藏獒來說,胸前兩條「V」字形色帶,雙頰與鼻梁屬黑黃分明,四趾邊緣有黑斑者最名貴。

青海漫遊：雪域奇觀與湖泊祕境

莽莽高原雪域，當粗獷豪放的牧民漢子騎著黑駿馬在驅趕成片的牛羊，或裸臂手握馬刀迎風揮舞時，身邊必然有一個忠誠的夥伴在緊緊追隨、注視，這就是被譽為「東方神犬」的藏獒。藏獒以其忠誠、勇敢、凶猛、威風的秉性，深受牧民的鍾愛。

高原缺氧反應及其防治措施

青藏高原因海拔高、空氣稀薄，因而形成了以低氣壓、缺氧、低溫、太陽輻射強、日溫差大、大風、乾燥等為顯著特點的高原氣候。從低海拔地區來高原的遊客，由於氣候等方面的急遽變化，超過了正常人機體自動調節的限度，在海拔4,000公尺以上地段，約60％～100％的人均發生急性缺氧反應或者疾病，其症狀常見的有頭痛、頭昏、心慌、氣短、食慾不振、噁心嘔吐、腹脹、胸悶、胸痛、疲乏無力、面部輕度浮腫、口唇乾裂、流鼻血等。危重時血壓增高，心跳加快，甚至出現昏迷狀態。有的人出現異常興奮如酩酊狀態、多言多語、步態不穩、幻覺、失眠等。

由於高海拔缺氧而表現出的種種症狀，醫學上稱為高山症。有的是暫時性的，只要適應一段時間，或者離開高海拔環境，人體機能即恢復正常，有的持續時間較長。據研究：一般在海拔3,000公尺以下無症狀，3,000公尺為反應臨界高度，這一高度時的氣候特點（氣壓、氣溫、太陽輻射等）與平原低地大不相同，遊人到了這一新的環境，機體必須進行一系列的調節，才能適應；海拔3,000～5,000公尺之間可產生一系列缺氧症狀，但大都無生命危險；海拔5,000公尺為障礙臨界高度；海拔5,000～7,000公尺機體不能完全代償；海拔7,000公尺為危險臨界高度；海拔

7,000公尺以上機體不能代償，為高山死亡帶。但也有例外，有些人在海拔2,000～3,000公尺也難以完全適應，出現不同程度的高山缺氧反應，登山運動員在7,000公尺以上仍能負重登山。

青海省約有60%的面積海拔在4,000公尺以上，3,000～4,000公尺面積占25%，海拔3,000公尺以下面積只占15%。因此赴青海高原旅遊者，做必要的醫療保健和生理衛生方面的準備是十分必要的。

(1)海拔地區進入高原的遊客，一定要做全面嚴格的體檢。凡有嚴重心、腎、肺疾病患者，高血壓II期以上，嚴重肝病，貧血患者，均不可冒險來高原旅遊。如果只患一般疾病，必須預先採取預防措施，如隨身攜帶氧氣、藥物等。對進入一定海拔高度地區後有抽搐、劇烈頭痛或者昏迷傾向者，則不宜進入更高地段旅行。在海拔3,000公尺以上的旅遊住宿點和景點，或在旅遊車上，應有高原旅遊保健措施，供應氧氣和必備藥品，以防意外事故的發生。

(2)生理衛生方面的宣傳教育工作，使遊人有充分的物質和心理準備，樹立戰勝高山症的決心和信心，消除精神上不必要的恐懼感。一般情況下大約兩三天，多則五天至七天內即可逐步適應高原環境，胸悶、氣短、呼吸困難等缺氧症狀將消失，或者大有好轉，有些人用吸氧來緩解高山症，這對暫時解除不適有作用，但停止吸氧後，不適狀況又會重新出現，延緩了適應高原環境的時間。如果缺氧症狀不很嚴重，靜靜休息時有所緩和或減輕，最好不要吸氧，以便早日適應高原環境，獲得理想的旅遊效果。

(3)適應性鍛鍊。來高原旅遊之前開展爬山、跑步、打球、負重、行軍等大運動量的體育活動，這對機體適應缺氧環境能造成積極作用。進入高原初期，活動不能過於激烈，如急行軍、跑步、體力勞動等。高原

氣溫低，隨氣溫急遽變化，要及時更換衣服，做好防凍保暖工作，防止因受凍而引起感冒。感冒是急性高山肺水腫的主要誘因之一。

(4)優質高原旅遊期間的生活。食物應以易消化、營養豐富、高糖、含多種維他命為佳，多食蔬菜、水果，不可暴飲暴食，以免加重消化器官的負擔。嚴禁飲酒，以免增加耗氧量。睡眠時枕頭要墊高點，半臥姿勢最佳。

(5)預防和治療。為了提高機體對缺氧的耐力，減少高山症的發生，主要的藥物有：複方黨參片、黃耆茯苓複方劑、醋氮醯胺、利尿磺胺、螺旋內酯、中樞神經系統興奮劑、抑制劑、朕基硫脲和營養劑與代謝激素類製劑。

進入高原後，高山症症狀愈來愈重，就是在休息也十分明顯者，應立即吸氧，送醫院就診，以防因急性高山肺水腫而造成不良後果。

在青海旅遊應注意旅遊季節的選擇

青海省海拔高，年均氣溫比同緯度的中國東部低 8℃～20℃，寒冷持續時間長，因此氣候對旅遊季節和旅遊目的地的選擇有十分重要的作用。

◆ 青南高原

年均溫在 0℃以下，九十月分進入隆冬季節，直到翌年四五月分，有 8 個月以上的寒凍時期，冰天雪地，氣溫多在 -30℃～ -20℃之間，常因大風積雪而道路受阻，造成雪災，這時期不宜開展旅遊。七八月分氣溫多在 5℃～ 10℃，少數地勢較低地域，氣溫在 15℃左右，陽光充足，

是草原一年中最美季節，盛大的賽馬會也是在此期間進行，因此，七八月分是去青南高原旅遊的黃金季節。

◆ 柴達木盆地

約在4月底春回大地，9月底天氣驟冷，5月至9月中旬約有4個多月的旅遊季節，6月至8月三個月為最佳旅遊季節。

◆ 青海湖盆地

4月分候鳥紛紛來到，7月底或8月初完成了生兒育女、繁衍後代的任務。此後天氣開始變冷，候鳥陸續返回南國越冬，因此5月至7月三個月是觀鳥最佳季節。七八月分的青海湖畔綠草如茵，金黃色的油菜花，滿山遍野的牛羊，蔚藍色的天空，景色分外迷人，所以7月分是遊覽青海湖的黃金時間。

◆ 青海東部地區

平均海拔在2,500公尺以下，4月初春意姍姍而來，10月中旬即進入深秋季節。因此5月至9月是最佳旅遊季節。尤其是七八月分，正值內地酷暑難熬，青海東部日均溫在12°C～25°C之間，涼爽宜人，相對溼度在45％以上，是理想的避暑勝地，此時又正值「花兒會」、賽馬會、土族納頓會期間，為旅遊的黃金季節。12月分至翌年2月分，是青海東部最寒冷的季節，平均氣溫在-12°C～-6°C之間，因高原太陽光照射充足，溼度較低，並不感到十分陰冷，對於開展民族風情旅遊、宗教朝觀旅遊、古文化旅遊，也是比較理想的季節。民間大型文化藝術活動如漢族的民間社火、燈節、塔爾寺的酥油花展、各主要佛寺的跳欠、土族婚禮，大都在春節前後舉行。從城鎮到偏僻的鄉村，雖然寒氣逼人，但人們都沉浸在節日的歡樂之中，載歌載舞，走親訪友，鄉土氣息濃烈。

青海漫遊：雪域奇觀與湖泊祕境

在青海旅遊應注意哪些民族風俗習慣及宗教禁忌

青海是個多民族、多宗教的省分。千百年來，各個民族形成了本民族的風俗習慣，每個宗教派系，都有十分嚴格的宗教儀規，是民族文化的主要內容之一，也是每個民族成員的行為規範。

青海各個民族禁忌的內容大不相同。

藏族由於受宗教影響深刻，生活中禁忌的內容很多。忌食圓蹄牲畜和有爪子的動物，如騾、馬、驢、狗、貓、鷹、烏鴉的肉。進帳篷時以男左女右的方式進入，也以男左女右順序就座；坐定後不能東倒西歪，腿不能伸向供佛和老年人的方向；供佛的酥油燈上不能接火吸菸或點蠟燭；佛像前必須保持清潔；不能用自己的器具去缸內取水；不能跨越親人衣服；不能故意打狗；不能用槍射擊禿鷲和老鷹；不能在畜棚圈內大小便；不能在眾人面前放屁；不能走進帳篷指手畫腳，說三道四；不能說不吉利的言辭等。一般情況下，進入帳篷，一定要和顏悅色，如果語言不通，可伸出大拇指，表示對主人的讚美，這便是和主人建立和諧關係的開始。

回族和撒拉族的禁忌受到伊斯蘭教的深刻影響，禁食豬肉和狗、馬、騾、驢等不反芻動物的肉及一切動物的血；不食自死之物，凡宰食牲畜，須請阿訇或清廉年長者按教規屠宰，外教人或不清廉的教內人所宰食肉，均視為不潔；禁止吸菸飲酒；舀水、倒水要順手不能反手等。

土族也忌食騾、馬、驢肉；忌諱他人到牲畜圈內大小便，上炕就座；忌諱坐到主人家的枕頭、被子上；生孩子後一個月內家中禁止來人；忌

穿戴不整的婦女從長輩面前走過；忌清晨出門辦事碰上空桶及不淨之物。

各族人民的宗教意識十分濃厚，特別對那些一塵不染、嚴格過宗教生活的信徒，不能表示看不起、不信任，或者問這問那，引起反感。

到清真寺參觀遊覽，特別要注意衛生，不能隨地吐痰，亂扔垃圾，不能吸菸、唱歌和大聲喊叫，以保持肅穆的氣氛。禮拜大殿一般不能隨便進入，若要進去，應徵得教長、阿訇的同意並脫鞋進入，不能翻閱經典等。

到佛教寺院旅遊，不像清真寺那樣要求嚴格，但行為舉止要優雅。在佛殿內不准用手亂摸佛像、佛經、壁畫、法器等，更不能從上面跨越過去。在僧眾集合誦經時，不能從他們前面走來走去。參觀時一般不能對著佛像指手畫腳、評頭論足，不能大聲喧譁。未經管理人員同意，不能隨意拍照。在轉經輪或燒香拜佛時，應自左向右順時針方向、不可逆轉。

藏族和僧侶的頭和帽子一般不能亂摸，印有藏文的紙張不能亂扔，更不能當擦手紙用，刻有藏文的石頭要擺放到乾淨的地方，不能碰擊或打碎。如果你是佛教徒，進佛寺時，把帽子摘下來，雙手合掌，舉到額頭，表示虔誠；如果在佛像前獻布施，將得到管理人員的優厚照顧。

青海漫遊：雪域奇觀與湖泊祕境

青海民族：多元色彩與文化交融

青海民族：多元色彩與文化交融

　　青海是一個由漢、藏、土、回、撒拉、蒙古等多民族聚居的省分。每一個民族在自己獨特的地理環境、物質生產、人文環境中形成了自己獨具特色的民族文化、歷史文化、民俗文化。鮮明的民族個性，表現在飲食、居住、服飾等生活和意識形態領域中。長期的繁衍生息中，各民族異中求同，使生活在青藏高原的諸多民族和睦相處，情如兄弟，凝結成了你中有我、我中有你不可分割的民族情感。這種多元的、地方特色濃郁的民族文化如今成為了青海的文化象徵。

你了解青海的世居少數民族嗎

　　青海地處青藏高原，但自古以來就有人類生存繁衍生息在這裡。歷史上這裡曾經是你來我往，好不熱鬧。獨特的地理環境，悠久的歷史，使得這裡民族眾多，僅世居少數民族就有藏族、回族、土族、撒拉族、蒙古族，其他像保安族、東鄉族、維吾爾族等也共同生活於此，形成大分散，小聚居的狀態，文化也呈現出多民族、多宗教、多元化的特徵。

◆ 藏族

　　信奉藏傳佛教。主要分布在玉樹、果洛、海南、黃南、海北五個藏族自治州和海西蒙古族藏族自治州，西寧市的湟中、湟源和大通三縣以及海東地區也有部分藏族居住。在青海，除居住於海東地區和西寧三縣的藏族從事農業或半農半牧外，其餘都從事畜牧業。改革開放前，牧區的藏族以游牧生活方式為主，居無定所，隨著社會經濟的不斷發展，特別是西部大開發政策的實施，定居畜牧的越來越多，生活品質得到極大改善與提高。藏族人口占全省人口的近五分之一。

藏族歷史悠久，青海藏族是在長期歷史發展中由吐蕃吸收青藏高原各民族逐漸發展形成的。藏語屬漢藏語系藏緬語族，青海藏族除語屬地區的藏族講「康巴方言」外，均操「安多方言」，通用藏語文。藏族能歌善舞，有「會說話就會唱歌，會走路就會跳舞」的禮讚。

◆ 回族

信奉伊斯蘭教。主要居住在化隆、門源回族自治縣和民和、大通回族土族自治縣及西寧市(以城東區東關一帶最為集中)、湟中縣等地，其餘州縣均有分布，與中國相似，屬大分散、小集中的格局。青海回族人口達84萬多。回族善於經商，尤以居住於城鎮的為代表，特善於經營牛羊肉、皮毛加工和飲食業。居住於農村的回族主要從事農業，善於種植蔬菜、瓜果等經濟作物和飼養乳牛、乳羊等。

青海回族先民的活動可追溯到唐、宋時期。元代大量回回人集體移居青海，明清時期居青海的回回人增多，經過長期與漢族等民族密切交往，逐步繁衍發展成今天的青海回族。

青海回族通用漢語文，在宗教生活和日常生活中保留了一些阿拉伯語、波斯語詞彙。化隆卡力崗等地回族使用藏語或漢、藏兼語。此外，回族的飲食色、香、味頗具民族與地方特色，已成為青海飲食的一大特色。

◆ 土族

是青海特有民族，在中國是一個小民族，人口有20多萬。信仰藏傳佛教。主要居住在互助土族自治縣(中國唯一土族自治縣)和大通、民和回族土族自治縣，此外，在同仁縣五屯地區、樂都縣及西寧市也有土族居住。土族以農業為主，少數兼營畜牧業。

關於土族族源目前尚無定論，主要有兩種說法，即「吐谷渾」說和

青海民族：多元色彩與文化交融

「陰山白韃靼」說，具體有待進一步研究，不過有一點可以肯定，土族的形成絕不是哪一單一民族的後裔，是多元的。

土族語言屬阿爾泰語系蒙古語族，分互助方言和民和方言，土族無文字。需要強調的是，土族的傳統文化藝術內容豐富、形式多樣，極具研究價值和觀賞價值。

◆ 撒拉族

信仰伊斯蘭教。也是青海一個特有民族，而且是中國人口極少的稀有少數民族之一，目前，青海的撒拉族人口只有10萬多。撒拉族自稱「薩拉爾」，史稱「沙喇簇」、「撒拉」、「撒拉回」等。主要居住在循化撒拉族自治縣（中國唯一撒拉族自治縣）和化隆回族自治縣的黃河谷底。撒拉族主要從事農業，尤擅長瓜果蔬菜的生產，少數兼營畜牧業，另外和回族一樣，撒拉族也很善於經商，在青海的飲食業、運輸業等行業頗具影響。

撒拉族的來源，據近年一些學者的考證和研究，確認其先民約在元代從中亞的撒馬爾罕遷徙而來，定居循化已有700多年的歷史，定居後與當地的藏族通婚，接受了藏族的某些習俗，後來，他們又和周圍信仰伊斯蘭教的回族、東鄉族通婚，在長期的歷史發展中，和周圍的藏、回等民族相互融合，逐漸形成了今天的撒拉族。

撒拉族語言屬阿爾泰語系突厥語族西匈奴支。撒拉族風情獨具異彩，是青海獨特的風景。

◆ 蒙古族

信仰藏傳佛教。目前統計，青海的蒙古族人口有9萬多，主要聚居在海西蒙古族藏族自治州和河南蒙古族自治縣，在海北州、湟源縣等地也有散居，主要從事畜牧業。

青海蒙古族的祖先原居內蒙古呼倫貝爾大草原。進入青海的蒙古人主要是明正德四年（西元 1509 年）來自東蒙古的亦卜喇、阿爾禿廝率領的眾人（第一次擁眾入居青海）和明嘉靖三十八年（西元 1559 年）俺答（阿勒坦）汗再次率部進駐青海，他們和其他各時期來青海的蒙古人發展至今。

青海蒙古族通用蒙古語衛拉特方言，海西和海北州的蒙古族通用蒙文兼通藏、漢語言，由於長期與藏族交流，河南蒙古族自治縣的蒙古人已轉用藏語文。

青海世居少數民族的宗教信仰有何不同

青海少數民族眾多，每一個民族都有著本民族的信仰。整體來說，青海世居少數民族的宗教信仰以藏傳佛教和伊斯蘭教為主，此外也有漢傳佛教、道教和基督教等。其中藏族、蒙古族、土族信仰藏傳佛教；回族、撒拉族和保安族信仰伊斯蘭教，當然，其中還有具體的派別之分。

青海世居各民族在地理分布上有何特點

從地理上看，青海處於青藏高原的東北部，特殊的地理環境造就了特殊的經濟形態以及獨有的文化形態。青海遼闊的土地可以劃分為兩大塊：以日月山為界，向西為牧業區，向東是農業區，因而以牧業為主要生產形態的藏族、蒙古族主要居住在西部地區；以農業生產為主，兼有畜牧業生產的土族則居住在東部農業區；以農業兼商業的回族、撒拉族基本上是在河湟的農業區。因此，青海世居各民族在地理分布上整個格局是大分散小聚居。

> 青海民族：多元色彩與文化交融

從服飾上分辨出青海的五個世居少數民族

1. 藏族服飾

　　藏族服飾一般由三部分組成，即藏袍、藏帽和藏靴，此外還包括多彩的裝飾。

　　青海地區的藏族（一般指牧區和一部分農業區的藏族）不分男女，一年四季均穿著藏袍。藏袍主要的特點是長袖、大襟、寬腰、無口袋，根據用料的不同，可分為加面羔皮藏袍、白板藏袍和布料藏袍等幾種。

　　羔皮藏袍藏語稱「查日」，是喜慶節日時穿的禮服，一般以條絨、綢緞等為面料，衣襟、袖口及下襬處用氆氌、錦緞或水獺皮鑲邊，男衣領多用野狐皮、豹皮，女衣領多用白羔皮。

　　白板藏袍藏語稱「子化」，是指皮袍外無任何面料，只用黑條絨、氆氌、羔皮鑲邊，是日常勞作時的穿著，白日穿，夜晚蓋，衣被兼用，由此，青海有句俗語：「漢民的被子在炕上，藏民的被子在身上。」形象地說明了這一皮袍的多用功能。布料藏袍有單、棉兩種，一般不鑲邊飾，顯然受了漢族服飾的影響。

　　此外，還有一種藏袍氆氌褐衫，藏語為「綢拉」，是用黑色或咖啡色氆氌做成的，講究在袖口、下襬處飾以各色緞邊子，這種袍子一般在夏秋雨季穿，既可禦寒，又可防雨。穿藏袍時，將衣領高高提起腰間繫上紅、藍、綠等不同色的腰帶，使胸懷與腰背部都形成大行囊，可裝隨身用的很多東西。

　　藏帽一般分為夏帽和冬帽，夏帽是用呢絨製的禮帽，叫「甲夏」，禮帽邊寬，既遮日，又防雨，美觀而實用。冬季戴狐皮帽，狐皮帽呈喇叭

形大圓筒，後開叉，帽簷上翻，皮毛外露，帽頂用綵緞做成。果洛地區藏族的帽子用紅、綠、黃、藍綵緞或錦緞做面，帽頂用紅、黃、綠、藍的麥爾登（一種品質較高的粗紡毛織物）做成層次分明的圓頂，藏語稱為「特木克」，成為果洛藏族的特有象徵。

藏靴式樣不分男女，一般用黑牛皮做靴面，紅牛皮做靴筒，毛氈做靴裡，也有用雙層布料做靴裡的，為穿著舒服，夏天靴裡填充些草，而到冬天則用羊毛取代草。玉樹地區靴腰前有中縫，鑲以錦緞，中縫兩側用紅、黃、綠等色線編製花紋，十分考究。黃南地區還有一種叫「鞡提」的藏靴，底子較薄，牛鼻翹頭，靴腰用花氆氌縫製，高及膝蓋，是六月會跳神舞時的專用藏靴。

藏族不分男女都十分喜歡佩戴裝飾品。男性喜腰間佩帶精緻的藏刀（有長有短），隆重的場合還要身背雙叉獵槍，威猛至極。女性以長髮為美，分辮成108條小辮，披在身後，辮梢分別裝入兩個精美的辮套內，辮套鑲有銀盾、銀碗、琥珀等裝飾品，喜慶節日，婦女佩戴珊瑚、瑪瑙、松耳石、翡翠等串成的項鍊，腰繫精緻的飲奶鉤（一種傳統裝飾品兼工具，主要用於固定奶桶或奶袋，以方便攜帶或飲用乳製品），十分華麗。青年男女喜戴金、銀耳環、戒指和手鐲。

2. 回族、撒拉族服飾

青海回族的服飾從明代中期就已逐漸受到漢族服飾的影響，因此其服飾特徵不是特明顯，但仍保留著一些本民族的服飾特色。男子戴平頂圓帽，俗稱「頂帽」，以白色為主，也有戴黑色的。中、青年男子喜穿白色對襟小褂，外套黑色坎肩，乾淨俐落，便於勞作。上寺禮拜時，阿訇、滿拉及中老年人則多穿黑色或灰色大衣（稱「中擺」），頭戴「大司達爾」（纏頭白巾）為禮拜服裝。

青海民族：多元色彩與文化交融

回族、撒拉族婦女講究衣飾，老年婦女一般愛穿黑色大襟長袍，多戴白色蓋頭，撒拉族婦女尤其喜愛戴白蓋頭；中年、青年婦女穿時興服裝，平時戴黑色紗絨蓋頭或白色深簷帽，戴蓋頭要遮掩頭髮、前額、耳朵、頸項，只露出面部；年輕女性穿戴更為豔麗時髦，一般戴綠色紗絨蓋頭。另外，中年、青年婦女喜歡佩戴首飾，如金耳環、金耳墜、金項鍊、金戒指等，顯得更加嫵媚動人，隨著生活水準不斷提高，佩戴昂貴首飾的越來越多。回族婦女的蓋頭是最為顯眼、也是最有特徵的衣飾，女子從「出幼」（12歲）開始出門必帶蓋頭，蓋頭顏色一般分為綠、黑、白三色，少女、新嫁娘戴綠色蓋頭，中年婦女戴黑色蓋頭，老年婦女多戴白色蓋頭。

3. 土族服飾

歷史等多種原因，青海土族在分布上呈現著相對聚居而又分散的特徵，形成了互助、民和、大通、同仁等多個聚居地，不同聚居地因地理環境、氣候條件、生產方式的不同，又受到周邊地區不同民族習俗的影響，其服飾風格有著明顯的不同。一般說，互助和大通部分地區的土族保持著相對傳統的服飾特徵，民和地區的土族服飾受漢化明顯，而同仁地區的土族服飾顯然彰顯著藏族服飾的顯著特徵。現就居住於互助地區的土族服飾作簡要介紹。

以前，土族青壯年男子一般戴織錦鑲邊的氈帽，身穿小領斜襟袖口鑲有黑邊的長袍，或穿繡花高領的白色短褂，外套黑色或紫色的坎肩，腰繫有色長帶，穿大襠褲，繫兩頭繡花的長褲帶和花圍肚，小腿紮「黑虎下山」（上黑下白）的綁腿帶，穿花雲子鞋。老年人一般頭戴黑色的捲邊氈帽，或鑲有獸皮的「四片瓦」帽子。

互助土族婦女的服飾以色彩斑斕、花團錦簇而聞名。她們穿小領斜襟長袍或短衣，兩袖由紅、黃、綠、紫、黑五色彩布圈做成，鮮豔奪目，美觀大方，極富民族特色，再加上藍色和白色就成為土族服飾最具特色的「七彩袖」，據說這是受了天上彩虹的啟發而做成，由此，互助土鄉便有了「彩虹之鄉」的美譽。長袍上面套由黑色、紫紅色或鑲邊的藍色坎肩，腰繫寬而長的綵帶，帶子兩頭有美麗的刺繡，穿鑲有白邊的緋紅百褶裙，褲子膝下部分套著黑色或藍色的一節褲筒，土語稱「帖彎」，足穿繡花「腰鞋」（在鞋口縫製一尺多長的紅布筒）。老年婦女不穿五彩花袖衫，不繫繡花綵帶，頭戴黑色捲邊氈帽。青年婦女喜歡頭戴禮帽，帽箍正中央別一面小鏡子，左右兩邊插硃紅色、粉色為主的絹花，與花袖衫搭配一體，無比燦爛，別具風韻。

　　土族婦女稱頭飾為「扭達爾」。據《互助土族自治縣志》記載，民國二十七年（1938年）以前，土族有「吐渾扭達爾」（形似圓餅），也叫乾糧頭；「捺仁扭達爾」（形似三支箭），也叫三叉頭；「適格扭達爾」，也叫簸箕頭（形似簸箕）；「加斯扭達爾」（形似鏵尖頭）；「加木扭達爾」；「雪古浪扭達爾」等式樣。據說，「吐渾扭達爾」最古老、最高貴。也許「扭達爾」這種頭飾過於昂貴、繁雜或勞動不方便等原因，據記載，從20世紀初開始，這種頭飾逐漸失傳，後來大部分土族婦女常把頭髮梳成兩條長辮子，垂在背後，末梢相連，頭戴織錦鑲邊、翻捲帽簷的「拉金鎖」氈帽。

4. 蒙古族服飾

　　青海蒙古族服飾的一個顯著特徵是藏式化，即除了部分地區的部分蒙古族以及在蒙古族的一些重大節日和聚會上還保留著蒙古族服飾特徵外，更多地是融入了藏族服飾元素的服裝，也許這就是多民族長期相互交融、

共同生存與發展的結果，這在《海西州志》和《河南縣志》都有所記載。

《海西州志》中寫道：「衛拉特蒙古進入青藏高原後，為適應高原環境，入鄉隨俗，除王公貴族禮服按清廷規定執行外，普通百姓特別是男士服飾到嘉慶年間時，已與藏族服飾無大區別。男女多穿大襟長袍，依季節變化一般有三種，夏季多穿布製長袍——『拉布錫格』和氆氌製長袍——『措波』；冬季穿羊皮無面長袍——『德午勒』；節慶日穿羔皮飾面長袍——『午齊』。男女均繫顏色鮮豔的長腰帶，男子在腰帶上繫腰刀、火鐮等，女子則繫小刀、手帕、針線包等物，喜戴各種首飾。」

《河南縣志》中記載：「河南縣蒙古族自康熙八年（西元1669年）進駐河曲地區後，與青海其他地區蒙古族一樣，由於地理、環境和人文文化的影響，在服裝方面也早與當地藏族人民大同小異，甚至『毫無不同』了。現在，除賽爾龍、木可生兩鄉部分蒙古族婦女在服裝上還保留著蒙古族的大圓領、馬蹄袖以及賽爾龍鄉部分男子還穿名叫『蘇乎拉木』的蒙式靴子外，其他各鄉都已與藏族服裝完全一樣。」

青海藏族有哪些主要節日

縱觀青海藏族的節日文化，內容豐富，形式多樣，既有共同節日（包括與漢族同過的傳統節日），又有區域性節日；既有時令節日，又有宗教節日和娛樂性節日。現擇其主要節日介紹。

◆ 藏曆年

這是青海藏區各地普遍盛行的節日，時間與漢族的春節大體一致，有時因閏月而晚一個月。藏曆十二月初，家家戶戶開始殺牛宰羊，縫製新

衣，準備年貨，十二月十九日，家家都要清掃帳房或庭院，二十四日，購買糕點糖果，蒸炸節日食品，海北的藏族還要送灶神。除夕下午，住在莊廓的藏族在院牆頂每隔一尺放一拳頭大小的冰塊，以表祭祀。除夕夜全家人團聚一起，吃年夜飯。大年初一，早早起床，煨桑點燈，祭祀神靈。吃過早飯，人們穿上節日盛裝，親人及朋友間相互拜年，每到一家道「扎西得勒」（吉祥如意）和「羅賽爾桑」（新年好）。從初一到十五，有些地方還少不了舉行「賽馬」、「射箭」等活動，為節日增添歡樂。

◆ 宗教節日

由於藏族全民信仰藏傳佛教，所以藏傳佛教一些重大的宗教活動自然也是重大節日，如果洛地區每年的農曆五月初四要舉行祭山神節（祭祀阿尼瑪沁山神），海北、海南兩州居住於青海湖兩岸的藏族在每年的農曆五月要舉行盛大的「祭海」活動。此外，各大寺院每年都有一些佛事活動，在佛事活動中寺院的相關人員還會演出一些宣揚宗教義理的歌舞、戲劇，這些日子也成為民眾獲得賜福從而幸福快樂的節日。有關宗教寺院佛事活動的具體內容在本書其他條目中有記述，可查閱，不再贅述。

◆ 六月會

是生活在黃南藏族自治州隆務河畔的藏族和土族人民最為盛大的民間傳統宗教節日，在每年度農曆六月十七日至六月二十五日期間舉行，藏語稱「周崗勒柔」，意為六月歌舞。它包括祭神、請神、迎神、舞神、拜神、祈禱、送神和軍舞表演（藏語稱「莫合則」）、神舞表演（拉什則）、龍舞表演（勒什則）等大型演出活動，除此而外，還舉行婚嫁、生殖崇拜、拉伊（藏族情歌）、民間藏戲等演出活動。屆時，參加節慶的藏族、土族村子達 50 多個，整個隆務河谷沉浸在歡樂喜慶之中。

青海民族：多元色彩與文化交融

◆ 賽馬會

　　每到七月，是青海草原最美的季節，也是草原藏族兒女最為歡樂開心的盛大節日。藏區各州縣選擇各自的時間與地點，都要舉行一年一度的賽馬會，據說賽馬起源於英雄格薩爾賽馬稱王。每當賽馬會來臨，牧民們穿著節日盛裝，帶上豐盛的食品，扶老攜幼，騎馬乘車，從四面八方匯集到一起，搭起華麗的帳篷（盛大的賽馬會的帳篷數量可上千頂，綿延幾里，築起草原上的帳篷城，蔚為大觀），插上五顏六色的彩旗，把賽馬場點綴得五彩繽紛，一派節日喜慶氣氛。賽馬會是娛樂性的民間節日，主角是牧民，他們或賽馬（賽馬形式各不相同，如諺語所說「賽馬多異俗，各自有千秋」）、或賽犛牛、或射箭，民間歌舞、寺院宗教舞盡情展示，當然還少不了民族服飾展演，這期間還要舉行物資交流會、農牧科技展覽等，節日時間3～5天不等，此時，開滿鮮花的草原變成了歡樂的海洋。青海最負盛名的賽馬會要數「玉樹賽馬會」。

　　青海多民族共同生活的歷史，使得許多少數民族既過本民族特有的傳統節日，也會和漢族一樣過傳統的中華民族節日。

青海土族有哪些主要節日

　　土族和漢族人民一樣，每年都要過傳統的春節、端午節和中秋節。自己民族的節日主要是廟會、花兒會、觀經會等，又因土族聚居地的不同，產生了許多區域性的節日。有民和土族最隆重的節日「納頓節」，有佑寧寺的「觀經會」，互助五峰寺、大通老爺山的「六月六的花兒會」等。

回族和撒拉族有哪些主要節日

由於都信仰伊斯蘭教,所以回族和撒拉族的節日基本相同,主要有「爾德節」、「古爾邦節」和「聖紀節」等。

- 爾德節:又稱「開齋節」、「小爾德」,根據伊斯蘭教教規,凡穆斯林每年都必須封齋一個月,開齋當日,穆斯林穿著一新,在指定的地點進行隆重的聚會儀式,然後走親探故,祝賀節日。
- 古爾邦節:俗稱「宰牲節」,時在爾德節後的第70天。是日,各地穆斯林信徒沐浴盛裝、宰牛宰羊,然後分送親友,互相拜會,連續3天。
- 聖紀節:即穆罕默德逝世紀念日(阿拉伯希吉拉曆三月十二日)。屆時,信徒們聚會一起誦經,講說穆罕默德之生平事蹟等,並以油餅、麥仁等會餐,餽贈親友。

蒙古族有哪些重大節慶

蒙古族一生除三大盛事即洗禮、剪胎髮禮和婚禮外,還有兩個全民性重大活動迎年禮和那達慕大會。

- 洗禮:在嬰兒出生後7日至10日內舉行,邀請主要親屬參加,溫水中放少許青鹽和柏葉沖洗嬰兒,祝詞送禮後設宴款待客人。
- 剪胎髮禮:是在幼兒3歲時擇鮮花盛開的季節,邀請親戚朋友共同剪取胎毛的禮儀。

- 迎年禮：在陰曆大年初一開始進行拜年、走親、喜慶等活動的禮儀，一般可持續一個月。
- 那達慕大會：一般在牲畜肥壯的七八月分舉行的一種文化與物資交流相結合的活動。屆時蒙古族以鄉、縣、州為單位舉行歌舞、物資交流、表彰先進、宣傳政策與科技等活動，一般要進行3～7天。

歌舞及美酒相伴的藏族婚俗

　　青海藏族居住分散，各地受自然環境、人文環境影響不盡相同，因此，其婚俗在相同中又透著不同，現就居住於海南、海北一帶的藏族婚俗作一簡單介紹。

　　藏族男女婚戀較為自由，父母通常不加干預。如果對象是父母選定的，也要和子女商量，很少硬性包辦。男女一般在十六七歲開始戀愛，徵得父母同意後，多由男方請媒人攜帶哈達、美酒等禮品到女方家求婚，女方家如接受禮物，就算同意了，並商定訂婚吉日。訂婚之日，男方媒人帶著衣物、珊瑚、銀盾等禮品到女方家，與女方家一起商定彩禮和婚期等事宜。彩禮視家境而定，多為馬、牛、羊和布匹、現金等，現今還包括各種家用電器等。陪嫁牲畜和衣物等一般不少於男方彩禮的一半。

　　舉行婚禮的前兩天，新郎由媒人陪同騎馬先到女方家。當晚，女方家設「頓毛」（宴會），邊吃邊唱酒麴，往往通宵達旦。婚日清晨，女方組成的龐大送親隊陪同新娘新郎向男方家帳房出發，行至離男方家兩三里遠的地方，男方派出的迎親隊領隊迎上前去，向送親者獻哈達、敬酒。

送親隊伍繼續前進,與第二、第三批迎親隊相遇時,禮儀同前。行至男方帳前,新娘下馬,由男方家邀來的女孩們簇擁著緩緩步入洞房,送親的被邀請入席,接著,正式舉行婚禮。新郎新娘首先向佛像和父母行跪拜禮,然後新娘手捧一碗用哈達裹著的奶茶向公婆敬獻,象徵著從此成為男方家之一員。

禮畢,送親隊、迎親隊和前來賀喜的人們都被請入擺滿佳餚、美酒的賓帳內,由新郎按長幼次序一一獻茶、敬酒,並由送親者替新郎繫腰帶,表示承認其為女婿了。席間,對唱酒麯,此起彼伏。夜半時分,青年人以唱酒麯的形式提出請求,長輩和近親們會意而離席,「拉伊」(情歌)便開始了,盡情歡樂,直至天亮。次日,男方家向送親的「阿香」們贈送禮品,新娘隨同送親隊返回娘家小住,月餘後由少數親友送其回婆家。

招女婿是藏族中常見的一種婚姻形式,一般由女方到男方家提親,其迎送儀式與嫁女基本相同,但較簡便。入贅後,財產全部帶到女方家。女婿無論在家庭、社會上都受人尊重,享有與兒子同等的權利。

載歌載舞的土族婚禮

土族是一個勤勞樸實而又能歌善舞的民族。在長期的社會生產實踐中創造了獨具特色的文化。尤其是在象徵人生重大轉折的婚禮上,土族人民更是集中展現了本民族的文化。土族婚禮是在能說會道、能歌善舞的「納信」引導下進行的,從一開始在女方家的歌舞、迎親問答、對「納信」的笑意嘲弄、新娘改發的演唱,再到男方家後的客人演唱、答謝媒人及至歡送客人返回的最後一首歌,自始至終歌不斷、舞相連,整個婚

禮十分熱鬧，充分展現了土族人民熱情好客、奔放不羈的性格和對美好生活嚮往的審美追求。

土族的婚禮分為請媒、定親、送禮、娶親、送親、結婚儀式、謝宴等流程。

男方家看中某家女兒時，就請媒人帶著兩瓶酒、哈達和蒸好的花捲等禮物前去說親。如女方不允，即把送來的禮物退回；若允許，則把瓶內的酒換成糧食後送回，男方隨即請媒人前去定親。喝媒酒、定親事、講彩禮、送彩禮等大體與漢族相似。

娶親的前一天，男方透過媒人向女方家送「麻澤」（羊肉或豬肉若干斤），供女方家招待客人用。傍晚，男方家派兩名能歌善舞的「納什金」（娶親人），帶上娶親的禮物（酒、羊腔肉、蒸饃等）和新娘上馬時穿戴的服裝首飾（首帕、紅包頭、紅頭繩、上馬袍、上馬裙、上馬鞋、木梳、胭脂等），拉一隻白母羊到女方家去娶親。當「納什金」快要到女方家時，阿姑們（女方家同村莊的年輕女性）興高采烈地迎上去接受禮物，邊唱、邊舞、邊退，到大門前時，男人們熱情地迎接「納什金」。這時，阿姑們跑進家裡，關閉大門，唱起「唐德格瑪」（土族對答歌）等，「納什金」回答了他們的歌後，才開門請進去。「納什金」進門時，阿姑們從門頂上向他們潑水。「納什金」剛上炕喝茶、吃飯時，阿姑們又唱起〈納什金斯果〉（逗笑納什金的歌）。阿姑們唱完後，「納什金」也要唱歌、跳舞，直到雞叫頭遍才結束。

雞叫二遍時，開始幫新娘改變髮型，「改髮」是土族婚禮主要的儀式，必須選擇吉日良辰舉行。一般雞叫頭遍後認為是良辰，這時新娘家親人會請新郎到閨房，讓他親手將繫在新娘辮子上的紅頭繩解下來，用梳子先梳三下自己的頭，再把新娘的頭輕輕梳三下。接著在堂屋舉行上

馬儀式，整個儀式在唱歌、跳舞中進行，一直唱到新娘上馬。

上馬起程儀式舉行後，由新娘的哥哥、弟弟、姐夫、姐姐、舅舅等10多人組成「紅仁切」（送親喜客），護送新娘到婆家。「紅仁切」所經過沿途村莊，還有親友敬酒、送禮答謝之儀。新娘到男方家後，舉行拜天地儀式，答謝媒人（土語叫「瓦日哇西買倆」），邊唱歌、邊敬酒，在院中鋪草，搭上木板招待「紅仁切」之後「旁席」招待，直到第二天吃「起發麵」婚禮才算結束。

娶來新娘的當天，對前來賀喜、送禮的親友一般當即招待。

喜慶有趣的撒拉族婚俗

青海省循化縣是中國唯一的撒拉族自治縣，被稱為「撒拉族之鄉」。撒拉族的婚俗是有趣而又豐富多彩的。

- 打發媒人：當男方看中某家女兒時，便懇請媒人帶著茯茶、冰糖等禮物去女方家求婚，女方家便召請舅姑叔伯等人商談女兒婚事，若應允，即告媒人，若不允，則婉言謝絕。
- 送定茶：女方家應允後，男方便籌備辦定茶。定茶一般是兩三套衣服和相應的茯茶，外配一套化妝品，其中一對耳墜是必不可少的。媒人並於即日商定彩禮及一應諸事。
- 送彩禮：撒拉語叫「麻勒恩的日」。「送彩禮」時男方家除未來的新郎外，所有男人包括舅舅、姑丈、姨丈、叔伯兄弟及其兒子們都得去。此日，女方家則盛情款待男方來賓。飲食完畢，男方將彩禮一一交清，若無差錯，雙方便互道「賽倆目」告別。

- 阿讓恩達：藏語撒拉語，意即「宴請阿舅」。在撒拉族的婚俗中，從訂婚到結婚，阿舅（即舅舅）是必不可少的貴賓。撒拉人認為，婚禮中如果阿舅不樂意，婚禮則無法進行，還得請眾人替主人道歉，直至阿舅心滿意足為止。
- 唸尼卡亥：撒拉語叫「合的奧哈」，即致證婚詞。「合的奧哈」乃是撒拉族婚禮中最重要的一節，唸完證婚詞即象徵著男女二人從此便成為合法（伊斯蘭法）配偶。
- 送人心：撒拉語叫「也應滲吾日」。「送人心」的主要禮物是錢和衣物及化妝品之類。送人心的過程一般是這樣的，一大早由「阿格尼」先送，下來是姑姨等人，接著本「孔木散」及村裡的其他人送，最後是舅舅。送了「人心」之後，辦理婚事之家依次向他們表示感謝，並宴請一頓美餐。食畢，每人分得一塊「肉份子」。
- 擠門：撒拉族婚禮中比較熱鬧的一個場面。當新娘被擁至男方門口時，男方大門上青年們堵住不讓新娘騎馬進去，認為這樣就可以輕鬆地使喚新娘。女方家的年輕人則極力地前呼後擁著新娘衝向大門，他們認為，此日是新娘一生中最寶貴的日子，應該讓新娘不沾塵土好。在這樣兩種截然相反的願望支配下，雙方你衝我堵互不相讓，有時甚至為此引起不快。在一般情況下，新娘終被其叔伯兄弟擁抱著撞進門內，並一直抬至新房中。現在此俗留存，不過僅是表演而已。
- 門上蹦跳：這個習俗是在眾人「擠門」的同時，由新郎獨自完成的。當新娘由大門進入房中時，新郎在門上蹦跳。撒拉人認為，這樣可以使新娘在將來的生活中俯首聽命，不敢違抗夫家之命。
- 揭臉罩：撒拉語叫「玉子阿西」，又稱「巴西阿西」（揭頭巾）。當新娘被其舅舅和叔伯兄弟抱進洞房後，新娘須面對炕上牆角站立，不

能坐下；當送嫁人全部進了男方家坐定後，方由舅舅的兒子或叔伯兄弟替新娘揭去臉罩。

- 開板箱：又叫板箱阿西。過去，新娘家一般為新娘做一對板箱，板箱裡裝好準備送嫁之日送給男方親屬的鞋襪枕頭以及給新郎新娘配的被褥等生活用具。此箱的鑰匙一般由新娘的親弟弟掌握，開箱前新郎家須拿出一定數量的錢交給他才行，否則是不會拿出鑰匙的。

- 鞋交拉：漢語「鞋交」與撒拉語構詞成分「拉」組成的合成詞。當開了板箱以後，新娘的母親就給新郎家及「阿格乃」的所有人以及媒人等每人送一雙鞋一雙襪子，其中公婆及新郎、媒人多一副枕頭，襪子與枕頭都是繡花的。

- 打發拉：即「打發送親人」，當送親人吃完最後的一頓飯後，男方需將禮錢及肉份子給送親人。

- 討喜：在婚後的第二天，女方家男女老少還要向男方家討喜，以表恭喜之意，他們向男方家送去一定數量的茯茶、日用品以及錢財。男方眾人要到大門外迎接，男女都到齊後，相向而立，互道「賽倆目」並志賀喜。然後男方家又盛情款待一番，菜桌上除婚禮之日的飯菜外，最後要上肥羊肉、雞肉等佳餚。

- 聽房：撒拉語叫「丁難」。洞房花燭之夜，同村的青年紛紛到新房窗下，偷聽這一對素昧平生的新人在新房中談話的情景。一直鬧到從新郎手中討得一筆可觀的喜錢，才心滿意足地離去。

- 回門：撒拉語叫「高彥」。按規矩，從此日起，新郎新娘以及新郎家所有女眷，都須陪新夫婦「回門」，認識新娘的親戚母家，各家亦熱情招待。

青海民族：多元色彩與文化交融

青海蒙古族婚姻形式及婚禮儀式

　　蒙古族婚姻較為特別，在以前並行嫁女、贅婿兩種婚姻形式。女嫁男贅享有同等社會地位，贅婿不受社會、女方家歧視。有的家庭兄弟姐妹數人，兄弟全部出贅，姐妹中一人在家招贅夫婿，支撐門戶。男女婚姻，無論自由戀愛或父母做主，男方出贅，女方都要請人撮合；女方嫁女，男方都要請媒求婚，也可由男方叔伯或母舅做媒求婚。

　　求婚需帶哈達、瓶酒等物品，先向女方父母敬獻哈達，並呈其他求婚禮品，然後說明來意，力陳求婚之誠。允婚與否，女方都要設宴招待。宴後返回時，女方家若將禮品原物退還，說明婚事不允。一次不允還可再求，再遭拒絕，不可再三。如將禮物收留，說明已經應允，可以擇日訂婚。

　　訂婚是婚俗中重要流程之一。訂婚吉日須由活佛卜定。屆時男方親友（人數要求雙數）攜帶哈達、松茶、瓶酒、綢緞衣料等聘禮，家境好的，還要攜帶馬匹、牛羊等重禮，前往女方家下聘，整個訂婚過程都由女方叔伯或母舅出面應承。親事定妥後，賓主雙方互致敬語、互相祝賀，盡歡而畢。

　　迎親送親是婚俗儀式中最隆重的儀式。迎親吉日也由活佛卜定，屆時，舉行迎親送親和結婚典禮儀式。新娘被迎送到男方家後，新郎家的女賓捧上一個裝滿酸奶的奶桶交於新娘，桶口圍繞純白羊毛一周，表示吉祥。新娘雙手接過奶桶，請人放於蒙古包一角。女方儐相抬上「赫勒星」點心，送至蒙古包內事先準備好的放置之處。至此方可將新娘送入新房，新娘換上男方特意準備的新婚禮服，拜過翁姑親長，婚禮儀式告一段落。

河南縣迎親儀式與其他蒙藏地區有所不同，女方送親要送到家，男方迎親卻僅迎至半途。

婚禮儀式完成後，新郎帶引新娘登門拜認男方母舅、叔伯等近親親長，親長則一面口唸祝詞，一面替兩位新人繫上腰帶，表示長輩們的祝福。

婚禮當日歡騰一片，如同重大節日。全村落男女老少都來祝賀，還要特邀著名歌手唱歌助興，特請著名「說家」，即極善祝讚辭令之人說辭祝頌，直至盡歡方畢。

婚禮次日，男方須將特大「勒赫星」（蒙古族及部分西北少數民族婚禮中傳統的大型點心，外形呈層疊式，通常堆疊成金字塔或階梯狀，寓意吉祥、團圓與興旺）點心和婚禮所剩羊肉，切成大小不等的多份，按照親疏關係，分別贈送，感謝親鄰對於婚禮的支持和幫助。三日後，新郎親屬攜帶哈達、瓶酒、大「勒赫星」等相應禮品陪伴新娘回門省親，並由新娘父母確定新郎上門認親時日。

男方出贅求親、定親、婚禮儀式都與女方出嫁基本相同，出於對男性的社會地位和家庭作用的尊重，招贅聘禮要比男方娶妻高出許多。

青海各世居少數民族有哪些傳統的體育項目

藏族傳統的體育競技項目有賽馬、賽犛牛、拔河、摔跤、射箭、騎馬點火槍等。

蒙古族傳統體育競技主要有射箭、賽馬、賽駱駝和蒙古式摔跤等，此外，蒙古象棋也是蒙古族十分喜愛的一項運動。

土族在長期的生產實踐中，除了騎馬、射箭外，還創造了別具一格的體育娛樂節目——輪子秋。

撒拉族有「打螞蚱」、拔腰、登棍兒、打缸等體育娛樂活動。

回族主要開展武術活動，他們拜師求藝，訓練刻苦，民間流傳著一些武術套路。

神祕的藏族喪葬儀式

長期以來，藏族十分注重喪葬儀式。實行塔葬、天葬、土葬、火葬、水葬等幾種方式，以天葬為多。

- 塔葬：在藏族葬式中，塔葬是最為神聖、最為優厚的葬法，僅限於大活佛圓寂後採用。當大活佛圓寂後，將屍體進行防腐處理，使之乾透，置於塔內，成為靈塔，待開光後供人們頂禮膜拜。
- 天葬：人死後，用帶子或繩子將屍體捆綁成雙腿盤坐，雙手合十的模樣，由死者的嫡親背或用馬、牛馱至野外天葬場實行天葬。至天葬場，由專職舉喪僧人負責執行，先行「煨桑」、吹海螺，再將屍身剖解，招鷹來食，以吃得快而乾淨為吉兆，相反，則認為在世時尚有夙願未還，需請喇嘛誦經。
- 土葬：多為農業區或半農半牧地區的藏族採用，將屍體用白布裹成坐化模樣，裝入立式棺柩內，埋入集體墳場墓穴（黃南州有些藏族村落有集體墳場），墳墓上或澆石灰水，或堆積白石以示吉祥。
- 火葬：地位較低的活佛及有地位的喇嘛、受尊敬的老人等實行火葬。先在遺體上澆以酥油，然後點燃柏木火化之。火化後高僧的骨灰置於塔內，有的將骨灰埋入地下，有的還要起墳。

- 水葬：水葬者極少，即以白布包裹屍體後投入江河中。在一些地方，因傳染病死亡或別的非正常死亡的人通常用以水葬。

在藏族喪葬儀式中，人死後均請喇嘛唸超度經，其子女及親屬服孝一年，兒子翻戴帽或在帽簷上黏貼白布，女兒辮梢繫以白毛，意為服重孝。遠近親友及鄰里都必備茯茶、布匹、食品、現金等前往弔唁，幫助料理葬事；死者遺屬也以茯茶、布匹等答謝。

簡樸、安靜的回族喪葬習俗

回族稱去世為「無常」，死者為「亡人」，殯葬為「送埋體」。並主張淨葬、速葬、薄葬、土葬。臨終前請阿訇唸「討白」（悔罪言），以示歸真。

- 淨葬：死後停屍床板，頭北腳南面西。先行洗禮，亦稱「捉水」，請阿訇脫去亡者衣服，以白布掩蓋下體，從頭到腳沖洗三遍（女屍請年長婦女浴身）。
- 薄葬：由於受伊斯蘭教「葬必從儉」的影響，在處理喪事上，主張薄葬，提倡儉省節約，反對鋪張浪費。回族有一句俗語：「死後鋪金蓋銀，不如生前厚養孝順。」所以，淨後為死者穿的葬衣（「卡凡」）只是由三丈六尺白布製成的，且不用殉葬物品，葬衣穿好後抬到清真寺。
- 速葬：回族的喪葬根據伊斯蘭教「三日必葬」的規定，一般是早上死，下午埋，晚上死，次日早上埋，最多不能超過三天。葬前由阿訇和送葬的穆民為亡者作祈禱，然後抬送墓地。抬送途中人不分親疏，地不論遠近，凡遇見的人均爭相抬送。

- 土葬：回族實行土葬，傳說是根據伊斯蘭教關於阿拉造化人類始祖阿旦，是由泥土造成，死後仍歸於泥土而來的，有「入土為安」之說。回族有句俗語說：「天下的土地埋天下的回回。」這就充分說明了回族實行土葬，並且死在哪裡就埋在哪裡。墓坑深約六尺，在坑底向西挖一平洞。葬時不用棺木，只將屍體置入平洞內，用土塊封堵洞口，用土回填直坑並堆起魚脊形墳堆。葬時主家向送葬者散發數額不等的錢幣。葬後四天或七天、一月、四十天、週年之日，上墳唸經，並在家唸「海庭」，祈禱搭救亡者。

青海宗教：藏傳佛教與清真信仰

青海宗教：藏傳佛教與清真信仰

青海自古就是一個多民族會聚的地方，素有民族大走廊之稱。歷史上，曾有許多民族在這裡遷徙往來，隨之也帶來了多種宗教文化，可以說，中國歷史各種宗教文化都曾經在青海流行傳播過。大致說來，至元明之際，隨著青海多民族格局的形成，青海的宗教文化也呈現出多種宗教並存的格局，主要有藏傳佛教、伊斯蘭教、道教；近代以來，亦有了基督教和天主教等。其中，影響較大的是藏傳佛教和伊斯蘭教。

宗喀巴大師為何被譽為「第二佛陀」

宗喀巴大師是藏傳佛教格魯派的創始人，相傳是文殊菩薩的化身，在藏傳佛教史上具有崇高的地位。「宗喀」，藏語為「湟水之畔」的意思，一般指湟中西寧一帶的湟水中游地區；「巴」，藏語意為人，「宗喀巴」意即宗喀人。宗喀巴大師是格魯派的開山祖師，人們為了尊敬他，不直呼其名，而以他的家鄉地名作為他的別名。

元至正十七年（西元1357年，藏曆第六繞迴火雞年）十月二十五日，宗喀巴大師出生於今青海塔爾寺所在地。其父魯本格為「華熱吉麻」（華熱吉麻，地名，當在今湟中共和鄉花勒城一帶）的達魯花赤，母名香薩阿切，夫婦生有6個子女，宗喀巴排行第四。宗喀巴降生後，正在附近的曲噶爾靜房修行的曲傑頓珠仁欽大師親往祝賀。後來，在宗喀巴降生之處長出一棵白旃檀樹，樹上的十萬片樹葉顯現獅子吼佛像和文殊心咒。

宗喀巴3歲那年，噶瑪噶舉應元順帝召請派黑帽系四世活佛噶瑪巴‧若貝多吉進京，途經青海夏瓊寺時，其父母帶領他前往夏瓊寺，拜見若貝多吉。若貝多吉為宗喀巴受近事戒，取名袞噶寧布。宗喀巴7歲時，被家人送到夏瓊寺，拜曲傑頓珠仁欽大師和古哇‧宣努相曲沃賽為師，受沙彌

戒，取法名羅桑扎巴。從 7 歲起直到入藏前的 10 年間，他隨從兩位啟蒙師學習藏文和佛教經典，在顯宗經論和密宗儀軌方面打下了堅實的基礎。

　　16 歲時，宗喀巴在兩位啟蒙師鼓勵下前往西藏求法深造。臨行時，母子相別，母親用心為他做了當地特有的一種用石子烙的「麻乾糧」，以供途中食用。告別尊師和母親後，宗喀巴取道昌都前往西藏，先後在直貢、聶塘、桑浦、桑達、夏魯、薩迦、昂仁、納塘、貢塘、覺摩隆等地遍訪諸派名師，學習顯密經論，研習各派的重要教理和學說，因天資聰慧，學則即悟，並能融會貫通。之後，他以《現觀莊嚴論》、《釋量論》、《俱舍論》等佛典立宗答辯，先後到衛藏各教派寺院中巡迴辯經。在立宗辯經中，以其淵博學識、敏捷才思和雄辯善論，聲名大振。25 歲時，宗喀巴在雅隆南傑拉康寺從楚臣仁欽等師受比丘戒，這象徵著他已完成佛教顯宗經典的全部學習教程。

　　受比丘戒後，他學修更加勤奮，繼續投師求教。34 歲後，他廣學一切密乘教典，鑽研無上瑜伽部的集密、勝樂、時輪諸法，博覽大日如來等行部密法、十一面觀音和阿彌陀等事部密法，對於各種密修方法及壇場的繪製、舞姿、壇軌、手印之法等皆潛心研習。明洪武二十五年（西元 1392 年），為求實證，他攜弟子到奧喀曲壟地方苦修。經過長期修學，他終於成為博通顯密的一代名僧。在此基礎上，他全面繼承由阿底峽所傳授的龍樹大乘中觀學派的緣起性空思想，發展噶丹派教義，以中觀為正宗，月稱為依止，以噶丹派教義為理論基礎，綜合大小乘各派顯密教法，以實踐和修證為主，創立了自己的佛學思想體系。

　　宗喀巴成名後，開始著書立說，闡明自己的佛學思想和主張，陸續寫出一系列重要論著，其中，《菩提道次第廣論》（西元 1402 年成書）和《密宗道次第廣論》（西元 1406 年成書）二論是其代表作，也是格魯派顯密兼修的根本教程。宗喀巴著述豐富，其全部著述後人輯成文集傳世，

> 青海宗教：藏傳佛教與清真信仰

塔爾寺藏文木刻本《宗喀巴全集》共19函，177種。

在著書立說、講經收徒的同時，宗喀巴也從事了大量的宗教社會活動。他在西藏帕竹地方政權第司闡化王的大力支持下，革除佛教界出現的戒律渙散等種種時弊，立志拯救日益式微的藏傳佛教。大約從明洪武二十一年（西元1388年）開始，他改戴黃色桃形僧帽，以示繼承和嚴格遵行喀且班欽‧釋迦室利所傳的印度部派佛教「說一切有部」戒律的決心，倡導僧人嚴守戒律，認為戒律是佛教的根本，沒有戒律就沒有佛教。在講法中，他常以樹根喻戒律，說明根深才能葉茂。與此同時，他作為一名虔誠的佛教徒，進行了大量的佛事活動。

明永樂七年（西元1409年）正月，在西藏帕竹地方政權第司闡化王等人的資助下，宗喀巴在拉薩大昭寺發起紀念釋迦牟尼的祈願大法會。這次有近萬名僧人參加的大法會，象徵著格魯派的正式創立。法會結束後，宗喀巴派弟子達瑪仁欽（賈曹傑）在離拉薩50里的旺古爾山建立甘丹寺，成為第一座格魯派寺。永樂十二年（西元1416年）至永樂十五年（西元1419年），宗喀巴另外兩個弟子絳央曲傑扎西貝丹和大慈法王釋迦也失分別在拉薩的西郊和北郊建立哲蚌寺、色拉寺，從此甘丹、哲蚌、色拉三寺合稱為拉薩三大寺，成為後來格魯派六大叢林的中心寺院。

宗喀巴名聲大振，引起明王朝的重視。明永樂六年（西元1408年）和永樂十二年（西元1414年），明朝皇帝兩次遣使攜帶詔書和禮品，到西藏迎請宗喀巴進京。宗喀巴因忙於創教事務，上表婉辭，派弟子釋迦也失為代表進京。永樂皇帝封釋迦也失為「西天佛子大國師」，後又加封為「大慈法王」。由此，格魯派與明朝建立起密切的連繫。

宗喀巴大師一生講經說法，廣收門徒，弟子眾多。其中最著名的有：「上首二弟子」賈曹傑‧達瑪仁欽和札巴堅贊；「心傳弟子」克珠傑‧

格勒貝桑（西藏江孜白居寺建立者，後追認為第一世班禪）；札什倫布寺建立者格敦朱巴（後追認為第一世達賴喇嘛）。後世將宗喀巴大師和賈曹傑、克珠傑尊稱為「師徒三尊」。

明永樂十七年（西元 1419 年），宗喀巴大師在拉薩甘丹寺圓寂，享年 63 歲。

宗喀巴是藏族歷史上傑出的宗教改革家，是藏傳佛教格魯派創始人，他倡導的顯密並重、次第修習的佛學思想，贏得藏傳佛教各派的普遍讚譽。他一生著述講經，不僅對藏傳佛教發展影響巨大，而且對藏族文學也影響深遠。因此，在藏傳佛教界將他尊稱為「嘉瓦尼巴」，意為「第二佛陀」；他的降生地塔爾寺被稱為「第二籃毗尼園」，成為格魯派僧俗信徒嚮往的宗教聖地。

青海伊斯蘭教三大教派

青海是中國伊斯蘭教傳播發展的重要地區之一。伊斯蘭教三大教派都曾在青海發展。三大教派即閣底目、伊赫瓦尼、西道堂。三大教派都屬於伊斯蘭教遜尼派，教法上屬哈乃斐學派。各派之間在教理、教法上並沒有根本不同，基本上都是由阿拉伯、波斯或中亞地區傳入或受其影響而產生的。

1. 閣底目

閣底目意為「遵古」，統稱「老教」。清以前中國伊斯蘭教並沒有「閣底目」這一稱謂，只是到了清代隨著伊斯蘭教各派的形成，人們把早期傳入的伊斯蘭教稱作「閣底目」，以與新形成的各教派相區別。

青海宗教：藏傳佛教與清真信仰

「閣底目」在教義上屬遜尼派，恪守伊斯蘭教六大信仰和五項功課，保持著伊斯蘭教傳入時的宗教制度和習俗，嚴守「教乘」，反對標新立異，總其教義是「認主從聖」。在教法上屬哈乃斐學派，重視五功和六大信仰。靜修參悟被視為一種副功。閣底目教眾經常請阿訇到家中唸誦平安經、知感經，進行紀念亡人的活動，唸經後送「海底耶」（贈品）給阿訇。人臨終前要為其做「討白」（懺悔贖罪）儀式；葬禮上，主張用《可蘭經》轉「伊司嘎推」（替亡人贖罪的儀式）；送葬時，穿白戴孝；殁後頭七、二七、百天、週年，都要進行紀念活動。

在教權結構上，閣底目實行教坊制，即以清真寺為中心，由一個地區的全體教眾組成相對獨立的宗教活動團體。這種教坊制有兩個顯著特徵，一是教坊與教坊之間互不隸屬，各自獨立，各行其是，既無統一的領導機構，也無統一的領袖。二是實行教長聘任制和學董、鄉老選舉制。起初實行由伊瑪目、海推布（經師）、穆安津（宣禮人）構成的「三掌教制」。伊瑪目是教坊內的最高宗教首領，其人選可在本坊人中聘請，也可從外坊或外地聘請，一般任期 2～6 年不等。教坊內的學董、鄉老由教眾選舉產生，一般由本教坊內德高望重、熱心宗教事務和公益事業的老人擔任，負責收繳學糧、管理寺產、維修清真寺、籌辦各種宗教活動等。

閣底目在撒拉族地區傳播發展中，其教坊制與回族地區有所不同。元朝曾設定專門管理中國伊斯蘭教的機構——回回哈的司，向穆斯林集中的地區委派精通教義、教律，德高望重者任「哈的」（意為宗教法官，撒拉語稱「尕最」），管理該地區的宗教、民事和訴訟等事宜。至元年間，元朝罷回回哈的司，撒拉族地區的尕最遂由政府委派變為世襲，但只管理宗教事務，民事、訴訟等的管理則由土司掌管。尕最下設三掌教，形成嚴格的三級寺院制度。街子清真大寺為總寺，總寺下面為各「工」的宗寺，宗寺下面是各村的支寺。宗寺、支寺均隸屬於總寺。總

寺、宗寺、支寺的阿訇分別稱為「大學阿訇」、「中學阿訇」、「小學阿訇」；各級阿訇由聘請和委任相結合產生。

清代以後，隨著蘇菲派思想的傳入和影響，閣底目分化出門宦和其他教派。特別是在民國時期，由於青海馬氏軍閥執政時極力推行伊赫瓦尼派，西寧東關清真大寺、循化街子清真大寺等先後改宗伊赫瓦尼派，閣底目勢衰。

2. 伊赫瓦尼

伊赫瓦尼意為「兄弟」，又稱「哎亥里遜乃」，意為「遵行經訓的人」。因主張「憑經立教」、「遵經革俗」，又稱「遵經派」。由於該派是在伊斯蘭教瓦哈比派影響下創立的，帶有革新色彩，形成較晚，所以又通稱為「新教」、「新興教」。

伊赫瓦尼的創始人為馬萬福（西元 1849～1934 年），因其出生地在甘肅東鄉縣果園村，又名「馬果園」。馬萬福早年是虎夫耶北莊門宦的尊信者，1888 年去麥加朝覲，接受瓦哈比派教義，回國後，與河州 10 個阿訇、哈吉結為兄弟，組成一派，公開宣布退出虎夫耶北莊門宦。他的主張也叫「果園十條」，分別是：

- 不聚眾共唸《可蘭經》，一人唸，眾人聽；
- 不高聲讚聖；
- 不多唸「都哇」；
- 不朝拜拱北，不崇拜教主、老人家；
- 不請阿訇聚眾做「討白」；
- 不做亡人忌日活動；
- 不用《可蘭經》替亡人轉「伊司嘎推」；

- 強調天命功課，不舉行「五功」以外的副功；
- 處理教法問題以易行為原則；
- 不能請人代唸《可蘭經》。

伊赫瓦尼的主張引起河州各門宦的反對，馬萬福遂離開河州，先後到陝西、新疆傳播其教義。1916年，新疆督軍楊增新以傳播新教引起事端為由，逮捕馬萬福，在押解甘肅途中，被馬麒攔截，迎至西寧。在馬麒、馬麟的大力支持下，到1920年代，伊赫瓦尼在青海得到很大發展。馬麒執政時，將西寧東關清真大寺改為「海乙寺」，成為青海的中心大寺。

3. 西道堂

西道堂是伊斯蘭教基本教義同漢文化形式緊密結合的具有典型中國特點的教派，故又稱「漢學派」。

西道堂創始人為甘肅臨潭回族馬啟西（西元1857～1914年），其父是虎夫耶北莊門宦的尊信者。馬啟西自幼學習伊斯蘭教經文，後就學於當地名儒，攻讀《四書》、《五經》，博覽諸子百家，並潛心研習清初回族學者劉智、王岱輿等人的伊斯蘭教漢文譯著。西元1891年後，他臨潭北莊達子溝拱北高帳講學，信眾日漸增多。後因北莊門宦的反對，他遷出達子溝拱北，在自己家中設講學所，取名「金星堂」，繼續宣傳其主張。隨後在西鳳山下修建了清真寺，將「金星堂」改為西道堂。由於西道堂的教義適應當時貧苦穆斯林的願望，因此，河湟、洮岷等地的部分回族、撒拉族、保安族紛紛投向西道堂。

西道堂的主要特點有五點：

- 重視將伊斯蘭教教義與中國傳統文化相結合，繼承劉智等人提倡的用漢文、漢語詮釋伊斯蘭教經義。

- 男子不留辮子，女子不裹足，婚姻自主，不收受財禮，不收受教眾的「海底耶」等。
- 鼓勵教眾及其子女讀書，接受文化知識教育。學生的學雜費、上大學期間的在校費用由道堂支付。
- 倡導實業辦教，形成教徒過集體生活的社會經濟實體。主張「在今世中求來世」、「在現實中求未來」，致力於興辦農、牧、商、工諸業，營造教徒「大家庭」。
- 教主實行終身制，但不得世襲，選賢能者繼任。各清真寺阿訇由教主選派；各經濟實體的經理、學校的校長由教主任命。

在宗教禮儀方面，西道堂不主張為教主修建拱北。

青海伊斯蘭教四大門宦

門宦，是伊斯蘭教派蘇菲派傳入中國後，在甘寧青地區形成的以世襲傳承教權為特點的教團組織的通稱。按教理分為虎非耶、哲赫忍耶、嘎底林耶、庫布林耶四大門宦，各門宦在發展過程中又分衍出許多支系。青海是門宦最早傳播發展的地區之一。

1. 虎非耶

「虎非耶」，為阿拉伯語音譯，意為「隱藏的」。因主張低聲唸誦「齊克爾」（阿拉伯語音譯，原意為紀念、唸誦，門宦中引申為有節奏地反覆唸誦「萬物非主，唯有真主」和各門宦的讚詞），又稱低唸派。該派於明代由中亞傳入新疆，稱為「白山派」。清初由新疆和中亞傳入青海，稱為「虎非耶」。主要教義和禮俗是：「教乘」、「道乘」並重；以《可蘭經》、聖

訓為信仰的根本依據；遵行天命五功，重視隱修和默唸「齊克爾」。教階分為「穆勒什德」(意為「引路人」，門宦內稱太爺或教主)、「海里凡」(意為「辦道者」，是穆勒什德的接替人)、「穆勒得」(意為「尋道者」、「學生」)三級。在教權上實行教主集權制；教主在世時，精心培養幾個「海里凡」，作為繼承教權的候選人，教主臨穎時選擇其中一人，傳以經典、掌教之印或衣物等作為繼承教權的憑證，成為新的教主，後大多為「子襲父職」的世襲制。教主去世後，教眾為其修建拱北，予以禱唸。

虎非耶在青海的支系門宦有 21 個，其中影響較大的有花寺、穆夫提、鮮門、明德、文泉堂、大通新聾、北莊、胡門等。

2. 哲赫忍耶

哲赫忍耶，為阿拉伯語音譯，意為「高唸」。以高唸「齊克爾」為主要特徵，故有「高唸派」之稱。教派上屬遜尼派，教法上屬哈乃斐學派。青海循化是哲赫忍耶的發源地，創始人是馬明心。

馬明心 (西元 1719～1781 年) 早年去麥加朝謹，在中亞沙漠途中路遇沙塵暴，流落布哈拉，被依斯哈克耶派教長收留，後隨教長去麥加朝聖，到葉門扎比德，入穆罕默德・布魯色尼道堂求學，學習蘇菲教理及道乘功修。期間曾多次到麥加朝聖、求學，對伊斯蘭教各派經典皆有深刻理解，因而得到布魯色尼的稱讚。西元 1744 年回國時，布魯色尼授予他《可蘭經》等經典，並贈送念珠、拜氈、手杖、寶劍、碗等傳教憑證。

因其自幼離鄉，長期在中亞生活，精通撒拉語，回國後即選擇循化撒拉族地區作為其傳教之地。他用通俗易懂的撒拉語講解《可蘭經》和哲赫忍耶教義教法，說理透澈，贏得了教眾的信服。哲赫忍耶的教義宗旨，在當時帶有反專制的色彩，因而很快受到一批阿訇和大眾的支持和

信仰。隨後，經馬明心及其眾弟子的大力傳播，哲赫忍耶逐漸遍布甘、寧、青、陝等地區，成為中國伊斯蘭教中分布較廣、人數最多的教派之一。哲赫忍耶的傳播發展引起了被稱為「老教」的花寺門宦的分化。花寺門宦上層和土司、官府出於其教權和政治、經濟利益受到侵害，遂共同對付哲赫忍耶。馬明心遭驅逐而到甘肅定西縣的官川山中。馬明心離開循化後，其弟子蘇四十三、賀麻路乎等繼續傳播哲赫忍耶，使哲赫忍耶在河湟地區進一步發展。隨著哲赫忍耶的發展，哲赫忍耶與花寺門宦的矛盾不斷激化，從而引發了乾隆三十八年（西元 1773 年）、四十五年（西元 1780 年）兩派的械鬥，並發展成為後來的西北回民反清事件。

其教義和禮儀是：尊經從訓，敬主讚聖，主張先教乘後道乘，認為教乘是基礎，教乘學修完滿後，才能進行道乘修煉；道乘修持只限於極少數有條件、有決心的繼承人，一般信眾只要堅持「五功」，多行善事，就是完美的穆斯林。在禮儀上，簡化聚禮的拜數。反對傳教人、阿訇利用施捨聚斂財富；主張清真寺莊嚴肅穆，反對向教眾集資大興土木修飾清真寺。主張教門傳賢不傳子，只設傳教人，不設教主，不修拱北。

乾隆四十六年（西元 1781 年），馬明心在蘭州被清軍殺害後，信徒尊他為「賽義德·束海達依」（為道犧牲的人），為表示對他的紀念，哲赫忍耶把他尊奉為第一輩教主，建立拱北，由此改變了馬明心所主張的不設教主、不建拱北的最初教義。

3. 嘎底林耶

嘎底林耶，為阿拉伯語音譯，意為「大能者」。教派上屬遜尼派，教法上屬哈乃斐學派。該派始傳人是蘇菲派傳教士阿布杜·董拉希。

阿布杜·董拉希於清康熙年間來到青海西寧，收徒傳教。他在中國

> 青海宗教：藏傳佛教與清真信仰

傳教16年，通曉漢語文，對中國儒釋道及詩文書畫皆有愛好和研究，故在其傳播嘎底林耶時，往往融會這方面的內容來詮釋其教理教義，因此形成該派重視與中國傳統文化相結合和愛好詩文書畫的傳統與特點。嘎底林耶主張在遵行《可蘭經》、《聖訓》的同時，必須靜修參悟，否則難以達到認主、近主的目的，認為「道中有教」，「教」是透過穆罕默德的生平言行所形成，而「道」則是超然的、非創造的、永恆不變的。一般信眾要早晚敬香、默唸「齊克爾」；參悟修行的出家人必須遵行本派的種種戒律和功課。信徒以拱北、先賢靜修地為宗教活動中心。清真寺實行單一教坊制，阿訇由教眾選聘，是一坊的領導者。

阿布杜．董拉希在河湟地區傳教期間，主要培養了三個傳教的接替人，即河州的祁靜一、西寧的鮮美珍和雲南的馬上人。後經他們傳播，又衍生出楊門、齊門、大拱北、後子河、韭菜坪、明月堂等支派，在青海主要有大拱北、後子河、韭菜坪等支系。

4. 庫布林耶

庫布林耶為阿拉伯語音譯，意為「至大者」。源於13世紀中亞蘇菲派的庫布拉維教團，教派上屬遜尼派，教法上屬哈乃斐學派，18世紀由阿拉伯傳教士穆哈伊丁傳入甘青地區。穆哈伊丁後來定居於甘肅東鄉大灣頭地方，改姓張，一面躬耕自食，一面傳播庫布林耶教理。因而該派又俗稱張門或大灣頭門宦。該派在青海影響較小，教徒較少，主要分布在大通、祁連等地。

庫布林耶的教義和禮儀主要有：以《可蘭經》、《聖訓》為俯仰之本，遵行五功和靜修參悟並重；靜修時幽居山洞，默唸「齊克爾」，做禮拜；以傳遞《可蘭經》為亡人贖罪。

寧瑪派在青海的傳播和發展

寧瑪派是藏傳佛教最古老的派別。「寧瑪」，藏語意思是「古舊」，寧瑪派即舊宗派或古派。它繼承了從「前弘期」流傳下來的密教思想及相關儀規，俗稱「紅教」。寧瑪派的教法儀規等均傳承於吐蕃王朝時期的蓮花生大師，因而寧瑪派是藏傳佛教各派中歷史最悠久的派別。但寧瑪派作為一個獨立的宗派是在 11 世紀中葉形成的。

9 世紀中葉，吐蕃贊普朗達瑪滅佛，當時正在西藏日喀則地區曲臥日山修行的三位僧人藏・饒賽、約・格迥、瑪・釋迦牟尼，攜帶佛教律藏經典，輾轉逃至青海河湟地區，在今尖雜、化隆、循化一帶傳教授徒，使河湟地區成為藏傳佛教後弘期下路弘法復興的發祥地。位於尖雜的阿瓊南宗寺就是青海地區最早的寧瑪派寺院之一。

在前弘期，密宗受到部分吐蕃貴族和苯教的反對，也遭到來自佛教顯宗方面的非議，有關密宗經典的翻譯受到限制，教法傳承一般是不公開的祕密傳授，有的傳法者甚至被放逐邊地。後弘期以後，新譯的密宗經典漸多，傳授密宗的印藏上師也越來越多，到西元 11 世紀，經「三素爾」（素爾波且・釋迦迥乃、素爾穹・喜饒扎巴、濯浦巴・釋迦僧格）的大力弘揚，形成寧瑪派。

明末清初，西康地區的噶陀、佐欽、白玉等寧瑪派大寺相繼建成，並形成噶陀、佐欽兩大傳規，對青海寧瑪派影響很大。果洛地區與康區毗連，因而西康寧瑪派上師多到果洛傳法建寺，使果洛成為青海寧瑪派寺院最集中的地區。久治縣的白玉寺和達日縣的查朗寺是果洛地區寧瑪派的中心寺院。久治白玉寺位於白玉鄉境內俄柯河北岸的達爾塘，原是西康白玉寺（今四川甘孜州白玉縣城附近）的子寺，但到清末，該寺發展

迅速，規模和影響遠遠超過其母寺——西康白玉寺，成為川、甘、青交界地帶規模最大的寧瑪派寺院，鼎盛時有寺僧1,200人、活佛40餘人、屬寺70餘座。

寧瑪派信徒一般分為兩種，一種是出家的僧侶，常住寺院，遵守僧伽律儀，有嚴密的教階制和寺院管理制度；另一種是在家真言師，安多藏語稱「俄華」，俗稱為「宦」，可娶妻成家，不脫離生產，定期到俄康（密宗真言寺）參加宗教活動。「俄華」各有其傳承，多擅長密咒法術，從事禳災祈福、驅邪治病等活動。由於組織較鬆散，寧瑪派未能形成統領全派的中心寺院。除正規寺院外，寧瑪派還有許多供信徒活動的宗教場所，稱為「俄康」，一般建在村子中心或村莊附近。

青海現存寧瑪派寺院179座，主要分布在果洛、玉樹、海南、黃南及化隆、循化等地，信教人數僅次於格魯派。

薩迦派在青海的傳播和發展

薩迦派的「薩迦」一詞，藏語意思是「白土」，因該派主寺薩迦寺所在地的土色灰白而得名。又因該派寺院牆壁上塗有紅、白、黑三色，俗稱為「花教」。

薩迦派創立於11世紀，創始人為吐蕃王朝時的貴族昆氏家族後裔貢卻傑布。西元1073年，貢卻傑布在西藏薩迦地方建成薩迦寺，由此發展出薩迦派。薩迦寺建成後，法座以家族血統傳承方式，世代相傳。貢卻傑布去世後，由其子袞噶寧布主持薩迦寺。袞噶寧布將薩迦派教法教義系統化、完整化，稱為「道果教授」，因而在薩迦派歷史上具有特殊的地位，被尊為「薩迦五祖」之初祖。「薩迦五祖」中的前三位是袞噶寧布、

索南則摩、扎巴堅贊,僅受居士戒,未曾出家,一直身穿白色俗衣,因此被稱為「白衣三祖」;後兩位是薩迦班智達和八思巴出家持戒,身穿紅色袈裟,因而被稱為「紅衣二祖」。

薩迦派教義中,最主要、最具特點的是「道果教授」,又稱「道果法」,據說是由龍樹所傳。又有所謂不逾寺牆的「十三金法」,包括空行三類、大紅三類、小紅三類、長壽金剛天女、紅財神、獅面母、黑文殊等修法。

薩迦派在青海的主要傳播地區玉樹藏族自治州的玉樹、稱多、囊謙等地。薩迦派在玉樹地區的早期傳播與八思巴在此地的活動有密切關係。西元1268年,八思巴從元大都返回薩迦,路過玉樹時,將今稱多縣歇武鄉的原寧瑪派寺院多干寺改為薩迦派寺院,並派其弟子興卻仁增求仲主持寺務,成為該寺第一代活佛。八思巴還在稱文鄉嘎哇隆巴地方舉行了有萬餘人參加的盛大傳法活動,後來,人們就把嘎哇隆巴地方改名為「稱多」,藏語意思是「萬眾聚集的地方」。

在此活動期間,八思巴從當地接受了阿尼當巴和阿尼仲巴兩個弟子,並帶他們去薩迦寺學法。三年後,阿尼當巴奉八思巴之命返回故鄉,在稱文溝當隆村建成尕藏寺,八思巴為寺院賜予佛像、佛塔、法器、金汁大藏經等物,後發展成為稱多縣最大的薩迦派寺院。另一位弟子阿尼仲巴回鄉後,將歇武鄉賽龍溝的原本教寺院賽甫寺(俗稱上賽巴寺)改為薩迦派寺院,並賜予「大乘昌隆寺」的寺額。之後,薩迦派僧人在玉樹的建寺活動直到明代,持續不斷。明朝初年,西藏薩迦大喇嘛當欽哇嘉囊喜饒堅贊來玉樹傳教弘法,受到當地扎武部落頭人的支持,在今結古鎮北邊的木塔梅瑪山建成結古寺,寺院建築宏偉,最盛時有寺僧1,000多人,成為玉樹北部地區的薩迦派主寺。

青海薩迦派寺院多以西藏薩迦寺和俄爾寺為主寺。

青海宗教：藏傳佛教與清真信仰

噶舉派在青海的傳播和發展

　　噶舉派是藏傳佛教中特別強調口傳的一個教派。「噶舉」在藏語中就是「口傳」的意思。有人認為「噶舉」之「噶」本意指佛語，「舉」意為傳承，故「噶舉」一詞可理解為教授傳承。噶舉派之名即由此而來。該派非常重視密法的修習，而修習密法又必須透過師徒口耳相傳的途徑。因為噶舉派的祖師瑪爾巴、米拉日巴等在修法時仿效古印度習俗，常身穿白色僧裙，所以又俗稱為「白教」。

　　噶舉派的密法相傳是由龍樹、雜熱耶巴、拉瓦巴、空行賢劫母傳給蒂洛巴的，被稱為「蒂洛巴四大教敕」，並由蒂洛巴繼承和口傳下來。西元 11 世紀，瑪爾巴、瓊波南覺赴印度求法，分別拜那若巴和彌勒巴等人為師，學得「蒂洛巴四大教敕」，回到西藏後，建寺授徒，發展出塔波噶舉和香巴噶舉兩大派，總稱為噶舉派。

　　噶舉派在其發展過程中逐漸形成了一些獨具特色的修習密法方法，如該派的主要法門「大手印法」，是透過呼吸、脈、明點等修煉達到修身正覺目的的一種密宗修持法。其基本方法和步驟是，先從修「拙火定法」入手，然後修「那若六法」，最後親證所謂「萬有一味」、「怨親平等」、「染淨無別」、「空樂無別」等佛家所追求的境界。這種境界就叫做「大印」，藏語稱為「血和加」。修「大手印法」，一般要先接受本派祖師或高僧的灌頂，這是修習密法必先進行的儀式，認為未入壇灌頂者，不得聽聞、翻閱密守典籍學習密法，否則便有「盜法」之罪；而向未經入壇灌頂者傳授、洩漏密法，其罪孽更重。只有先受灌頂，奉一位能使自己證得大手印智慧的師長為根本上師，在其指導下如理修證，才能通達「大手印」智慧。因而，噶舉派特別注重教法的傳承門戶，這是後來形成諸多支系的

重要原因之一。

噶舉派是藏傳佛教各派中支系最多、最龐雜的一大宗派。從教法傳承上看，噶舉派儘管派系繁多龐雜，但其所宣揚的教義、教規大體一致，均源於瑪爾巴和米拉日巴的教法傳承。從總體上說，噶舉派的教法有兩大系統：

- 一是直接由瑪爾巴並經米拉日巴傳承下來的塔波噶舉；
- 二是由瓊波南覺開創的香巴噶舉。傳入青海玉樹地區的主要是塔波噶舉派。

塔波噶舉派的創始人是塔波拉傑，其教法源自於瑪爾巴和米拉日巴。

瑪爾巴（西元 1012～1097 年）早年向卓彌譯師學習梵文，後曾多次去印度、尼泊爾，向那若巴等佛學大師學習「蒂洛巴四大教敕」等密法，學成後返回西藏，在其家鄉授徒傳教，弟子中以米拉日巴最為著名。米拉日巴透過道歌來闡釋教義、教授門徒。他弟子眾多，其中最有名的是熱穹巴和塔波拉傑，人們稱為「日月二徒」。

塔波拉傑（西元 1079～1153 年）是西藏塔布地方人，因其精於醫道而稱為塔波拉傑。後來常住在他建立的崗波寺，又被稱為「崗波巴」。塔波拉傑融合噶當派教法和米拉日巴所傳密法，形成了以「大手印」為主的塔波噶舉派。塔波拉傑的弟子很多，他們在傳承發展塔波噶舉派教法的過程中，又創立了許多支派，總稱為「四大八小」。即噶瑪、巴絨、蔡巴和帕竹四大支派。其中的帕竹噶舉派又分出直貢、達壟、周巴、雅桑、綽浦、瑪倉、修賽、葉爾巴八小支派。四大支派中的噶瑪、巴絨和帕竹三派，八小支派中的直貢、周巴、葉爾巴三派在玉樹均有流傳青海。噶

163

瑪噶舉派又分為黑帽、紅帽兩系。在玉樹地區的傳播發展中，噶瑪噶舉派又產生了蘇莽、乃多兩個玉樹獨有的地方性小支系，因而，在玉樹地區共有總屬於塔波噶舉派的 7 個支系。

蘇莽噶舉和乃多噶舉

蘇莽、乃多噶舉是噶瑪噶舉傳入青海玉樹地區後形成的兩個小支派。噶瑪噶舉由塔波拉傑的門徒都松欽巴（西元 1110～1193 年）創始。西元 1147 年，都松欽巴在西藏類烏齊縣的噶瑪地方建立噶瑪丹薩寺，由此發展出噶瑪噶舉派。1189 年，他又在拉薩附近的堆壟建立粗卜寺。噶瑪丹薩寺和粗卜寺成為早期噶瑪噶舉派的主寺。

西元 1253 年，忽必烈遣使去粗卜寺，召請噶瑪噶舉派高僧噶瑪拔希（西元 1204～1283 年），噶瑪拔希在四川嘉絨的色堆地方與忽必烈相會。1256 年，噶瑪拔希應召到和林，與蒙哥汗相會，蒙哥賜給他一頂黑色金邊僧帽和一顆金印。噶瑪拔希去世後，噶瑪噶舉派在藏傳佛教中首先創立活佛轉世制度，追認都松欽巴為第一世，噶瑪拔希為第二世，由此形成黑帽系。黑帽系第三世活佛攘迥多傑的弟子扎巴僧格於西元 1333 年在粗卜寺建立尼囊寺，後被元朝封為灌頂國師，並賜予一頂紅色僧帽，由此又形成噶瑪噶舉派紅帽系，以尼囊寺為主寺。

西元 1490 年，紅帽系第四世活佛卻扎益希（西元 1453～1524 年）在拉薩西北建立羊巴井寺，並由仁蚌巴撥給莊園和農奴，逐漸發展成為紅帽系的主寺。紅帽系第十世活佛卻珠嘉措兩次勾結廓爾喀軍隊入侵西藏，劫掠扎什倫布寺。清朝派兵擊敗廓爾喀軍隊，卻珠嘉措畏罪自殺。清軍以叛國罪查抄羊巴井寺，勒令紅帽系僧人一律改宗格魯派，並下詔

禁止紅帽系活佛轉世，紅帽系活佛轉世由此斷絕。但該派傳入玉樹地區後，將囊謙縣香達鄉境內的郭欠寺改為紅帽系寺院。

噶瑪噶舉在玉樹地區的傳播發展過程中形成了具有顯著地方特點的兩個小支系：蘇莽噶舉派和乃多噶舉派。

1. 蘇莽噶舉

蘇莽噶舉是噶瑪噶舉黑帽系的一個分支，由帳瑪賽·羅舟仁欽創立。帳瑪賽·羅舟仁欽於明洪武十九年（西元1386年）生在今囊謙縣境的乜娘部落頭人家中，後來師從噶瑪噶舉黑帽系第五世活佛得銀協巴學習噶舉派教法，得其真傳，學成後回到故鄉，在囊謙、玉樹一帶授徒傳法，將蒂洛巴所傳集密、四座、紀身、遷識、拙火定等法加以弘揚發展，創立了蘇莽噶舉派。

約在明永樂十二年（西元1414年），帳瑪賽在囊謙子曲河南岸的毛莊鄉政府所在地建蘇莽囊傑則寺，作為該派的主要道場。之後，帳瑪賽的弟子仲扎哇·貢噶堅贊在今玉樹縣小蘇莽鄉境內子曲河北岸建成蘇莽德子堤寺。這兩座寺院為同屬一派的師徒所建，兩寺又隔河相望，所以合稱為「蘇莽寺」，是玉樹地區著名的政教合一寺院。帳瑪賽·羅舟仁欽的歷輩轉世「嘎文」活佛，既是蘇莽寺寺主，又是當地蘇爾莽部落百戶，下轄5個百長；仲扎哇·貢噶堅贊的歷輩轉世仲巴倉活佛，是百長之一。現存蘇莽噶舉派寺院6座，均在囊謙、玉樹二縣。

2. 乃多噶舉

乃多噶舉是噶瑪噶舉派紅帽系的一個小支派，創始人是噶瑪強美。他是噶瑪噶舉派紅帽系第六世活佛卻吉旺秋（西元1584～1635年）的弟

子,學成後返回故鄉,在囊謙縣與昌都交界的乃多山潛心修習,鑽研噶瑪噶舉派教法,終有新創,獨成一系,稱為乃多噶舉派。他在昌都的貢薩地方建立該派主寺巴日則寺。

噶瑪強美弟子眾多,其著名弟子噶瑪洛松、代巴美朗加措等都曾在玉樹建寺弘法。清康熙年間,卻吉旺秋的另一弟子強美熱嘎阿涅信奉噶瑪強美創立的乃多噶舉派,在玉樹縣下拉秀鄉的當卡建成當卡乃多寺。之後,噶瑪強美的大弟子噶瑪洛松又在囊謙縣乩扎鄉仲貢山建成仲貢乃多寺,簡稱乃多寺。該寺與玉樹縣當卡乃多寺成為乃多噶舉派在玉樹地區的南北二道場。約在同一時期,巴日則寺的活佛白瑪勒周也來到玉樹傳教,在治多縣的拉日湧夏山麓建立夏桑寺,又於西元1760年因匪亂而遷到雜多縣昂賽鄉乃多村,改名為乃多寺,通稱「雜多乃多寺」,是雜多縣境內主要的乃多噶舉派寺院。目前青海共有乃多噶舉派寺院6座,分布在玉樹、囊謙、雜多三縣。

直貢噶舉派創始人仁欽貝與卓瑪邦雜寺

帕竹噶舉派由塔波拉傑的高徒帕木竹巴(西元1110〜1170年)創立。帕木竹巴曾廣學噶當、薩迦、寧瑪各派顯密教法,人稱「覺察瓦」(熱心佛教的人),後師從塔波拉傑聽受噶舉派的大手印等教法,學成後返回康區,在察崗地方授徒弘法。西元1158年,帕木竹巴在西藏桑日縣的帕竹建立丹薩梯寺,由此發展出帕竹噶舉派。元明時期,帕竹噶舉成為顯赫一時的藏傳佛教大教派。1406年,扎巴堅贊被封為闡明王,帕竹噶舉派達到極盛。隨著帕竹噶舉派發展壯大,又分衍出八個小支派,其中直貢、周巴、葉巴三支傳入青海玉樹地區。

直貢噶舉派是由帕木竹巴的弟子仁欽貝（西元 1143～1217 年）創立的。仁欽貝是今玉樹結古鎮附近西航村人，他自幼就在家人影響下識字學經，傳說他 9 歲時就會給人講經。後來家鄉遇到自然災害，他就以自己所學為人們誦經，求取布施，維持溫飽。25 歲時，他得知帕木竹巴正在丹薩梯寺傳法，聲名顯赫，遂前往丹薩梯寺，師從帕木竹巴學法。他不畏艱難、刻苦學經的精神，深得帕木竹巴的賞識。帕木竹巴除了向他傳授一般的佛學知識外，還專門傳給他一種特殊密法，他亦不負師望，更加努力修習。兩年後帕木竹巴圓寂。仁欽貝雖師事帕木竹巴時間很短，但他憑其慧根和悟性，能夠深悟佛法教理，證得「諸法真實智慧」，達到很高境界，聲望極高。後返回故里傳教，在玉樹巴塘建立卓瑪邦雜寺。

　　「卓瑪邦雜」藏語意思是「度母岩根」。相傳寺院左側峭壁上有自然顯現的護法神阿斯秋吉卓瑪之像，據說寺院即由此得名。又說在寺東南側石崖上有 21 尊自然顯現的度母像，寺名即由此得名。寺院建成 10 餘年後，因與薩迦派的教派爭端而被毀，仁欽貝帶領 80 餘名僧人逃往西藏墨竹工卡縣的直貢地方，將當地的一座由帕木竹巴弟子所建的小寺擴建為直貢梯寺，由此發展出直貢噶舉派，仁欽貝被尊稱為「直貢巴」。因此，玉樹巴塘的卓瑪邦雜寺是直貢噶舉派的第一源頭寺院，歷史上稱作「直貢頂灑寺」，是直貢噶舉派的根基寺院。

　　卓瑪邦雜寺初建時，依山崖建有三層樓高的大經堂一座，經堂前的平地上建有 2 座殿堂，規模很是宏偉。寺院被毀後，當地僧徒又重建，但規模不及從前。卓瑪幫雜寺於 1958 年被拆毀，1988 年 3 月重建，經堂內主供有阿斯秋吉卓瑪護法神和六臂怙主等塑像。寺院後山有一個山洞，深不可測，相傳當年寺院被毀後，仁欽貝在去西藏前，將許多法器、經典密藏於洞中，為後世直貢噶舉派僧人和掘藏師所關注。

青海宗教：藏傳佛教與清真信仰

文成公主廟為何又稱大日如來寺

　　西元 7 世紀初，松贊干布統一青藏高原，建立吐蕃王朝，先後從泥婆羅和唐朝兩地引入佛教文化。唐貞觀八年（西元 634 年），松贊干布遣使入唐，「多齎金寶，奉表求婚」。貞觀十五年（西元 641 年），唐太宗以文成公主許嫁松贊干布，並派禮部尚書江夏郡王李道宗主婚，持節護送文成公主入吐蕃。藏史稱：唐王送給文成公主一尊釋迦牟尼像作為嫁妝。文成公主一行從長安出發，過黃河，翻日月山，到柏海（今扎陵湖和鄂陵湖）與前來接迎的松贊干布相會，而後經玉樹到拉薩。

　　據藏文《大日如來佛記摩崖釋》（又譯《文成公主廟志》）記載，文成公主一行途經玉樹時，在今玉樹巴塘境內的貝溝南端（文成公主廟所在地），紮營居住一個月。期間，公主命隨行的比丘譯師智敏負責，由工匠仁澤、傑桑、華旦等在當地丹瑪岩崖上雕刻出大日如來等九尊佛像。中為大日如來佛，高 25 拃（約 5 公尺），梵語稱「摩訶毗盧遮那」，藏語稱「南巴囊則」，身著漢式圓滿報身佛服飾，雙手結禪定印，端坐於蓮花獅子寶座上。佛像身後刻有菩提樹、寶傘、法幢等畫圖。

　　大日如來佛左右脅侍八大菩薩像，高 7 尺，分上下兩層。右邊上層為普賢、金剛手，下層為文殊、除蓋障；左邊上層為彌勒、虛空藏，下層為地藏、觀世音。八大菩薩手中各持不同法器，手結不同手印，足蹬蓮花座，侍於大日如來佛兩側。佛像兩側的崖壁上刻有藏、漢、梵文字，有漢文《般若波羅密多心經》、藏文《普賢行願品》及目錄等。據稱，這些佛經文字藏文為松贊干布的娶親大臣吞米桑布扎所書，漢文為文成公主所書。這些珍貴的唐代石刻佛像和文字，對研究藏漢文化歷史具有極高的資料價值。

唐中宗景龍四年（西元 710 年），唐蕃再次聯姻，金城公主嫁給吐蕃贊普赤德祖贊。金城公主路過玉樹巴塘時，見文成公主所刻佛像被風雨剝蝕，就令隨行為佛像建了一座殿堂。後又於開元十八年（西元 730 年）派人摹刻佛像，修繕殿堂，並在殿門旁勒石立碑，碑文稱：「為祝願萬民眾生及赤德祖贊父子福安昌盛，依原刻佛像精雕，修蓋此殿。」後來，因殿內崖刻主佛為大日如來，稱之為「大日如來佛堂」，民間又稱之為「文成公主廟」。

有「嶺國寺」之稱的達那寺

　　達那寺藏語全稱「達那僧格南宗」，意思是「馬耳獅子天堡」。達那山意思是馬耳山，得名於該山頂峰形如馬的耳朵。「獅子天堡」謂其建築之險峻。該寺地處吉曲、尕永、吉尼賽三鄉交界處的達那山山坳中，寺院旁河柳叢生，松柏掩映，景色秀麗迷人。

　　達那寺是青海境內僅有的一座葉巴噶舉派寺院。葉巴噶舉派創始人是帕竹弟子益希則巴，後世信徒尊稱為「桑傑葉巴」。南宋乾道七年（西元 1171 年），益希則巴在康區建成葉浦寺，後來通稱為葉巴寺，由此發展出葉巴噶舉派。

　　據《達那寺志》記載，約在北宋天聖年間（西元 1024～1032 年），迦溼彌羅的吽迦羅大師的弟子凱達周遊各地傳教，來到囊謙達那山，見這裡景色秀麗，心中萌發在此建寺的念頭，便在當地娶妻定居下來。後在達那山下的宗巴卡地方建了一座經堂，收徒弘法，發展成一座佛教寺院。不久，他的第五子達查益西生格在達那山腰又建成一座 100 根柱的經堂，稱為「噶吾拉康」。

青海宗教：藏傳佛教與清真信仰

約在南宋淳熙十五年（西元 1188 年），益希則巴曾來到囊謙縣境內吉尼賽鄉一帶傳教，弘揚葉巴噶舉派教法，將「噶吾拉康」改為葉巴噶舉派寺院。達那寺原屬囊謙千戶管轄，歷史上規模較大，相傳最盛時寺僧達千餘人。寺院現有經堂一座，稱「葉爾巴經堂」，為方形藏式平頂建築，有殿堂兩座，其中帕摩竹巴靈塔殿為兩層建築，內供帕摩竹巴舍利靈塔等；葉爾巴殿（原葉爾巴拉康），內供益西則巴藥泥塑像和該寺早年主供的苯教祖師敦巴辛饒鍍金銅像。

達那寺因與藏族古代英雄格薩爾的傳說相關，又有「嶺國寺」之稱。直到 1950 年代，達那寺葉爾巴拉康中建有格薩爾殿，殿內塑有 9 公尺高的格薩爾王身像，其部將吉本、賈察的塑像分列兩側，塑像前面供放著相傳是格薩爾王和賈察使用過的寶刀。殿內還儲存有格薩爾的王妃珠姆的腰帶、格薩爾和他的部將的盔甲、兵器、衣服等文物。達那山頂有兩處土木結構的墓葬塔，相傳是格薩爾王和他的部將的墓葬塔，一處 8 座，一處 27 座。這些與格薩爾相關的傳說和豐富的文物，使達那寺帶上了一層神祕的色彩，聲名遠播，為人嚮往。此外，達那寺因與印度撒格本日地方的達那寺齊名，認為朝拜了囊謙的達那寺，猶如親臨印度佛教聖地一般，所以古往今來，到達那寺朝拜的信徒和觀光的遊人絡繹不絕。

格魯派在青海的傳播和發展

格魯派創立於明代永樂年間，是藏傳佛教中創立最晚而影響最大的一個教派。「格魯」，藏語意為「善規」，以其倡導僧人嚴守戒律而得名，因該派僧人以黃色桃形帽作為持戒象徵，故又俗稱「黃教」。明永樂七年

（西元 1409 年），宗喀巴在拉薩大昭寺舉行祈願大法會，會後在拉薩建噶丹寺，象徵著格魯派正式形成。

格魯派在初創時期即傳入青海。早在噶丹寺建立前的藏曆水馬年（西元 1402 年），宗喀巴弟子東宗喜饒堅贊就將今循化文都的一座薩迦派寺院擴建為正規的格魯派寺院。宗喀巴的另一弟子絳喇嘛卻吉加保曾在明朝廷任帝師，長期在甘青等地傳教弘法，建成卡地喀寺等 5 座寺院。宗喀巴稱讚他是「護持正法的賢佛子，貢巴饒賽之高徒」。

約在永樂十二年（西元 1414 年），應永樂皇帝的再三邀請，宗喀巴派弟子釋迦也失（西元 1352～1435 年）入京。釋迦也失取道青海進京，一路上廣傳格魯派教義，並在京城「廣衍黃教修行之法」，深得永樂皇帝讚賞，敕封為「妙覺圓通慈慧普慶輔國顯教灌頂弘善西天佛子大國師」，賜給印誥。宣德八年（西元 1433 年），釋迦也失再次入京覲見宣德皇帝，被冊封為「大慈法王」，藏語稱為「絳欽曲傑」。釋迦也失第二次赴京，途經今民和轉導鄉的宗摩卡地方，授記其弟子釋迦崔臣在此建一寺院，取名「丹曲塔爾林」（意為「聖法解脫洲」）。

宣德十年（西元 1435 年），釋迦也失在北京圓寂，享年 84 歲，其弟子奉明宣宗之命，將其遺體送往西藏。史書稱，當靈車抵達宗摩喀地方時，不能前行，遂在丹曲塔爾林寺修靈塔供奉，後發展成為弘化寺。

萬曆六年（西元 1578 年），三世達賴索南嘉措兩次來青海傳教，進一步將格魯派迅速傳播到青海蒙、藏、土族地區，塔爾寺、佑寧寺等格魯派大寺相繼建成。明末，格魯派在和碩特蒙古支持下戰勝西藏對立派。嗣後，五世達賴受清廷冊封，格魯派躍居藏傳佛教統治地位，青海格魯派隨之崛起，其他教派紛紛改宗，於是出現了一大批新建和改宗的格魯派寺院。清乾隆年間（西元 1736～1795 年），格魯派進入全盛時期，成

青海宗教：藏傳佛教與清真信仰

為青海藏傳佛教中傳播最廣、人數最多的教派，青海駐京的 8 位呼圖克圖皆為格魯派大活佛。

青海現存格魯派寺院 343 座，布全省各地，住寺僧人萬餘人。其中海東和西寧 159 寺，海南 74 寺，黃南 56 寺，玉樹 23 寺，海北 17 寺，海西 9 寺，果洛 5 寺。較為著名寺院有塔爾寺、佑寧寺、瞿曇寺、夏瓊寺、廣惠寺、東柯爾寺、隆務寺、德千寺、賽宗寺、石藏寺、拉加寺、都蘭寺、拉布寺、隆喜寺等。

平安洪水泉清真寺有何特色

洪水泉清真寺位於平安縣洪水泉村。始建年代有兩說，一說始建於明代永樂八年（西元 1410 年），一說始建於清朝乾隆年間（西元 1736～1795 年）。寺建在山頂，占地面積 4,200 多平方公尺，依山勢修建，由大殿、宣禮樓、學房、水塘、照壁、寺門組成。

洪水泉清真寺在青海伊斯蘭教清真寺中是建造年代久遠，儲存完好，風格獨特的一座。寺內禮拜大殿為中國宮殿式建築，由前捲棚、正殿、後窯殿組成。大殿 5 開間，殿內有 12 根巨柱撐頂，內壁及天花板全部由細木鑲成。天花藻井呈「天落傘」狀，由數百塊經鑿刻的木塊精心鑲嵌而成，懸空下垂於花卉拼圖之中央，構思獨特，工藝精湛，是青海清真寺建築史上的一絕，在清真寺中也屬罕見。該寺主體為三層六角塔式宣禮樓，高 20 公尺，樓基呈方形，由青磚砌成；上兩層為木質結構六角亭。寺門外照壁高 6 公尺，長 10 公尺，壁面有水磨磚浮雕「百花圖」。寺門寬 8 公尺，高 12 公尺，門頂為木質結構，門左右的八字牆也布滿不同形狀的花卉磚雕。該寺建築奇特，尤以木雕、磚雕工藝遠近聞名。

西寧南山拱北

　　西寧南山，又名鳳凰山。山上有一處伊斯蘭教的著名勝蹟，即「天方聖裔」的「拱北」，並立有一通碑石。這位聖裔名叫古土布‧蘭巴尼‧阿布都來海麻尼，是來自伊拉克的伊斯蘭教傳教士。「古土布」係一地名，在今伊拉克巴格達附近；「蘭巴尼」意為賢人。相傳他是穆罕默德的 20 世孫，故稱為「聖裔」。他於西元 1273 年到雲南傳教，後輾轉來到西寧，並在西寧去世，元朝西寧王速來蠻特意為他在南山修建了拱北，並立碑紀念。拱北右側下方還有四座墳塋，相傳是古土布‧蘭巴尼‧阿布都來海麻尼的隨從之墓。對這位聖裔的拱北，明清時期曾幾度修葺，西寧一帶的穆斯林前往朝拜，後來逐漸形成了「南山拱北」。

　　南山拱北是西寧地區最早的伊斯蘭教古蹟之一。

青海省規模及影響最大的清真寺 —— 西寧東關清真大寺

　　西寧東關清真大寺因地處西寧東關大街而得名，原名西寧清真寺，這座有 600 多年歷史的清真大寺是青海省近 1,000 座清真寺院中規模和影響最大的寺院，有「隴上清真寺之冠」的稱號，與西安化覺巷清真寺、蘭州橋門清真寺、新疆喀什艾提尕爾清真寺並稱為西北四大清真寺。作為青海省伊斯蘭教最大的宗教活動場所和最高學術活動中心，在伊斯蘭教界享有較高聲譽。

　　來到西寧東關清真大寺，映入眼簾的首先是大寺前門矗立著的一座

| 青海宗教：藏傳佛教與清真信仰 |

　　高大的具有濃厚伊斯蘭建築藝術風格的建築，穆斯林俗稱它為大寺前門大樓。這座雄偉的大樓是1998年5月14日動工修建的，工程歷時兩年，耗資1,300多萬元，建築面積12,370平方公尺。大樓的建成，拓展了寺前及左右場院，又能多容納上千名的穆斯林前來會禮。這幢有濃厚伊斯蘭建築藝術風格的高大主樓，由16級花崗岩鋪成的石階托起，更顯高拔雄偉，前門大樓建有5個門，中門是正門，正門同大樓往裡通向所見的那座漢式建築的宮殿的正中在同一中軸線上，正門主樓的正中鑲刻著醒目耀眼的「西寧東關清真大寺」字樣，樓頂兩側各建一個高達18公尺的圓拱頂式宣禮塔，樓底設地下停車場，主樓臨街一側為六層商貿綜合大樓，南側建五層樓，作為寺管委會辦公室、會客室、宿舍、教室、餐廳等。

　　站在廣場看，前門主樓樓體與宣禮塔、南北側樓和諧肅穆，相得益彰，使新建的西寧東關清真大寺更加恢宏瑰麗，布局更加嚴謹，風格更加獨特。再進入拱門是大青石板的方形廣場，西面是坐落在石基之上的禮拜大殿（俗稱「鳳凰單展翅」的大殿），其面積為1,136平方公尺，四壁用大青磚砌成，外形和內部結構完全仿照中國傳統的宮殿式的建築特點和形態，殿頂結構為「兩脊一捲」，殿門前是橫向柱廊，兩側為磚砌九扇屏，上面是精美的花草圖案磚雕。大殿結構為五轉七式（看似五間，實為七間），殿堂內外皆以木板鋪地。殿堂面積1,100多平方公尺，可容納3,000餘人做禮拜。大殿內雕梁畫棟，融阿拉伯、波斯和中國古典圖案紋飾於一體。大殿的脊頂中心，豎立著三尊金碧輝煌的鍍金法幢，相傳為甘肅夏河拉卜楞寺所贈，反映了民族團結和文化交融。

　　寺院的整體布局以前門、重門、大殿特殊的雙重門次第而進，所以顯出三門端正、持重，五門挺秀，宣禮塔拔地高聳，兩廂樓挺秀屹立。大殿更以凝重、莊嚴、端莊、古樸為特點，為寺院增添一種肅穆的氣氛。

東關清真大寺始建年代史無明載，據民間傳說始建於明初，由西平侯沐英、民和回族土司冶智明上疏洪武皇帝，經審批由沐英等主持修建，寺建成後洪武皇帝題寫〈百字贊〉云云。清朝同治年間，西北迴民反清起義失敗後，清軍將東關清真大寺拆毀。後來回族等穆斯林又在原址重建。光緒年間又因河湟回民反清事件，東關清真大寺再次毀於兵燹（ㄒㄧㄢˇ，因戰亂所造成的焚燒、破壞等災害），之後由西寧回族又在原址重建。1916 年，甘邊寧海鎮守使馬麒根據西寧回族民眾的建議，重修東關清真大寺，建成禮拜大殿 5 間、喚醒樓 3 層、東廳 5 間、北廳 9 間、南廳浴室 3 間、寺門 3 間和廚房。

循化街子清真大寺在撒拉族歷史上的地位如何

　　街子清真大寺位於循化撒拉族自治縣街子鄉，是青海伊斯蘭教第二大寺。街子清真大寺是撒拉族祖寺，始建於元初。相傳清代中期，街子上坊莊的一位富孀捐資修建了大殿的前半部分。1934 年，一位韓姓的撒拉族紳士出資興建了大殿的後半部分，寺院初具規模。明清時期的建築在文化大革命時被拆毀。

　　今天的街子清真大寺是 1980 年代初在原址上重建的，是一座典型的阿拉伯式清真寺建築。全寺占地面積 4,020 平方公尺，大殿面積 2,397 平方公尺。寺內大殿系鋼筋混凝土結構，呈正方形，殿外東、南、北走廊寬敞，由 28 根方柱支撐；大殿內 4 根鑲著咖啡色瓷磚的大方柱支撐著 49 間大屋頂；殿頂為四方平頂，中央有一大穹隆圓頂，四角各有一小穹隆圓頂，每個穹隆圓頂上豎有新月；大圓頂為兩層六角形中空圓柱體，

青海宗教：藏傳佛教與清真信仰

在一層內裝有盤旋式鐵梯，每到禮拜時辰，宣禮人員蹬入宣禮樓頂部用阿拉伯語召喚禮拜。

大殿內部整潔樸素，地板上鋪著特製拜毯，西側牆壁正中為半圓凹形「米哈拉布」，上方鐫刻著鍍金阿拉伯文「清真言」。其右前方兩公尺處為階梯形講壇，是阿訇宣講教義、唸誦「呼圖白」的地方。大殿外的廣場南北兩側，建有兩排樓房，南樓東部為沐浴室，其餘為滿拉宿舍和學經室；北樓為藏經室、會議室、接待室、寺管會和開學阿訇辦公室等。寺內藏有一部手抄金字《可蘭經》，相傳是撒拉族先民從撒馬爾罕帶來的，被撒拉族視為至寶。

寺東邊為撒拉族先祖尕勒莽、阿合莽的墳墓，墳墓護牆由青磚砌成，牆外磚雕阿拉伯文蒼勁有力，花雕栩栩如生；墳東側有撒拉族先民種的扎根樹，北側學房後面為歷代尕最的墳墓，南側學房後面為街子撒拉族公墓，寺東南側有駱駝泉。

藏傳佛教在青海的傳播情況怎樣

青海是藏傳佛教的主要傳播區，世居青海的藏、土、蒙古族和部分漢族普遍信仰藏傳佛教，信眾達 100 餘萬，約占全省總人口的四分之一。史書記載，唐代時，隨著吐蕃王朝的東進，藏傳佛教不斷傳入青海。9 世紀中葉，朗達瑪禁佛，衛藏地區的僧人逃至青海河湟地區，繼續傳播佛教，興建寺院，成為藏傳佛教後弘期的重要發祥地。宋代，吐蕃王室後裔唃廝囉於河湟建立地方政權，崇尚佛教。唃廝囉政權的國都青唐城即今之西寧，史書記載，當時「城之西有青唐水，注宗河。水西平

遠，建佛祠，廣五六里；繚以周垣，屋至千餘楹。為大象，以黃金塗其身，又為浮屠十三級以護之。阿里骨斂民作是像，民始離。吐蕃重僧，有大事必集僧決之，僧罹法無不免者。城中之屋，佛舍居半」。足見當時西寧地區佛教之興盛。

西元 10 世紀中葉，藏傳佛教進入後弘期，寧瑪、噶丹、薩迦、噶舉、覺囊諸派相繼形成，藏傳佛教在各種政治勢力的支持下進入空前的活躍時期。藏傳佛教各派創始人及其弟子不斷到青海弘法建寺，隨之出現了一大批藏傳佛教寺院。元代，青海藏區各派寺院迅速增加，薩迦派、噶舉派、覺囊派隨之傳入青海。

明襲元制，繼續扶持藏傳佛教，並採取「多封眾建」的宗教政策。青海的許多藏傳佛教寺院如瞿曇寺、塔爾寺等都是明代建造的。明永樂年間，宗喀巴大師在西藏建立格魯派，其弟子多到甘青傳教建寺。萬曆年間，三世達賴喇嘛索南嘉措兩次到青海活動，使格魯派進一步傳播到蒙古、藏、土族地區。明末，格魯派在和碩特蒙古和清王朝的支持下，躍居藏傳佛教的統治地位，在青海傳播更加迅速，許多其他教派的寺院改宗格魯派。

清雍正年間，因羅卜藏丹津反清事件，青海藏傳佛教一度受到限制，但不久所毀諸寺相繼修復。有清一代，青海藏傳佛教各派的格局基本定型。青海現有藏傳佛教寺院 719 座，僧侶約 3.3 萬人，格魯、寧瑪、噶舉、薩迦、覺囊等教派並存。其中格魯派、寧瑪派各地均有分布，噶舉、薩迦派主要在玉樹藏族自治州，覺囊派僅存於果洛藏族自治州班瑪、久治、甘德三縣。

青海宗教：藏傳佛教與清真信仰

達賴喇嘛轉世系統

達賴喇嘛轉世系統是藏傳佛教格魯派的兩大活佛轉世系統之一。「達賴」，蒙古語意為「大海」；「喇嘛」，藏語意為「上師」。達賴喇嘛這個名號始於明萬曆六年（西元 1578 年）。當時蒙古土默特部首領俺答汗迎請索南嘉措到青海傳教，崇奉甚敬。俺答汗贈索南嘉措以「聖識一切瓦齊爾達喇達賴喇嘛」稱號，意為「遍知一切德智如海之金剛上師」，以示敬意，是為達賴名義之始。後格魯派仿效噶舉派的活佛轉世制度，以索南嘉措為三世達賴，上溯其師承，以根敦嘉措為二世，以宗喀巴之上首弟子根敦主為一世，建立達賴喇嘛活佛轉世系統，代代相傳。

清朝順治九年（西元 1652 年），五世達賴喇嘛羅桑嘉措親赴北京觀見順治皇帝。順治帝賜以滿、漢、藏三體文字金冊和滿、蒙古、漢、藏四體文字金印，文曰「西天大善自在佛所領天下釋教普通瓦赤喇怛喇達賴喇嘛」。五世達賴喇嘛返回西藏後，移住於布達拉宮，成為統馭西藏政教大權的教主。其後，每一代達賴喇嘛的轉世坐床例由清廷冊封，成為定制。至今達賴喇嘛已轉世十四世，第十四世達賴喇嘛是丹增嘉措。

班禪轉世系統

班禪轉世系統是藏傳佛教格魯派兩大活佛轉世系統之一。「班禪」係梵語「班智達」（學者）與滿語「禪保」（大）的省稱，意為「大學者」。「額爾德尼」，滿語，為梵語 ratna 之變音，舊譯「寶師」或「大寶」。班禪這一名號是從四世班禪羅桑確吉堅贊開始的，他生於後藏倫主加地方，是四世和五世達賴喇嘛的上師。

明末，蒙古和碩特部固始汗入藏後，深得羅桑確吉堅贊之助，遂於西元 1645 年贈以「班禪博克多」的尊號，這是班禪名號之始。「博克多」是蒙語，意為「智慧英武」。清順治帝封之為「金剛上師」，令其主持後藏扎什倫布寺，並劃後藏部分地區歸其統轄，其徒眾上溯師承，追認克主傑、索南喬郎、羅桑頓珠三人為其前三世，遂形成班禪活佛轉世系統。四世班禪去世後，以羅桑意希為其轉世，是為第五世班禪。羅桑意希出生在後藏托卜加，清康熙六年（西元 1667 年）被迎至扎什倫布寺坐床，師事五世達賴。康熙五十二年（西元 1713 年），清廷封以「額爾德尼」的稱號，並頒金冊金印，常住扎什倫布寺，分管後藏日喀則地區政教事務。班禪被教徒視為無量光佛的化身。班禪至今已轉世十一世。

你知道章嘉呼圖克圖嗎

　　章嘉活佛是青海佑寧寺的轉世大活佛，為清代主管內蒙古藏傳佛教事宜的最大活佛轉世系統，也是清代青海八大駐京呼圖克圖之一。呼圖克圖為蒙古族語，意為「聖者」。「章嘉」這一佛號以第一世章嘉活佛扎巴鄂色的出生地而得名。

　　第一世章嘉活佛扎巴鄂色約在明朝萬曆年間出生於青海互助縣紅崖子溝鄉的張家村，幼年入佑寧寺學經，後到西藏哲蚌寺讀書，貫通顯宗五部大論，在昂仁寺獲取然堅巴學位返回後，重返佑寧寺，經一世松巴舉薦，出任佑寧寺第六任法臺，任職三年期間，由於督僧學經風氣較盛而稍有名氣，但宗教地位不高，曾受寺內老僧攻擊，卸任後憤然離寺，到化隆旦斗寺靜修。當時，位於今民和縣境內的龍合寺建成顯宗經院不久，急需高僧主持，聽說扎巴鄂色博學，便請入龍合寺任法臺，使龍合

青海宗教：藏傳佛教與清真信仰

寺經論講辯蔚然成風。一次，龍合寺僧人去佑寧寺辯經，駁倒對方。扎巴鄂色因此名聲大振，遂又被請回佑寧寺。明崇禎十四年（西元1641年），扎巴鄂色圓寂，佑寧寺為其尋找轉世靈童，建立轉世系統，起初以「張家」為號，康熙年間改為「章嘉」。

第二世章嘉阿旺羅桑卻丹（西元1642〜1714年）出生於今湟中一帶一個叫伊格溝的達秀村，其父為一山西客商，名叫張益華，母名塔摩措，出生不久被認定為扎巴鄂色的轉世靈童。5歲時迎入龍合寺學習藏文，順治七年（西元1650年）被迎請到佑寧寺學經，之後到西藏入哲蚌寺郭莽扎倉學經，23歲從五世達賴喇嘛受比丘戒。

康熙七年（西元1668年）獲哲蚌寺「林賽噶居」學位後，轉入下密院學習密宗。他在西藏求學23年，精通顯密，成為一代名僧，後於康熙二十二年（西元1683年）回到佑寧寺。當時，清朝遣使入藏，要求達賴喇嘛派人與清朝大臣去漠北調解蒙古喀爾喀與衛拉特部的糾紛。時任甘丹寺第44任赤巴的阿旺羅哲嘉措受命前往，因師徒關係，途經青海時，邀請二世一同去蒙古。康熙二十六年（西元1687年），師徒二人進京奏報調解事宜，深得康熙皇帝器重。翌年，隨師返回青海。康熙三十二年（西元1693年），奉詔進京，駐錫法源寺，被康熙帝封為「呼圖克圖」。

康熙四十年（西元1701年），多倫匯宗寺建成後，康熙命其為多倫諾爾總管喇嘛事務的扎薩克喇嘛，奉旨長駐多倫匯宗寺。康熙四十五年（西元1706年），被封為「灌頂普善廣慈大國師」，賜紫車、金印等。康熙五十年（西元1711年），康熙帝命其第四子擴建法源寺，翌年竣工，賜名嵩祝寺，成為章嘉駐錫梵修之所。康熙五十二年（西元1713年），康熙帝巡行多倫諾爾，二世章嘉隨行，康熙見內蒙古各族僧人都到匯宗寺學經，十分高興，認為蒙古各旗奉法乃章嘉之功，遂對章嘉說：「黃教之

事，由藏向東，均歸爾一人掌管。」自此，章嘉成為格魯派在內蒙古地區的最高教主，與達賴、班禪和外蒙古的哲布尊丹巴，並稱為「黃教四聖」。

乾隆五十一年（西元1786年），乾隆帝欽定駐京喇嘛班次，章嘉為左翼頭班，位居各駐京呼圖克圖之首，賞御用金龍黃傘、黃車，地鋪黃氈，可乘轎自由出入東華門，其地位之尊，由此可見。歷輩章嘉都受到統治者的高度重視，第七世章嘉一直為民國中央政府管理北平、內蒙古、察哈爾、多倫、熱河、五臺山等地寺廟的掌印，足跡遍於漢藏蒙古各地。

弘化寺因何又稱「大慈法王塔院」

明朝永樂年間，宗喀巴大師應明廷之請，派弟子釋迦也失代替他去北京。釋迦也失曾於永樂、宣德兩次去北京，授封為「西天佛子大國師」、「大慈法王」。他第一次進京後取道理塘回藏，第二次赴京途經今民和縣轉導鄉弘化寺所在地時，授記建寺，並加持地基，由其弟子釋迦崔臣建一小寺，命名為「丹曲塔林」，意為「勝法解脫洲」。明宣德十年（西元1435年）十月，釋迦也失在京去世，與他同去的曲結索南喜饒和僧格桑布將其遺體運回丹曲塔林寺，修靈塔供奉，在此基礎上發展成為後來的弘化寺。

弘化寺故址在轉導村，其遺址尚存，寺院建於城堡之內，坐落在川道內，坐西向東，南北寬150公尺，東西長260公尺，城頭寬3公尺，高10公尺，城內土地約100畝，此即藏語所稱「犏牛城」。史書記載，弘化寺初建於明永樂或宣德年間，擴建於正統年間。《河州志》記載，

青海宗教：藏傳佛教與清真信仰

大慈法王於正統四年（西元1439年）在京圓寂，「敕建滲金銅塔，藏其佛骨。七年，奉敕河州建寺，賜名弘化，隨給附近之高山窮谷，永作香火之需，設官僧五十五名」，並云「其隨從張星吉藏卜之徒裔，世給國師禪師之職」。

清代有寺僧55人，擁有香火地百餘頃，建築規模壯麗，金璧交輝，有官軍55名守護，張星吉藏卜賜以世襲都綱，總理該寺政教事宜。其都綱一職，歷代由張家長子繼承，一直延續到1950年代初。因弘化寺是為供奉大慈法王的佛骨而建的，故又稱為「大慈法王塔院」。相傳弘化寺藏有明廷賜給該寺「太子佛」的螺鈿床、「都剛之印」、「永垂福庇」木匾及明代經板、太子佛骨等。現重建經堂3間，活佛昂欠1院，僧舍2院，有寺僧10多人。

西寧大佛寺

西寧大佛寺位於西寧市西大街省人民政府西側。該寺初建於元代，9世紀中葉吐蕃贊普達磨滅佛時，逃到青海的「三賢哲」約・格迥等人在此去世，以此為建寺緣起，形成一座寺院，因殿內塑有「三賢哲」身像，故稱之為大佛寺。明洪武二十三年（西元1390年），土官李南哥重建，修三層空心閣樓1座，此樓呈方形，每面5間，各設6根赭紅圓柱，第三層收向每面為4根圓柱，柱間有護壁板，上彩繪有眾多佛像及佛教傳說故事，形象生動，手法細膩。除閣樓外，還建有經堂、僧舍、茶房等20餘間，建築占地10餘畝。明洪武二十七年（西元1394年），西寧衛奏請明廷，敕賜寺額曰「寧番」。

1922年，第七世夏茸尕布根敦丹增諾爾布曾整修大佛寺，修葺後的

大佛寺占地約 2 公頃，由前院、後院、馬房和花園等組成。前院建有山門、經堂、僧舍；後院有一大殿，是一組兩進兩側院的建築群。後院大殿仍為三層空心閣樓，內塑有三像，中為約·格迥，兩邊為藏饒賽和瑪·釋迦牟尼。佛像後壁是一組大型浮雕泥塑，畫面有山水人物、十八羅漢、佛本生故事等。大殿重簷歇山屋頂，飛簷起翹，青色筒瓦面，正脊裝有寶瓶，兩端設有獸吻，下部為藏式大牆面碉房式建築，大殿上下漢藏建築藝術融為一體，是歷史上漢藏文化交流的珍貴文物。1985 年確定為青海藏傳佛教重點開放寺院之一。

青海也有座白馬寺

白馬寺，藏語稱「瑪藏岩寺」，位於今互助縣城東南約 55 公里處紅崖子溝口的湟水北岸山崖上。相傳 9 世紀中葉，吐蕃贊普達磨禁佛，西藏曲臥日山修行的藏族僧人約·格迥、藏饒賽、瑪·釋迦牟尼攜帶律藏經典逃至青海尖扎一帶，繼續弘法傳教，晚年曾居住在此地修行，後形成一座小寺院。藏傳佛教後弘期下路弘法之鼻祖喇欽貢巴饒賽（西元 892 ～ 975 年）相傳在此去世，其肉身像就供奉於該寺石窟。

「白馬寺」一名由來有多種說法，常見的有兩種：一說稱，相傳明萬曆十二年（西元 1584 年），第三世達賴喇嘛去佑寧寺等地，途經此地，其坐騎死去，遂塑白馬於寺，故名「白馬寺」；另一說稱，該寺為安多地區首建的佛寺，類似河南省的白馬寺。白馬寺又稱「覺化寺」，取義於喇貢巴饒賽於此地「自覺」、「化眾」，使藏傳佛教後弘期在此復興。

白馬寺所在山崖下的金剛雕像背依險峰，面向湟水，目視前方，左手托缽，似推湟水，故該寺亦稱「金剛崖寺」。清同治年間，該寺曾毀於

兵燹。現存白馬寺有佛堂一座，內塑有喇欽貢巴饒賽的藥泥像，寺前平地重建梵塔，周圍榆柳成蔭，與石雕金剛相映成趣。該寺雖規模不大，但在藏傳佛教史上久負盛名，直到今天，每年正月十五日、五月端午等時節，附近漢、藏、土族教眾多到此朝拜。

神祕的塔爾寺「四大法會」

塔爾寺從明萬曆四十年（西元 1612 年）起，每年舉行四次全寺性的法會，當地人稱之為「四大觀經」。

◆ 正月祈願大法會

藏語叫「卻楚毛蘭欽莫」，意為「神變祈願大會」。明永樂七年（西元 1409 年），宗喀巴大師在拉薩集結 8,000 餘僧眾首次舉行盛大的正月祈願法會，以紀念佛陀釋迦牟尼戰勝印度外道諸派，祈禱佛教昌盛。此後，大昭寺每年舉行正月祈願法會，成為定例，並成為格魯派所有寺院共同的法會。塔爾寺於每年農曆正月初八至十五舉行正月祈願法會，為期八天。法會期間，眾僧向諸佛菩薩奉獻供品，集體誦經，祈禱佛法昌盛，風調雨順，四季平安；同時還進行學僧的辯經考試活動。十四日上午在九間殿大院跳欠（法王舞），十五日夜在九間殿山門前陳列酥油花，俗稱「燈節」。

◆ 四月法會

藏語叫「兌欽松宗」，意為「三吉辰總匯」。四月法會是紀念佛教創始人釋迦牟尼誕生、出家、涅槃的大法會，於每年農曆四月初八至十五日舉行，為期八天。會上照例獻供、祈禱、誦經，並在十一日舉行「發心

供養」儀式，眾僧在佛像前發願立誓，要「眾生無邊誓願度，煩惱無盡誓願斷，法門無量誓願學，佛道無上誓願成」。十四日下午跳「法王舞」。十五日晨在寺院東側的蓮花山坡舉行瞻佛儀式，俗稱「晒大佛」，即將一幅巨型佛像在山坡上展開，佛像前眾僧誦經祈禱，演奏法樂，並進行其他相關宗教活動，與會信徒向佛像頂禮膜拜，敬獻哈達、布施等。

塔爾寺藏有大佛像四幅，即釋迦牟尼佛像、獅子吼佛像、彌勒佛像和宗喀巴大師像。每幅大佛像長十餘丈，寬六、七丈，約為數百平方公尺，均由彩色錦緞堆繡而成，每次晒佛，只展一尊。十五日上午晒佛儀式結束後，下午跳「馬首金剛舞」。是夜，在大經堂，各學經部門，各神殿以及僧舍房頂都點燃酥油花燈，成千上萬盞燈火把塔爾寺照得通明，稱作「兌欽松宗林美」。由於佛陀誕生、出家、涅槃都在四月，佛教徒將四月視為「淨月」，認為在這月誦經、禮佛易於「感應」，故各族信徒多於四月來塔爾寺朝拜或做法事。

◆ 六月法會

藏語叫「曲科兌欽」，意為「轉法輪節」。六月法會是紀念釋迦牟尼在印度鹿野苑首次講經傳法的法會，於每年農曆六月初三至初八舉行，為期六天。法會期間除在大經堂集體誦經，初七日上午仍在蓮花山坡舉行瞻佛儀式，下午跳「法王舞」。初八日上午進行「轉金佛」活動，即在儀仗隊前導下，眾僧簇擁著一乘有輪的彩轎，彩轎四角飾有飛簷，玲瓏精巧，內供彌勒金像，轎前彩旗飄揚，華蓋幡幢蔽日，鈸鼓佛號等法樂喧天。僧眾信徒尾隨彩轎，魚貫而行，順時針繞行寺院一週。中途，還布席於地，以淨水沐浴金佛，教眾紛紛向彌勒像敬獻哈達，膜拜頂禮。當天下午「跳欠」（馬首金剛舞）。

◆ 九月法會

藏語叫「拉巴兌欽」，意為「降凡節」。九月法會是紀念所謂釋迦牟尼在忉利天為其母摩耶夫人說法後降回人間，弘揚佛法，普度眾生的法會。從農曆九月二十日至二十三日共舉行四天。會上，除在大經堂集體誦經祈禱外，二十二日開放所有佛殿及珍藏佛像文物的庫房，供僧俗瞻仰。二十三日「跳欠」（馬首金剛舞）。

道教洞天 —— 湟中南朔山

南朔山，原名西元山，民間又稱為「佛屏山」、「南佛山」，位於湟中縣魯沙爾鎮西南15公里處的金納山峽中。山形宛如屏障，峰巒層疊，險峻奇妙。遠望山岩，有的像獅虎，有的如大象，還有許許多多難以名狀，令人稱絕。

歷史上，南朔山曾是青海地區著名的道教聖地，山上道觀廊殿錯落有致，大小洞府9處，素有「道藏第四太元極真洞天」之稱。相傳南朔山的道教建築始建於明朝萬曆十七年（西元1589年），距今已有400多年的歷史。

整個南朔山由前山、後山和朔屏臺三大部分組成。前山的主要洞府叫綠楊洞，亦叫張佛殿，洞深、寬各3公尺多。洞口頂上有一棵古柏，狀如盤龍，蒼勁挺拔；兩株皂角，盛夏開花，清香四溢。洞內塑有張佛金神像一尊，手執一條鯉魚，反映傳說中「一魚點化，二道成仙」的故事。洞內又有一小洞，俗稱「黑虎洞」，洞口原畫有黑虎飼子圖，為當地民眾求子之處。洞前用石塊砌成月臺，臺地上置一銅鼎，重600餘斤，是清乾隆五十五年（西元1790年）西寧石坡街金火匠李洪印、李洪福鑄

造。洞左菩薩殿三間，右為無量洞。靈官殿屹立在峭壁懸崖之上，有石梯可攀。

順石徑而上可到達山頂。有一方平坦開闊的臺地，叫佛平臺。從這裡舉目遠眺，湟中山川歷歷在目。佛平臺上有鰲頭閣、奎光閣、玄芳嘴、歇涼亭等景，錯落有致，與自然交相輝映。右峰為求壽臺，站立在求壽臺上，腳下草木蔥翠，野花芳香，令人心明眼亮，彷彿置身世外。再往東行，便到了三清宮，廊簷下有一口西寧觀門街金火匠袁文鼎等鑄的銅鐘，重500斤，為光緒年間鑄造。再向上一階為三宮殿、玉皇洞，洞口有西寧知縣冷文煒（清乾隆時人）題寫的「另有天地」橫匾一塊，筆法蒼勁有力，是南朔山的墨寶。

後山有蘇佛洞，洞口上方鐫刻著「飛昇洞」的橫額，傳說這裡就是「蘇張師傅一魚點化，二道成仙」之處。

清代順治年間，塔爾寺的阿嘉活佛帶著眾僧來到南朔山朝山進香，將南朔山的張蘇二真人的神像改塑成佛像，這裡又成為道佛合一的地方。這也就是南朔山為何又叫南佛山的緣故。每年的農曆四月初八這一天，塔爾寺的僧人總會到南朔山朝山誦經。關於這件事的由來，民間流傳著這樣一則傳說：

相傳，格魯派的創始人宗喀巴大師進藏後，有一次回塔爾寺，飄蕩在外的孤魂野鬼見是佛祖便一擁而上，攔路乞求超薦他們。宗喀巴心想，你們生前自造厄障，到如今也實在可憐，但要超薦，非設齋醮不行，可是我急務在身，如何是好！宗喀巴左右為難，忽然慧眼一亮想出辦法來了。於是，他對孤魂野鬼們說：「我急務在身，不能設壇超度你們。不過，我回塔爾寺後，告知喇嘛、阿卡每逢四月初八，來南朔山誦經超度你們。」孤魂野鬼們聽完宗喀巴大師的話，倏忽間便無影無蹤了。

原來他們已得到宗喀巴「超度」的口赦,超脫而去了。孤魂野鬼雖然已得超度,但佛言既出,定無戲言,所以塔爾寺每逢四月初八就派喇嘛、阿卡到南朔山誦經祈禱,相沿成習,流傳至今。

充滿藝術靈氣的格魯派寺院 —— 隆務寺

隆務寺位於同仁縣隆務鎮西山腳下,地處隆務河中游河畔,早期為薩迦派寺院。據傳,早在元大德五年(西元 1301 年),這裡已建有小寺一座。但真正形成寺院規模是在明初,創造者是三旦仁欽。

史書記載,三旦仁欽的先祖拉傑扎那哇本是前藏念青唐古拉山下的丹科絨吾地方人,是一個專修明咒的瑜伽師,擅長醫術,受八思巴指派,來到青海同仁地區。其子隆欽多代本為隆務土官,生有九子,長子三旦仁欽自幼出家,曾拜夏瓊寺的創造者曲結頓珠仁欽為師學經,並受比丘戒。三旦仁欽的弟弟羅哲僧格是一為佛學造詣很深的學者,受到明宣德帝的器重,被封為「弘修妙悟」國師,一度擴建了隆務寺。這個家族之後又有五人得到國師封號。

明萬曆年間,格魯派已在青海地區很有影響,隆務寺遂改宗格魯派。明天啟五年(西元 1625 年),明熹宗朱由校題賜「西域勝境」匾額,懸於大經堂門頂。明崇禎三年(西元 1630 年),第一世夏日倉噶丹嘉措(西元 1607～1677 年)主持隆務寺,首建顯宗學院。乾隆三十二年(西元 1767 年)十月十八日,清朝封噶丹嘉措為「隆務呼圖克圖宏修妙悟國師」,成為隆務寺寺主和隆務寺所屬十二族政教首領,歷輩轉世,直到 1949 年前,在同仁地區行使區域性的政教合一統治。雍正十二年(西元 1734 年),第二世夏日倉阿旺赤列嘉措建立密宗學院,乾隆三十八年(西

元 1773 年），第三世夏日倉根敦赤列拉傑建立時輪學院，從而發展成顯密並舉的格魯派大寺，僧人最多時達到 2,300 人，曾下轄有數十座屬寺，隆務十二族為其寺屬部落。

「文革」期間，隆務寺大部被拆毀，僅存經堂 3 座，昂欠 5 座，僧舍 24 院。1980 年重新開放重建，寺院依山而建，布局錯落有致，裝飾華麗宏偉。大經堂位於寺院中央，建築面積 1,700 多平方公尺，周長 170 公尺，內有巨柱 18 根、短柱 146 根，內供釋迦牟尼等數十尊塑像，造型精美，莊嚴肅穆。尤其是宗喀巴大師像，高 11 公尺，座底周長 26 公尺，通體鍍金，嵌滿金玉寶石，更顯得金碧輝煌。

隆務寺寺主夏日倉活佛為原隆務十二族政教首領，至今共傳八世。下設囊佐，會同隆務囊索，代表寺主總攬全寺政教事宜。

隆務寺全年的主要法事活動有正月祈願法會，於初七日至十六日舉行，期間有十四日的晒大佛、十五日的轉彌勒佛、十六日的跳欠等活動；三月由時輪學院舉辦「尼丹」法會；九月「降凡節」，於二十二日舉行紀念釋迦牟尼在忉利天為其母摩耶夫人說法後重返人間的活動；十月「五供節」，紀念宗喀巴圓寂。

阿嘉活佛和香薩活佛

◆ 阿嘉活佛

為塔爾寺寺主活佛，清乾隆年間「八大駐京呼圖克圖」之一，在塔爾寺享有很高的威望和地位。阿嘉活佛至今已轉世七輩。

「阿嘉」佛號的由來說法不一，據《塔爾寺志》說，「阿嘉」即「阿家」，因其第一輩喜饒桑布出生於塔爾寺的香火莊西納李秀錯哇的一個姓

阿的人家，故名。又說，「阿嘉」藏語意為父親，相傳阿嘉活佛為宗喀巴父親的轉世，故被尊奉為塔爾寺寺主。

◆ 香薩活佛

為拉加寺寺主活佛系統，是青海著名大活佛，歷史上授有「班智達」和「普濟法師」名號。關於「香薩」佛號的由來，通常有兩種說法。

- 第一種說法認為，第一世香薩出身於宗喀巴母親香薩阿切的家族，因而名為「香薩」；
- 第二種說法出自《安多政教史》，稱第一世香薩貢欽巴出生於阿柔部落黃河邊的一個造船木匠家中，木匠藏語叫「香索」，後來音變為「香薩」。

對於香薩活佛的轉世輩次，因藏傳佛教中有追認習俗，說法較多，有至今已共歷 16 世、11 世、6 世等多種說法。學界以史書記載和拉加寺的建立時代，一般認為以 6 世說為可信。第一世香薩即貢欽巴，約在康熙年間出生於今同德縣境黃河岸邊的阿柔部落。

第三世香薩活佛羅桑丹貝旺秋崔臣彭措（西元 1825～1896 年）曾出任塔爾寺、隆務寺法臺，光緒二年（西元 1876 年）被清廷授予「香薩班智達」名號。民國時第四世香薩活佛被國民政府封為「普濟法師」。

西寧北禪寺

西寧北禪寺位於西寧市北山崖間，山崖紅土砂岩，長年風吹日晒，形如土樓，故稱「土樓山」。北魏時期曾建土樓神祠，酈道元在《水經

注》中曾記載：「湟水又東，經土樓南，樓北依山原，峰高三百尺，有若削成，樓下有神祠，雕牆故壁存焉。」東漢章帝時，朝廷派張掖太守鄧訓任護羌校尉，鄧訓上任後，對河湟諸羌採取安撫政策，諸羌紛紛來歸，安居樂業。鄧訓因此深受河湟各族的愛戴，後鄧訓病逝，河湟各族按照當地民間習俗在土樓山為其建神祠，以示懷念。後來，佛教、道教相繼傳入河湟地區，土樓山神祠遂變成傳統佛道寺觀。明清以後，以靜修為主的道教在土樓山占據優勢，土樓山便成為青海道教的重要活動場所。1983年，西寧市政府根據道教界的請求，將土樓神祠更名為「土樓觀」。

土樓山的古蹟主要有佛寺、道觀、磚塔、洞窟、壁畫和露天大佛。經歷代的擴建增修，在峭壁斷崖間鑿成洞窟，自西向東依次分布著「九窟十八洞」。洞與洞之間「天梯石棧相勾連」，數里丹崖，曲徑通幽。據專家實地考察，有直洞39個，偏洞18個。在洞窟前依山而建的斗母殿是土樓山上最雄偉的建築。斗母殿正殿和附廊共17間，殿中斗母神像，四頭八臂，十分奇偉。斗母殿左前方是山門，題額「土樓觀」，山門上有門樓，叫魁星樓。在洞窟中部，有一座崖體陡然突出，高數百公尺拔地而起，形成露天金剛，這就是西寧人叫的「閃佛」。露天金剛雄偉高大，造型粗獷，極具唐代藝術風格。在經過1,000多年的風雨侵蝕和自然風化後，其軀體、頭臉、五官仍依稀可辨，看上去既是佛像，又似寶塔，為西北地區一獨特景觀。

土樓山上的神祠、寺廟具有濃厚而神祕的宗教色彩，是古代宗教活動的場所，尤為奇特的是土樓山上的神祠、寺廟、佛、道、儒均可互見，藏族、漢族的神話傳說都有遺存。這裡既有佛教崇拜的釋迦牟尼、觀世音，又有道教敬拜的斗母、太上老君，還有漢族儒家敬重的忠君偶像「關帝」，而且是鑿洞立像。經相關專家的實地勘察，現有的北禪寺50

多個洞窟中還保留部分隋唐時的壁畫。據報導，北禪寺壁畫上刻有宋代宣和、明代建文、永樂年號，還有回紇文、藏文題記。這種洞窟文化很有藝術研究價值。

瞿曇寺為何被稱為「小故宮」

瞿曇寺位於樂都縣曲壇鄉所在地，南距縣城約17公里。藏語稱「卓倉拉康果丹代」，亦稱「卓倉多傑羌」，意為「卓倉持金剛佛寺」，附近民眾俗稱「拉康囊」，意為「佛堂內」。瞿曇寺的建立者是三羅喇嘛，法名為桑傑扎西，俗稱海喇嘛，生於元末至正年間，明永樂十二年（西元1414年）卒，係西藏洛扎縣卓壟人，是噶瑪噶舉派高僧。三羅喇嘛約在明初從西藏遊歷來到青海，曾長期在青海湖海心山靜修，後移居樂都南山。明洪武二十二年（西元1389年），因招降蒙古罕東等部之功被朱元璋請到京城，尊為上師，並頒旨由明廷撥款，於洪武二十五年（西元1392年）建寺，翌年寺院建成，朱元璋敕賜「瞿曇寺」匾額，加封三羅喇嘛為西寧僧綱司都綱，統轄當地十三族。

永樂年間，明成祖為了擴建瞿曇寺，曾派太監孟繼為欽差，到瞿曇寺負責修建寶光殿、金剛殿及兩廊和前山門等。永樂十四年（西元1416年），封三羅喇嘛之姪班丹藏布為「灌頂淨覺弘濟大國師」，並頒給鍍金銀印一枚，上鐫「灌頂淨覺弘濟大國師璽」字樣。明宣宗時又頒旨增修隆國殿、後鐘鼓樓、左右迴廊及碑亭兩座。

瞿曇寺是一座明代漢式宮廷建築風格的古剎，素有「小故宮」之稱。整個寺院依山傍水，高低錯落，氣勢宏偉。全寺有三個院落，由山門、

左右碑亭、金剛殿、瞿曇殿、寶光殿、隆國殿、護法殿、三世殿以及左右迴廊、鐘鼓樓等主要建築組成。其中，瞿曇殿、寶光殿、隆國殿為該寺主體建築，殿宇宏偉，工藝精湛。整個寺院建築占地41.36畝，整個布局和殿堂的飛簷、斗栱、畫棟、藻井等具有明代宮殿風格，寺內現存明代漢藏文對照御製碑，明清匾額10塊、明宣德二年鑄造的青銅巨鐘1口、香爐3鼎、明鈸、象牙佛珠、檀香木佛珠、石雕米拉日巴像以及明清統治者所賜金印、象牙印、景泰藍花瓶等許多珍貴文物。該寺廂廊壁畫約400平方公尺，技法純熟，有敦煌壁畫的藝術特色，其內容除反映佛陀本生、業績等宗教題材外，也有反映歷代皇帝扶植瞿曇寺和該寺上層人物進京的內容。

瞿曇寺從初建到後來的擴建，都得到明王朝的大力扶植，明朝封三羅喇嘛為西寧僧綱司都綱，成為西寧衛的宗教首領。明代歷朝皇帝為瞿曇寺賜匾額、修佛堂、立碑記、封國師、賜印誥，以瞿曇寺為紐帶，加強對河湟流域以及柴達木地區的統治。三羅喇嘛的家族成員定居瞿曇寺一帶，世代為當地土官，該家族因來自卓壟，故稱「卓倉」，當地發音作「角倉」，後來逐漸成為樂都南山地區的地名。由於三羅喇嘛與藏傳佛教噶舉派祖師瑪爾巴同族，故稱其家族為「瑪爾倉」，意為「瑪爾家族」，當地音變為「梅氏家族」。

瞿曇寺是青海儲存完好的藏傳佛教寺院之一，「文革」期間關閉，1980年重新開放。其建築藝術和殿宇布局，相傳是仿照北京故宮而建的，在藏傳佛教寺院中獨樹一幟，民間有「去了瞿曇寺，北京再甭去」的說法。

青海宗教：藏傳佛教與清真信仰

佑寧寺為何被稱作「湟北諸寺之母」

　　佑寧寺位於互助縣威遠鎮東南 35 公里處，在今五十鄉東北 6 公里的寺灘，藏語稱「郭隆賢巴林」，意為「郭隆彌勒洲」，簡稱「郭隆寺」。明萬曆十年（西元 1582 年）底，第三世達賴喇嘛應土默特之請，去內蒙古參加俺達汗葬儀時第二次來青海，巡禮各地，傳播格魯派。萬曆十二年（西元 1584 年），三世達賴來此地講經傳法，授記建寺。萬曆三十年（西元 1602 年），四世達賴雲丹嘉措自內蒙入藏坐床，途經此地。當地扎的、浪加、阿加等十三族頭人以三世達賴授記為由，請求四世達賴建寺，年底派代表入藏再請。次年，四世班禪和四世達賴派達波扎倉寺住持第七世嘉色活佛端悅卻吉嘉措來到安多。

　　萬曆三十二年（西元 1604 年），嘉色在一世松布丹曲嘉措的協助下破土動工，當年建成嘉色寢宮、經堂及部分僧舍，並建顯宗學院，初具寺院規模。此後，郭隆寺受到漠西蒙古和碩特部首領固始汗等地方勢力的支持，不斷擴建。至康熙年間，郭隆寺有大小經堂、僧舍、昂欠等 2,000 多個院落，僧侶 7,000 多人，設有顯宗、密宗、時輪、醫明四大學院，屬寺眾多，譽為「湟北諸寺之母」。雍正二年（西元 1724 年）正月，因羅卜藏丹津事件，郭隆寺被清軍燒毀。雍正十年（西元 1732 年），雍正帝敕令重修，賜額「佑寧寺」。

　　「文革」期間佑寧寺基本拆毀，1980 年重新開放。

　　佑寧寺在歷史上曾有屬寺共有 49 處，遍及青海、甘肅和新疆等地，先後形成 20 多個活佛轉世系統，主要為五大昂活佛和九小昂活佛。其中五大昂活佛在清代均受封為呼圖克圖，其中章嘉和土觀是駐京呼圖克圖，地位甚尊。

喇欽‧貢巴饒賽是什麼人

喇欽‧貢巴饒賽（西元 952～1035 年），是藏傳佛教後弘期「下路弘法」的始祖，本名穆蘇賽巴，出生於青海循化一個苯教徒家中。15 歲時拜瑪爾釋迦牟尼、約‧格迥和藏饒賽三人為師，剃度出家，取法名格哇饒賽。20 歲時受比丘戒，住錫於旦斗寺，傳教弘法。25 歲收衛藏的魯梅‧楚臣喜饒等 10 人為徒，授比丘戒。魯梅等 10 人學成後返回衛藏後，各自建寺傳教，佛教又在藏區復興。藏傳佛教後弘期自此發端，穆蘇賽巴被尊為喇欽‧貢巴饒賽。後喇欽曾到康地東部拉則布杜寺學習《般若波羅密多心經》、《菩提地頌》等大乘經典。晚年到瑪藏崖（今互助白馬寺）建寺立塔，弘傳佛法。宋仁宗景佑二年（西元 1035 年）圓寂。遺體被信徒用藥泥塑成像供養。著有《朵卻》、《經藏供養》等。

你知道活佛轉世、非掣籤和金瓶掣籤嗎

活佛轉世制度是藏傳佛教特有的一種宗教文化現象。活佛，即「佛的化身」，藏語稱「朱古」，蒙古語稱「呼比勒罕」。藏傳佛教認為，活佛是在佛教教理和實踐方面都取得很高成就，已淨盡前世的習氣，斷除今世的困惑，是信眾證得佛果的引導者。當他去世後，能根據自己的意願而「轉生」。「轉生」的「靈童」，便是前世活佛的再生。活佛轉世制度肇始於 13 世紀初噶瑪噶舉派，後格魯派等其他教派亦普遍實行，不斷完善。

按大乘佛教的說法，活佛去世後，為了普度眾生，可自願決定重返人間，因為這時他已「昇華」到了「不受善惡因果報應羈絆的境界」，「轉

生」地點以及父母家庭也可由已成佛的靈魂根據具體情況來決定。「離去的靈魂」在另一肌體內再現，便成為「佛的化身」即轉世活佛。尋訪、認定轉世靈童的形式方法多種多樣，歸結起來主要有非掣籤方式和金瓶掣籤方式。

非掣籤方式主要有以下幾種：

①按遺囑、預言尋找方式。即根據活佛生前的授記、偈語寓示的遺囑或預言線索尋訪認定。

②依示現徵兆尋訪方式。即按活佛去世時的法體姿態、火葬時濃煙的去向以及大喇嘛的夢兆等尋訪認定。

③護法神降神諭示方式。由護法神（崔仲）降神，以神指出活佛轉生的方向、地點等的諭示尋訪認定。

④觀湖顯現幻景尋訪方式。根據西藏聖湖（拉莫納措）中出現的幻景意測判斷靈童出生的地方和物相而認定。

⑤祕密尋訪方式。選派德高望重的名僧、堪布及活佛生前的管家、近侍弟子化裝成各種不同身分的人，分赴各地暗中查訪，考察後認定。

⑥用辨認活佛生前遺物的方法而認定。即在認定過程中，讓幼兒辨認活佛生前的遺物和共同相處的人，幼兒在眾多的物件中能抓取活佛生前之物或在眾多的人中願同與活佛相處的人親近，藏傳佛教稱為「宿通」。

金瓶掣籤方式創立於清乾隆時期，當時為了剷除活佛轉世中的弊端，對冊封的呼圖克圖的轉世，履行「金瓶」（本巴）掣籤，將活佛轉世的認定權掌握在中央，由中央直接審批和冊封。為此清高宗降旨專門製作了兩個金瓶，一個置北京雍和宮，一個置拉薩大昭寺。

清王朝冊封的呼圖克圖活佛，名冊檔案存理藩院。凡呼圖克圖去世

後，要按宗教流程尋找「靈童」，甘、青、川、藏地區呼圖克圖的轉世「靈童」在大昭寺掣籤欽定。駐京和蒙古地區的呼圖克圖的轉世「靈童」，則在北京雍和宮掣籤欽定。初選的「靈童」在兩個以上，有時只有一個。首先須將家世、姓名、生辰、族別、籍貫報送拉薩或北京審定，應在拉薩掣籤的由駐藏辦事大臣、中央特派代表、攝政王及各大呼圖克圖參加；應在北京掣籤的由駐京呼圖克圖、掌印扎薩克喇嘛和理藩院官員主持。

掣籤時，將幾名候選「靈童」的姓名、生辰、籍貫用漢、滿、藏三種文字書寫在象牙籤上，由「靈童」家人跪看籤上的名字、年歲有無差誤，祛彼疑心，再由主持人逐一審閱，當面以黃紙包妥，放入金瓶內，搖轉後封蓋，僧眾誦經祈禱，然後在大眾面前打開瓶蓋，用手旋轉，掣籤一枚，向家人和公眾宣布靈童名字，並讓大家當面查驗，最後由主持人分別用漢藏兩種文字將掣籤情況及掣定靈童的名字報中央政府，請求批准繼位。掣籤時如只有一個「靈童」，須放入一支空籤，若掣出空籤，則需另尋「靈童」，重新掣籤，直到尋訪轉世靈童成功。

「金瓶掣籤」制度形成後，掣籤大權一直掌握在中央政府手中。掣籤認定的轉世活佛，尤其是達賴、班禪等大活佛的轉世認定後，必須經中央政府批准，方能舉行剃度和坐床儀式，承襲前世活佛的一切權力，否則即視為非法，這已成為定制。民國時期，實行同樣制度。中華人民共和國成立後仍沿用此制。

西寧的城隍是誰

城隍起源於古代的水（隍）庸（城）的祭祀。「城」原指土築的高牆，「隍」原指沒有水的護城壕，古人造城是為了保護城內百姓的安全，所以

青海宗教：藏傳佛教與清真信仰

修了高大的城牆、城樓、城門以及壕城、護城河。他們認為與人們的生活、生產安全密切相關的事物都有神在，於是城和隍被神化為城市的保護神。道教把祂納入自己的神系，稱祂是剪除凶殘、保國護邦之神，並管領陰間的亡魂。

城隍是自然神，凡有城池者，就建有城隍廟。最早的城隍廟見於三國吳赤烏二年（西元239年）建的蕪湖城隍廟。歷史上有唐人張說、李德裕、李陽冰、杜牧等祭祀城隍神的記載。宋代以後，城隍開始人格化，人們多將去世後的英雄或名臣奉為城隍神，如西寧祀鄧訓等。

西寧城隍爺鄧訓（西元40～92年）是東漢護羌校尉，字平叔，南陽新野（今河南新野南）人，為東漢開國功臣鄧禹第六子。少有大志，精於技擊，廣交好友。明帝永平六年（西元63年），拜為護烏桓校尉。章帝元和三年（西元86年），以謁者至武威平息盧水胡反叛，拜為張掖太守。和帝永元二年（西元90年），出任護羌校尉，駐臨羌。招攬小月氏勇敢豪健少年數百人組成「義從胡」，派長史任尚率部製革船，渡過黃河，擊迷唐羌於大、小榆谷，迫使迷唐率部西遷千餘里。湟中安定後，以恩信對待羌人，備受河湟羌人信任和愛戴。明帝四年（西元92年），病卒於住所，每天祭奠者達數千人。曾任官地方百姓聽聞之後，也奔走哭告，追憶恩德。河湟百姓立祠，以示紀念，後演變成為西寧城隍。

青海道教的情況怎樣

道教傳入青海的歷史久遠，但影響不大。明清時期，部分內道地士到青海布道，活動於西寧等地，曾建一些道觀。1938年，青海才建立教會。在青海傳播的道教有兩種：一為正一派，道士不出家，散居西寧、

海東各地民間，俗稱「老師父」、「陰陽先生」，其活動主要是看風水、選陰宅陽宅、超度亡靈、配婚擇吉、誦經祈禱等；一為全真道士，須出離俗家，住居道觀，有一定的派系傳承，是道教中的正式宗教職業者。

西寧地區的道教傳入較早，但起初在大眾中沒有傳播，約在元明時期，才有全真道出家道士，居住北禪寺、南禪寺等處，以煉養靜修為主，也吸收道徒。明朝末年，道號道倫，人稱朱仙的朱清真，來西寧修西塔院，為靜修之地。他去世後，道眾對西塔院進行了維修和擴建，改名為朱仙塔院，成為西寧地區道教宗教活動的主要場所。清康熙時，山西著名道士張真人（名清春）來西寧住朱仙塔院傳道。因其精通道理，醫術高明，通道教者日眾，香火甚盛。他去世後，道眾為他建塔立碑，歲時奉祀。乾隆年間，先後又有道士蘇仙、張、孟、李在朱仙塔院傳道。民國年間，西寧道教信眾有一萬餘人，主要為居家道士，出家道士和道姑，分別居住在南山寺、北山寺、泰山廟、香水院、朱仙塔院等宮觀。

湟中縣道觀的主要活動場所是西元山，史書稱該山為「道藏之第四太元極真洞天」。山內有道教宮觀四五座，歷史上曾有許多出家道士住此修道和授徒。周圍的漢族絕大多數信奉道教，春夏兩季，很多信徒都要入山朝拜，進香還願。

道教傳入民和回族土族自治縣的時間不詳。民國時期，古鄯、巴州隍廟有出家道人、道姑居住，進行修道和傳教活動；1950年代初期，全縣有出家道士4名、道姑4名，分別居住在巴州隍廟、古鄯隍廟、總堡龍泉寺、東溝馱古嶺寺；1956年，有法師14名、出家道士10名，道姑7名；1950年代末，隍廟拆除，法師、道姑多數還俗務農；1980年代，當地漢族自行修復隍廟，又有出家道士、道姑住廟。

樂都縣道教的傳播歷史，上可追溯到唐朝。唐朝樂都地區為軍事重

青海宗教：藏傳佛教與清真信仰

鎮，是隴右道節度府前哨駐地。在崇通道教的影響下，住在樂都的唐軍文官武將將道教傳入，並以道教名山武當山命名樂都北山，在山巔修建了道教寺廟真武廟、無量殿、磨針宮、三清殿、黑虎宮、呂祖宮、百子宮和雷祖殿，還在樂都地區修建了玉皇閣、關帝廟、八卦綽楔等道教活動場所，可見當時道教之盛。明末清初，內地道教衰落，一些遊方道士流落青海，寄居樂都道教的名山寺廟靜修，使道教在樂都漢族中有了新的傳播。

湟源縣道教廟宇較多，僅北極山在明清時期就建有文昌廟、真武廟、魁星閣、三清廟、三聖廟、土地廟和雹神祠等，有眾多的出家道士住持。在漢族聚居的其他地方還建有玉皇廟、玉皇廟坊、文昌閣、關帝廟、財神廟、龍王廟、火祖廟、東嶽廟、隍司行宮和靜房等。歷史上北極山香火最盛，每年農曆六月六為朝山節，「士女傾城往遊」，四鄉咸集，行香還願，可知信徒眾多。由此也就有較多出家道士、道姑、道童和道長。

大通回族土族自治縣道教的傳播範圍比較廣，教眾人數在 1949 年約萬餘人，道觀有 40 餘座。著名活動場所在元朔山，因其香火最盛，被稱為北武當，明朝時此山即修建有太元宮、紫峰觀等道教建築。金娥山又名金山、娘娘山，是大通道教活動最早的地區。史載，隋朝煬帝親率大軍征伐吐谷渾，曾在此山駐紮，並宴群臣。期間，煬帝妃金娥去世，崇通道教的煬帝即令在駐地修建道觀，名聖母祠，改山名為金娥山，令大將元壽駐守此山，留隨行道士住持。自此，該山道教香火不斷，何時荒廢不可考。如今又有當地信眾擇地修起廟宇。

何為「安多四宗」

　　安多四宗是指安多藏區歷史上藏傳佛教僧侶的四大靜修地，指阿瓊南宗、夏哇日宗、普拉央宗、智噶爾貝宗，均在多麥（安多下部）地區，故又稱「多麥四宗」。藏語「宗」本指「石寨」、「山寨」等，這裡指藏僧靜修地。

　　阿瓊南宗，位於今黃南藏族自治州尖扎縣的坎布拉林區深處。因其所在山岩北有似藏文字母「a」（阿）字形石山，如插雲端，故名「阿瓊南宗」，意為「阿字形天塹」。西元9世紀中葉，藏傳佛教史上著名的「三賢哲」因吐蕃贊普達磨滅佛，輾轉逃至此地隱居，阿瓊南宗遂成為佛教聖地。

　　夏哇日宗，藏語全稱為「夏宗珠代」，意為「夏宗靜修處」，位於平安縣寺臺鄉瓦窯臺村北。這裡不僅以藏僧靜修聖地出名，且多有漢、藏名僧活動遺跡。西元399年，漢僧法顯等人赴印度求經，曾經此地。西藏噶瑪噶舉派黑帽系四世活佛若必多吉應召進京途中，也曾在此居住。宋代建有靜房，後形成夏宗寺，為當彩活佛的主要寺院。

　　普拉央宗，俗稱央宗寺或羊宗寺，位於樂都縣中壩鄉政府所在地西南5公里的羊宗溝。據《安多政教史》記載，吐蕃贊普達磨禁佛，從西藏逃至青海的藏僧饒賽和瑪爾‧釋迦牟尼二人曾一度在此居住。1619年，樂都南山的藥草臺寺建成後，這裡闢為瞿曇寺、藥草臺寺僧人閉關靜修的靜房。

　　智噶爾貝宗，俗稱賽宗寺，位於海南藏族自治州興海縣桑當鄉西18公里處的賽宗山。傳說寧瑪派祖師蓮花生大師、格魯派創始人宗喀巴大師先後在這裡靜修過，留有遺跡。1923年，隆務寺的第三世阿饒倉活佛在山下建立了賽宗寺，該寺是興海縣境內最大的格魯派寺院。

青海宗教：藏傳佛教與清真信仰

貴德文昌廟

　　文昌廟，又稱文昌宮，在貴德河西下排村西側山坪臺東坡上，藏語稱「尤拉康」。文昌廟西靠山坪，北臨黃河，廟前溫泉河蜿蜒北流。

　　據《貴德縣志稿》記載，文昌廟始建於明代晚期（西元1590～1600年），「距貴德城西十四里，舊有文昌廟，創自前明……」清同治六年（西元1867年），文昌廟毀於一場大火，同治十三年（西元1874年）募資重建，光緒二年（西元1876年）落成。1958年，文昌廟遭破壞。1982年，在舊址上按原規模建起了新的文昌廟。

　　文昌廟是一座依山而建的階梯式廟宇，踏上第一層平臺，一座三層的橫枋斗栱組成的牌坊建築便是文昌廟山門。牌坊三開間，中間寬而兩邊窄。山門兩邊「工」字形的水泥基座上石獅虎視眈眈，門前一對旗桿朝天而立，透露出寺廟特有的威儀和神祕。沿幾十級石條臺階而上便是第二層平臺。這裡三面建有樓閣，東樓為魁星閣，塑有魁星之像；南北兩側是鐘鼓樓；北為火祖閣，內塑火神、牛王、馬祖三位神像；正南樓為娘娘閣，內塑王母娘娘、送子娘娘、獻花娘娘三位神像。第三層平臺正中建有文昌大殿，通高10公尺，面闊五間，進深三間，氣勢恢宏，突出了建築群中的主體地位。大殿為飛椽雙簷的歇山頂式橫枋斗栱建築，描金繪彩，雕龍刻鳳。殿頂琉璃瓦鋪面，陽光下光彩燦燦，耀人眼目。殿內泥塑彩繪的文昌坐像，威嚴中隱含著慈祥，「天尊」、「地啞」二童侍立兩旁。

　　文昌，星名，又稱「文曲星」，中國古代神話中主宰功名利祿之神，世為文人所奉祀，後為道教承襲。元仁宗延祐三年（西元1316年），將梓潼帝君加封為「輔元開化文昌司祿宏仁帝君」後，遂合而為一，統稱

「文昌帝君」。貴德附近的藏族人也多信奉、朝拜文昌爺。民間傳說文昌姓劉，曾是出身寒微的出門人，所以對出門落難、無家可歸的行乞者特別垂憐，有求必應。文昌靈驗之傳說很多，其一是說文昌初建時廟址選在今扎倉溫泉一處比較平緩的山坡上，人們築起圍牆，蓋房用料堆放在河灘邊，就要開工，卻忽然一夜大雨從天而降，山洪暴發。天亮時，原來堆在河邊下游的一些木料、石料，被洪水移到了 10 公尺開外的上游，並且一件不少。按常理，材料應被洪水沖向下游，而移到上游豈不是咄咄怪事？人們以為這是文昌帝君自選廟址，所以就將文昌廟建在了靠上游的河邊。無獨有偶，這一年文昌廟前要砌一道石牆，但苦無石料，人們正為此而發愁。忽然一夜大雨，山洪下瀉，第二天早起一看，山門前河灘上層層疊疊堆滿了石塊。人們又以為這是文昌爺的神力。

傳說農曆二月初三是文昌的誕辰，每年此日，文昌廟必有大型祭祖活動。每逢農曆初一、十五，藏漢信徒們也都要赴文昌廟燒香叩拜。特別是年三十晚上，信徒們紛紛趕來燒香供獻，祈福消災。這一晚道路上車水馬龍，川流不息，山門前人山人海，水洩不通，廟堂裡燈火如畫，香煙繚繞，鞭炮聲不絕於耳，熱鬧非凡。

黃河第一閣 —— 貴德玉皇閣

玉皇閣是貴德縣現存明清古建築群最具代表性的建築。史料記載，明萬曆十七年（西元 1589 年），為鞏固統治，教化民風，保佑「皇圖永固，時歲享昌」，乃「恭擇城中場地，創修玉皇閣」，歷時四年竣工。清道光十七年（西元 1837 年），玉皇閣重建、擴建工程告竣。清同治六年（西元 1867 年），回民起義，玉皇閣毀於戰火。現存古建築群是光緒年間

青海宗教：藏傳佛教與清真信仰

重新修建的。該建築占地面積 61 畝，建築面積 4,915 平方公尺，是一處集儒、道、佛為一體，摒棄門戶之見的古建築精品。廟觀相互毗鄰，並存相依，布局獨特。整個建築採用中國傳統的中軸線左右對稱的形式，單體建築以甘肅、青海兩地做法為主，富麗堂皇，布局中國罕見，極具歷史文物價值和建築藝術價值。

玉皇閣最初名叫萬壽觀，位於古建築群體後，緊靠古城北牆根，坐北朝南。整個建築下為土築高臺，外包青磚，高 12 公尺，為正方形，底部邊長 14.95 公尺，頂部邊長 12.75 公尺，南面正中為磚砌臺階，臺階分三個平臺三十二級，臺階兩側土臺表面各有一木飾小窗，臺階前有今製古銅色雕塑寶鼎。土臺基上建閣樓三層，高 13 公尺，為歇頂式木結建構築，下兩層各有環樓走廊，木構護欄。閣樓頂層通面闊 6.20 公尺，進深 6.10 公尺，上掛「天梯在望」、「山河一覽」匾額；中層通面闊 7.55 公尺，進深 7.65 公尺；下層通面闊 9.95 公尺，進深 8.9 公尺。閣樓建築飛簷斗栱，雕梁畫棟，龍獸尾脊，四角飛起，掛有風鈴。

玉皇閣初建時，還有前庭拜殿、鐘鼓角樓、門廚房舍、玉皇聖閣萬壽觀，上奉玉皇大帝金像，並繪塑東西雷祖、玄帝、文昌、後洞三教諸神像。重新修建的玉皇閣建有東、西兩廊房十間，過廳、山門等。

青海藏傳佛教寺院建築有何特點

青海藏傳佛教寺院的建造從北宋初年開始，有化隆的旦斗寺、平安的白馬寺及西寧的大佛寺等，而大規模興建寺院應是明朝以後，如黃南隆務寺、湟中塔爾寺、樂都瞿壇寺等。藏傳佛教傳入青海後既受西藏地區的影響，又受中原地區的影響，所以青海藏傳佛教寺院的建築既秉承

了傳統藏傳佛教的建築特點，同時也融入了漢族建築的特點。青海寺院建築各具特色，藏傳佛教寺院建築特徵是藏式碉樓結構加漢式歇山頂、攢山頂等，窗戶為細長條狀，寺院外觀以土紅、赭、褐、黑、白等為主色調，以金色點綴，色彩豔麗，對比強烈，建築風格和建築色彩特別醒目。

傳統的藏傳佛教寺院具有以下幾點特徵：

- 金頂：金頂是藏傳佛教寺院建築主要殿堂的象徵，它採取梁架式結構，簷四周飾有斗栱，內部立柱支撐長額，其上構成梁架，用橫梁柱托檁，構成金頂的坡度。
- 門窗：藏族民居的門窗多為長方形，較內地門窗用材小，窗上設小窗戶為可打開部分，這種方法能適應藏族地區高寒氣候特點，可以防風沙。
- 梁柱：梁柱是藏式建築中室內裝飾的重要部位。柱為木柱，一般無柱礎，呈正方形、圓形、八角形以及「亞」字形。
- 鎏金技術：藏族的鎏金技術是馳名國內外的特種工藝技術，有著悠久的歷史。著名的代表性建築是大昭寺和布達拉宮，藏族地區寺院的金頂也採用鎏金技術，各種鎏金飾物如寶塔、倒鐘、寶輪、金盤、金鹿、覆蓮、金幢經幡、套獸等，在陽光下光彩奪目，很有特色。
- 彩畫、壁畫：藏族彩畫技術運用較廣。一類多用於內裝修，如額枋、柱頭、柱身、雀替、椽頭、椽枋以及門窗欄和經堂、佛殿、主居室、會客室等天棚線腳等；一類用於壁畫上，講究者常常採用瀝粉貼金，位置多見於殿內、靈堂內、天井院落兩側或殿前迴廊的壁上。

青海宗教：藏傳佛教與清真信仰

　　除此之外，青海藏傳佛教寺院建築還具有非常明顯的漢族特色，瞿壇寺是典型的代表。它是一座漢式宮殿建築，採用雕梁畫棟、斗栱飛簷的建築形式。另外藏傳佛教聖地──塔爾寺中的大小金瓦殿也採用了斗栱、飛簷等典型的三層重簷歇山式建築方法。

青海清真寺建築有何特點

　　青海清真寺院建築約從明朝以後陸續建造完善，並逐步形成規模，如西寧東關清真大寺等。清真寺建築的特徵是以阿拉伯建築風格的尖塔頂式喚醒樓和漢地懸山式通經房等相結合，用窄長形門窗，建築外觀以綠、淡綠、淡黃、白色為基調，清淡、素雅，整體建築顯得莊重雅致。

青海歌舞：「花兒」的旋律與靈魂

青海歌舞:「花兒」的旋律與靈魂

青海被譽為「歌舞之鄉」,每個民族都有自己抒發情感的獨特方式。每當春天來臨,鮮花盛開,青年男女紛紛走出家門,走向自然,在春風的吹拂中載歌載舞。「花兒」、「拉伊」詠唱著甜蜜的愛情,少男少女徜徉在歌的海洋,盡情展現著青春的風姿,傾吐著美好的願望。山野地頭是他們表演的舞臺,自然萬物是他們忠實的觀眾。

藍天、白雲、碧草、雪山……側耳傾聽,為之動容。

「花兒」是什麼

「花兒」在青海俗稱「少年」,是廣泛流傳於青海漢族、土族、回族、撒拉族、保安族和部分藏族中用漢語演唱的山歌。流行於青海、聞名於中國的青海「花兒」是原汁原味的,有著濃厚鄉土氣息的民歌,它不僅廣泛流傳於青海,還流淌於甘肅、寧夏、新疆等這些遼闊的西北地區,深受當地民眾喜愛。「花兒」是漢、回、撒拉、土、藏、東鄉等各民族十分喜愛的民間藝術形式,是過去人民單調生活的調劑品,是青年男女相愛的「紅娘」。「花兒」奔放熱情,直抒胸臆,曲調高亢悠揚,句式不等,語言詼諧生動,大膽「比興」。依據地區可分為河湟花兒和洮岷花兒,所以青海「花兒」又叫做「河湟花兒」。

青海各世居少數民族是否都用漢語演唱「花兒」

青海世居少數民族主要有藏族、土族、回族、蒙古族、撒拉族,他們都有自己的民族語言,但在演唱「花兒」時基本上都用漢語,有時也會

和民族語言融合在一起演唱，典型的是「風攪雪」（用兩種或兩種以上民族語言混合在一起演唱）。

青海為何被譽為「花兒」的故鄉與海洋

青海河湟花兒是「花兒」的有機組成部分。作為被大眾喜聞樂見的民間口頭文學形式，當地人民往往在春暖花開之時「不唱花兒心不甘」，「勞者歌其事，飢者歌其事」，「手拉手地唱三天」。尤其是在一年一度的「花兒會」上，男女老幼更是隨心所欲，用歌聲來宣洩心中的情感，於是，滿山遍野，花香四溢，歌聲飛揚。這就是青海人對「花兒」的認知，對「花兒」的一種特殊感情。所以，青海也就有了「花兒」的故鄉與海洋的美稱，具體分析有以下幾種原因：

1. 青海「花兒」歷史悠久

青海湟水流域一帶民眾演唱花兒的文字記載，最早見於明代萬曆年間高洪的《古鄯行吟》。因此，青海花兒的形成和興盛當在明清兩代，當然，有學者經考證後認為更早，「至少秦漢以來，河湟地區的羌人、鮮卑人和漢人在曠野中表達愛情心聲，即興創作，用比興的手法唱出來」（謝佐《河湟花兒芻議》）。

2. 青海「花兒」更具群眾基礎性

前文提到，「花兒」是廣泛流傳於青海漢族、土族、回族、撒拉族和藏族中用漢語共同演唱的山歌，深受當地民眾喜愛，已深深根植於青海各民族的內心世界，正如一首「花兒」唱道：

> 青海歌舞：「花兒」的旋律與靈魂

花兒本是心上的話／不唱是由不得自家；
刀刀拿來把頭割下（ㄏㄚ）／不死是就這個唱法。

3. 青海「花兒會」源遠流長、規模空前

據史料記載，「花兒會」的興起也應在明清時期，到現在青海的「花兒會」已遍及河湟各地，著名的有「大通老爺山花兒會」、「互助五峰寺花兒會」、「丹麻花兒會」、「樂都瞿曇寺花兒會」、「西寧南山花兒會」等。自發演唱人員之多、參加觀眾之眾、大眾喜愛程度之深無以言表，「花兒會」已成為青海民間文化的代表。

4. 知名的「花兒」歌手和研究「花兒」的學者青海最多

青海各地、各民族的花兒歌手自古層出不窮，一代代歌手不知演唱了多少「花兒」、影響了多少「花兒」迷。著名的「花兒」歌手有：朱仲祿──譽為「花兒王」，是享譽中國的花兒歌唱藝術家、研究家、創作家；花兒歌手馬俊──譽為「花兒王子」等等。青海省為此還成立了「青海花兒研究會」，一大批著名學者及研究家在為青海「花兒」辛勤地澆灌、梳理，且研究成果豐碩。

「花兒」為什麼多在野外唱

「花兒」是山歌型情歌，多是在田間勞動、山中放牧、趕車上路、河裡淘金時，即興順口編唱的。由於是情歌，多為「我和蜜蜂飛著來，你和牡丹擺三擺」的愛戀內容，因此，歷來有「三禁」之說：一是村子裡不能唱；一是親屬間不能唱；一是親戚間不能唱。

「花兒」就有反映這種習俗的告誡：

「白楊的樹兒上你耍上／你上是枝椏兒掛哩。

莊子裡到了你甭唱／你唱是老漢們罵哩。」

如果追本溯源，可能還有更深層的文化意義。

什麼是「花兒會」嗎？青海有哪些著名的「花兒會」

青海民間郊遊節會的傳統習俗歷史久遠，在這種節會上許多年輕朋友相聚在一起，逛會之餘，「漫少年」和賽歌就成為一種廣泛的大眾性娛樂活動。其中許多青年人也往往用這種方式結交朋友，表露愛情，久而久之便在一些地區形成了一種以「漫少年」——唱花兒為主要娛樂方式的文化節會。過去當地百姓一般不稱「花兒會」，而習慣上以節會的日期、所在地名或所依託的廟會為名，如互助的「丹麻會」、「雷臺會」，大通的「老爺山朝山會」、「六月六」等。後來受甘南一帶民間「花兒會」的影響，部分地區也興起了「花兒會」這個名稱。1949 年以後，青海「少年」逐漸被稱作「花兒」，「漫少年」也就改稱為「唱花兒」了。隨著中國流行文化工作的不斷深入發展，各地政府和文化部門對節會中大眾性民間傳統文化活動逐步重視並加強領導，倡導高尚、健康的活動形式和內容，加強組織和推陳出新，以進一步推動流行文化工作，豐富農村流行文化生活。一些以演唱花兒為主要活動的民間傳統文化節會便逐步正式定名為「花兒會」。

在青海東部農業區，特別是湟水流域河谷地區，傳統花兒會比較普

青海歌舞:「花兒」的旋律與靈魂

遍。每當農曆四月以後,農村春耕大忙已過,青海高原正當花紅柳綠、氣候宜人的時節,各族人民的踏青活動、郊遊節會陸續開始,一年一度的「花兒會」也在這時候拉開序幕。到了農曆六月便達到了高潮。因此除了互助「雷臺花兒會」每年在農曆二月初二舉行以外,其餘花兒會大部分在農曆四月初八、五月初五、六月初六、六月十六、六月十八等日期舉行,而且以農曆六月分最多。著名的「花兒會」有:互助縣五峰寺「花兒會」、丹麻「花兒會」;民和縣七里寺「花兒會」、峽門「花兒會」;大通縣老爺山「花兒會」;樂都縣瞿曇寺「花兒會」;平安縣夏宗寺「花兒會」;湟源縣廟兒溝「花兒會」以及湟中縣、循化縣、同仁縣、西寧市等地都有「花兒會」。此外,每年的六月初六,在西寧的南山公園還舉行西北地區的「花兒會」,盛況空前。

「花兒會」的舉行就是當地人民節日的開始,大家穿戴一新,備足美味,扶老攜幼,帶著對大自然的美好憧憬和對幸福生活的渴望,從四面八方相聚於「花兒會」場,此時,人人是歌手,人人是觀眾,你方唱罷我來接,山在唱,水在吟,好一幅美景。所以,「花兒會」可以說是青海各族人民的狂歡節。

青海樂都瞿曇寺「花兒會」的來歷

說起樂都瞿曇寺「花兒會」的由來,先得從瞿曇寺說起。

瞿曇寺是明朝時候修建的,歷時三年。經過能工巧匠設計、建造,瞿壇寺修得和京城一樣。明太祖朱元璋取佛祖釋迦牟尼的姓氏「瞿曇」兩個字,親賜了「瞿曇寺」三字的大掛匾。

到了清朝的時候,有一年,這一帶竄來了一股子土匪賊兵,到處打

劫，弄得老百姓過不上一天安靜日子。他們看到瞿曇寺居舍寬敞，財物成山，就想把它搶占，霸寺為王。一天夜裡，他們帶著刀槍火把，大喊大叫地來攻占瞿曇寺。方圓百里的藏漢百姓們知道後，都拿起刀、矛子、鋤把、鐵鍬等勞動工具，和這些土匪賊兵奮戰了三天三夜。土匪們人強馬壯，來勢凶猛，到了第四天，眾百姓們支持不住了，一起退進了瞿曇寺裡，把外城門緊緊關死。

　　瞿曇寺的城牆又厚又高，土匪賊兵用石頭砸，用火燒，還是沒傷著寺院的一根草，於是喊話說：「不怕橔木不怕火，圍困三月叫你沒吃喝！」就這樣，土匪賊兵安營紮寨，把瞿曇寺緊緊地圍困起來了。

　　雖說瞿曇寺糧滿倉，草成摞，但是七百人在寺院裡天天吃喝，日子一久，人們惆悵起來，喇嘛急得滿地轉。這時候眾百姓們七嘴八舌地說：「我們不能這樣下去，不想個計策殺退賊兵不成呀！」主事的大喇嘛一聽這話，心上來了個主意，他對大家說：「我倒有個對策，嚇唬他們一下吧。」大家都到城頭上高聲喊叫：「賊不要慌，賊不要忙，援兵到來一掃光！」、「援兵快來了！援兵快來了！」土匪賊兵們一聽有援兵，猜疑起來了，他們派人四下裡探聽消息。探了一陣子，也沒有個援兵的影子，回頭就思索，這八成是詐術呢！再困一陣子看看情形吧。

　　過了七八天，寺院裡的人見土匪賊兵照舊圍困，就緊張起來了。主事的大喇嘛也沒有辦法了。這當口有一個老漢出來說：「有辦法！我們順水推舟吧。明日是六月十五日，四面八方的人要來寺院進香。知道寺院被圍困的人，現在不敢走進來，不知道的人還在往這裡走。依我說，今天大家都放高興一點，到城頭上唱『花兒』吧！這一唱土匪賊兵說不定就撤退了！」大家聽了這話，有些丈二金剛摸不著頭腦，這個節骨眼誰還有心情唱「花兒」呢？喇嘛們更不出聲了，別的不說，寺院向來禁止人唱

青海歌舞:「花兒」的旋律與靈魂

山歌。這時候,主事大喇嘛兩個眼睛睜得大大的,他說:「又殺又砍對付了兩個月,沒趕退賊兵,唱野曲怎麼能唱退他們呢?」老漢說:「你別管,『花兒』自有退兵的妙用。」主事大喇嘛一聽這話,再沒有出聲。

六月十四這一晚,月亮上來就像一盞宮燈,照得瞿曇寺明晃晃的,忽然,像半天裡颳起了大風,「呼啦啦」響起了「花兒」的歌聲,仔細看去,瞿曇寺城頭上黑壓壓一堆堆的人,他們又說又笑唱起「花兒」來了。

寺外的土匪賊兵見狀吃了一驚,困在寺裡的人怎會這樣高興,莫非援兵真的快到了嗎?

這時候,城頭上的人們越唱越起勁了。「花兒」的歌聲像風一樣傳向四面八方。夜越深越靜,歌聲越傳越遠。四方來趕廟會還沒有走進寺院的香客們一聽見寺院傳來了「花兒」的歌聲,心裡就寬展起來了。他們老遠老遠唱起「花兒」來應和,還有些不知道寺院被圍困的人,正在夜裡趕路,聽見了「花兒」歌聲,兩腿就像生了風,一面趕快行路,一面也唱起「花兒」來應和。這一唱,方圓幾十里的人們都驚動了,大家深更半夜出了門,互相打問:「今夜為什麼遍地唱起了『花兒』?出了什麼事情?」為了知道詳細情況,許多人都跑上了大路,往瞿曇寺方向奔來了。這一來,滿山遍野,大路小路各莊各村,到處響起了「花兒」的歌聲。

越來越多的人唱著「花兒」奔向大路,歌聲就像鋪天蓋地的海浪從四下裡直向瞿曇寺湧來了。越來越響,土匪賊兵們聽著慌了起來,斷定是這一回四鄉八堡的援兵把他們層層包圍了,於是拔起營帳,慌慌張張地就往南山牙豁口裡逃跑。

這時,寺院城頭的人們「花兒」唱得更起勁了。寺院外的人們看到了這個情形,個個點起了火把,點著一堆堆柴火,大喊著:「追呀!殺呀!」來自四面八方的人們也跟著喊了起來。土匪賊兵們見這遍地的火

光，聽著這遍地傳來的歌聲、殺喊聲，沒命地一溜煙跑了個乾淨。

土匪們跑到南山後，真的遇到從化隆等地趕來的大隊援兵，把他們殺了個落花流水。原來，昨夜的「花兒」歌聲，驚動了周圍的府縣，真的把援兵搬來了。你說這「花兒」神不神！

第二天正是六月十五廟會，瞿曇寺的城門大開，香火鼎盛，人們高興地互相道賀。唱起了「花兒」，連喇嘛們也跟著哼開了！主事的大喇嘛說：「沒想到這山歌真退了賊兵！唱吧！唱吧！」那位出主意的老漢說：「花兒好呀，是百姓們的心理話呀，唱了花兒五穀豐登，唱了花兒天下太平啊！」

從此以後，在瞿曇寺唱「花兒」誰也不干涉了，瞿曇寺每年的「花兒會」留下根了，這一帶的「花兒」越唱越紅，花兒會也出了名。

青海玉樹地區的藏族民間歌舞有哪些

藏族是一個能歌善舞的民族。人們常說青海玉樹的藏族「會說話就會唱歌，會走路就會跳舞」，因此，玉樹地區被譽為「歌舞之鄉」。除了情歌「拉伊」外，玉樹地區廣泛流傳著「卓」、「曲卓」、「熱巴」、「依」、「熱依」、「國哇」、「巴吾巴姆」、「則柔」等形式多樣、熱情活潑、曠達豪放的民族歌舞。下面就主要的幾種玉樹歌舞作一簡單介紹：

◆ 「卓」舞

是一種古老的歌舞藝術，在康巴一帶稱為「鍋莊」，「鍋莊」是藏文名稱譯音，較準確的譯音應是「鍋卓」，「卓」藏語意為舞，「鍋」藏語意為圓形，也就是圓圈形式的舞蹈。

青海歌舞:「花兒」的旋律與靈魂

「卓」有兩種,一種稱為「求卓」,即宗教「卓」;另一種是流行在民間的「卓」。這種「卓」男女老少都可以參加表演,人數不定,十幾人,幾十人皆可,常常是男女各半,圍成圓圈,時而輪流跳唱,時而一起跳唱,沒有時間、場合等限制,有的地方男女還手拉手地表演。這種「卓」一般先是以十分莊重而慢悠的齊唱作為引子,然後才緩緩起舞。舞姿持重平穩,豪邁大方,舞步起落幅度較大,動作十分誇張,其動律節奏非常鮮明。隨著歌段的不斷反覆和情緒的不斷上升,速度也逐漸加快,動作也隨之變為粗獷奔放,直至最後在極其飛快而熱烈的氣氛中結束。

◆ 「伊」舞

廣泛流傳在長江上游(通天河、金沙江)、瀾滄江兩岸康巴藏區,是一種融舞蹈、音樂、詩詞為一體,較少受宗教影響,而且參與性、娛樂性很強的民間歌舞。「伊」通常雖也是從慢板起舞,逐漸加快,最後以激烈的快板結束形成高潮,但速度對比不會太強烈。起跳時拉成圓圈,邊舞邊轉。時而男女形成一個大圓圈,時而男隊形成個圓圈,女隊形成半圓圈。男隊圓圈象徵太陽,女隊半圓形象徵彎月,這種舞蹈圖案稱為「尼瑪卡析」,意為「日月同輝」,吉祥如意。

◆ 「熱巴」舞

是藏族古老的民間歌舞之一。「熱巴」是無歌唱、無伴奏的「鈴鼓舞」。這種舞有固定的道具,男的用黑白牛毛編織成的辮條連成裙狀,然後繫於腰間,手搖銅鈴;女的敲手鼓。表演一開始,男子縱情揮鈴,女子飛鼓旋躍。鈴聲清脆,鼓聲雷鳴,舞姿雄健靈活,情緒歡騰激昂,充分表現出藏族人民豪邁奔放的性格。

◆ 「熱依」舞

　　是以模仿生活中如背水、擠奶等典型動作的舞蹈，表現藏族人民熱愛勞動、熱愛生活的優良特質和情趣。也有模仿公雞踩進熱灰時的蹦跳動作，同時還伴以雞受燙難忍時的高聲鳴叫，動作形象，口技逼真，十分幽默風趣。出場時前面一人領頭，手持牛角胡邊奏邊舞，後面青年男女雙手叉腰，昂首挺胸，踩著輕快的小顛步魚貫而行，需要換動作或隊形時由領舞者提前高聲通傳，隊形多為「S」形和男女相互穿插，完全是一種只表演無歌唱的「啞舞」，若不親眼觀看，是不可能領略到它那質樸詼諧的藝術情趣的。

藏族寺院神祕的宗教舞蹈──「羌姆」

　　青海藏傳佛教寺院有 700 餘所，有格魯派、寧瑪派、噶舉派、薩迦派等。幾乎每年各派寺院都有四次宗教祭祀活動，即「大法會」。法會上大部分寺院都要跳「羌姆」樂舞。

　　「羌姆」（跳神）又稱「法舞」，是藏傳佛教寺院法事活動中的一種祭祀樂舞的名稱。「羌姆」，專指以表達宗教奧義為目的的寺院儀式表演。這種儀式表演常常採取象徵性的歌舞形式，因此，「羌姆」一詞，本義即為「蹦跳」，是寺院中特定類型的舞蹈。較之於「羌姆」，寺院的僧侶更多使用一個很專門的詞彙──「金剛舞」來稱呼這種儀式表演，以表明其歸屬密教金剛乘祭祀的神祕本質。

　　「羌姆」和「金剛舞」兩種名稱，恰好代表了此類宗教活動的兩個側面，即以表演（舞、戲）為外在的形式，以金剛乘修供為內在的內容。

> 青海歌舞:「花兒」的旋律與靈魂

由於民族之不同、地域之不同,對「羌姆」又有不同的稱謂,如蒙古族稱為「查瑪」;漢地稱為「打鬼」和「跳神」;西藏則稱為「金剛舞」和「羌姆」。在青海因寺院不同對此舞的稱謂也有所不同,一般稱為「跳欠」、「法舞」、「神舞」和「羌姆」。但是,無論是怎樣稱謂,其中登場表演的多為扮之以神靈的形象,這幾種稱法都能確切表達羌姆的內涵,並繪聲繪形,透露羌姆供神佛和驅除魔障的宗旨。

羌姆產生較早,是西元8世紀印度蓮花生大師在西藏建造桑耶寺程式中逐步形成的,它是一種由印度佛教密宗的金剛舞蹈與西藏苯教擬獸舞、鼓舞和土風舞等融合構成的以驅鬼逐邪、弘揚佛法為目的的藏傳佛教法事舞蹈,這種宗教舞蹈由於與佛教內容相結合,至今流傳於藏傳佛教寺院。10世紀後半期,藏傳佛教各教派為宣傳本宗的義理,發展本宗的儀軌,相繼對早期的金剛舞加以改造,使之漸漸分流,從而演變為風格各異的教派羌姆。

羌姆在西藏眾多寺院1,000多年的演出中,出現了各種不同的流派。流傳到青海地區以後,這種情況又有了一些變化,並逐漸形成諸多教派羌姆,而且它們大都有自成系統的「羌姆」儀典,而其中類型最為豐富,且最有活力的羌姆,要數格魯派塔爾寺、夏瓊寺與寧瑪派羅漢堂寺以及玉樹地區的羌姆。每逢各派寺院祭典之日,便會有成千上萬的信仰者、旅遊觀光者及中外學者湧入各處佛寺的跳神廣場,觀看僧侶們穿起錦繡長袍,戴上華麗且猙獰的面具,在鼓號聲與誦經聲中威嚴起舞。由此,各教派羌姆成為青海藏傳佛教珍貴的文化遺產。

據實地考察,青海寺院的「羌姆」在藏傳佛教不同的流派中有不同的表演流程和內容。就是同一流派因寺院不同、所處地域不同,其「羌姆」也會表現出不同的風格來,如農業區的同一流派寺院塔爾寺與夏瓊寺,

牧業區的同一流派寺院果洛地區寺院與玉樹地區寺院,其「羌姆」樂舞都有不同的表演形式,呈現出各自的藝術特徵。

領略神祕的塔爾寺「羌姆」

塔爾寺是中國藏傳佛教格魯派六大寺院之一,是格魯派創始人宗喀巴大師的降生地,是藏傳佛教聖地之一。

18世紀初,七世達賴喇嘛格桑嘉措到青海黃教主寺塔爾寺駐錫,指示該寺建立了跳神院。由布達拉宮朗傑僧院派導師前往教習舞蹈和器樂,並賜以馬頭明王、法王等文武護法面具39副及舞衣、法器等,並借宴請親王、郡王等人之機,在塔爾寺舉行首次跳神法會。從此,每年均舉行四大法會,六次跳欠(羌姆)活動,由馬頭明王、法王等護法神以威猛舞姿消除佛徒們的修習正法時的各種邪見,降伏外道。內容武的有勇士舞、鬼神舞、怒神舞;文的有靜舞、密咒舞、專一性舞;憤怒的有微怒舞、甚怒舞等,共360種舞蹈。

塔爾寺現儲存下來的只有馬首金剛舞和法王舞兩種。主神分別為法王(畏怖金剛)和馬首金剛,每次分五場演出,需兩個多小時。法王舞於每年農曆正月十四、四月十四、六月初七演出。馬首金剛舞則在每年農曆四月十五、六月初八、九月二十三演出。演出前要舉行宗教儀式「晒大佛」、誦經供佛、酥油花展、儀式隆重、場面壯觀,這是一種氣勢宏大的誦經、音樂、舞蹈三位一體的宗教樂舞藝術。塔爾寺的六次跳欠活動,均在中午12時開演。法王由帶領演員作舞的僧人扮演;由扮演天界勇士的「巴吾巴莫」維持場內秩序,接受信徒們的布施,法王舞按其所表演的角色和表現的內容及出場順序可分為以下五場,具體表現情形為:

青海歌舞：「花兒」的旋律與靈魂

◆ 第一場「托干」

　　「托干」意為骷髏，由四名 10 歲左右的少年僧徒扮演，面具為骷髏形，身穿飾有骷髏圖案的短衣，足登藏式花靴，手持法器，依次入場作舞。

◆ 第二場「巴吾巴莫」

　　「巴吾巴莫」意為天界勇士，扮演者六人，頭戴勇士面具，長眉闊耳，戴圓形大耳環，三個黃面黃袍為「巴吾」（男勇士）；三個綠面藍袍的為「巴莫」（女勇士），他們圍場地旋轉緩慢作舞。

◆ 第三場「夏雅」

　　「夏雅」意為鹿和牛，由十五六歲的六個少年僧徒扮演。三鹿三牛，分別頭戴鹿牛面具，穿藏式衣、褲、靴和披肩，右手持劍起舞。

◆ 第四場「多爾楚」

　　意為屍林或死神，其原來形象凶怖猙獰，舞蹈動作給人一種威懾恐怖的感覺，告誡人們不要做壞事。現在看到的「多爾楚」與塔爾寺小金瓦殿、護法殿壁畫相同。舞蹈有四名 10 歲左右的少年僧徒扮演，其面具類似「托干」。開始先由一「巴吾」（勇士）持一塊方形地毯置於場中央，少頃，「巴吾」持一方形木盤入場，四名「多爾楚」各握木盤一角，將盤置於地毯上，圍盤作舞。

◆ 第五場「欠芒」

　　「欠芒」意為眾神作舞的大合舞，該場先由六個小僕從侍擁一個大施主入場，施主戴和尚笑容面具入場後，先向「巴吾」膜拜，然後就座於舞場東西的椅子上，小沙彌分立兩側。在兩個吹嗩吶僧人的引導下，僧官

手捧香爐從舞場南面的化妝室走出繞場一周，然後法王或馬首金剛在莊嚴肅穆的氣氛中由「巴吾」、「巴莫」為其整理行頭，徐徐起舞。此時，場地周圍觀看的信徒們此起彼伏地向法王或馬首金剛磕拜，敬獻哈達和布施。

法王頭戴有五個骷髏的牛首面具，呈憤憤神相，右手握飾有頭骨的木棍，左手持頭骨碗，碗內盛有象徵妖魔心肝的東西。法王獨自作舞，舞畢，兩個毗沙門天神入場，其次是兩個依怙明王。兩個「巴莫」和兩個閻羅，共八人。法王領頭作舞，眾神尾隨其後。片刻，法王到場中央地毯上的盤旁作斬魔儀式，然後由三個小鹿作鹿。最後由「欠本」（羌姆頭）帶領儀仗隊逐次退場。

「馬首金剛舞」與「法王舞」不同的是，該舞中的「巴吾」、「巴莫」一場由「阿雜拉」代替「夏雅」，一場由「東堅」代替。

「阿雜拉」遊方僧舞，由四人表演。他們頭戴高鼻深目的印度人模樣的面具。在場中緩慢行走並作各種滑稽動作，相互扭打、勸誡等。

「東堅」意為「雄獅、水怪」，由六人表演，即三獅三龍環場作舞。

「馬首金剛舞」無斬魔儀式。

儀式尾聲部分，一群閻王厲鬼和24位黑帽咒師登場。他們揮舞各種法器向靈嘎進攻，之後出來一個戴鹿首面具的舞者，用頭頂的尖角把靈嘎挑成碎片。與此同時，觀眾和羌姆舞者奔向廣場西南角的一口燃著大火的鍋，鍋上方繫著一張符紙，紙上吸附了過去一年的邪惡，這表示所有惡魔邪鬼已收入油鍋而焚化。

塔爾寺的「羌姆」在此基礎上，不斷豐富了由西藏傳入的羌姆舞蹈，而且賦予了佛教的內容。

青海歌舞:「花兒」的旋律與靈魂

世界上最長的英雄史詩

被譽為東方「伊里亞德」的藏族史詩《格薩爾》,是世界上最長的英雄史詩,是一部奇麗輝煌、博大精深的鴻篇鉅著。就目前蒐集的情況來看,各種手抄本和木刻本,大約有80部,有的研究者認為達200多部。據大致估算,《格薩爾》至少有100萬詩行乃至更多,比世界上的許多史詩,如《摩羅衍那》、《伊利亞特》、《摩訶婆羅多》等要長得多,無愧於「世界上最長的英雄史詩」之稱號。

史詩中既有驚心動魄的戰爭場面,又有纏綿悱惻的愛情故事;既有瑰麗多彩的神話傳說,又有令人警醒的處世格言。所塑造的具有鮮明民族性格和時代特徵的典型人物多達3,000之眾,引人入勝的故事情節及精湛的藝術魅力,吸引了千百萬人民。它歷史悠久,卷帙浩繁,結構宏偉,內容豐富,代表著古代藏族文化的最高成就,為我們提供了彌足珍貴的文化資料。史詩在歷史長河的流動中,不斷演進,融會了不同時代藏族人民對歷史、社會、自然、科學、哲學、宗教、道德、風俗、文化、藝術等的全部認知,具有很高的學術價值和美學價值,是研究古代藏族社會的百科全書。

《格薩爾》大約產生於11世紀到13世紀之間,或者更早一些。主要以民間藝人「仲懇」的口頭說唱形式在民眾中流傳(「仲懇」意為「說唱格薩爾故事的人」)。最初產生、流傳時,可能只有《天神卜筮》、《英雄誕生》、《降魔》、《霍嶺大戰》、《保衛鹽海》等少數幾部。後來,在不斷的流傳過程中,民間藝人陸續創作新的內容,發展至今,多則達200多部。所以,《格薩爾》是藏族人民集體創作、共同傳播和享用的鴻篇鉅作,是一部活的史詩。

青海草原上神奇的說唱藝人

　　《格薩爾》的傳播主要依賴於藏區眾多的民間說唱藝人。這些藝人藏語稱為「仲懇」。他們在說唱前總要舉行一些儀式，頭戴說唱藝人標誌的帽子——「仲夏」，或煨桑奉香請神，或對鏡而歌。依據民間傳統的說法，說唱藝人可以分為神授藝人、神靈附體藝人、圓光藝人、書寫藝人、伏藏藝人等。青海著名的藝人很多，才讓旺堆是其中的佼佼者。才讓旺堆13歲時，因還願太勞累，就在納木錯湖畔休息。他睡後做了一個夢，夢見戰事的發生和最後的勝利。這個夢時斷時續，一連做了7天7夜。醒來後似乎身患重病，從此開始說唱《格薩爾》。像才讓旺堆這樣的藝人在西藏也不少。

安昭是怎樣一種舞蹈

　　「安昭舞」是土族在喜慶歡樂的日子盡情歡跳的一種民間集體舞蹈，是融歌、舞為一體的舞蹈形式。「安昭」一詞並無實際含義，它是歌唱襯詞「安昭嗦羅羅」的簡稱，現已演化為一種歌舞的專用名稱。「安昭」最早是祭神歌舞，如今已脫去神的光環，逐漸發展成為年節、婚嫁、迎賓等喜慶活動中的歌舞形式。表演時，土族男女身穿豔麗的民族服裝，聚集在庭院或打麥場上，按照男在前，女在後的秩序圍成圓圈，由一兩個能歌善舞的「杜日勒」（領舞的人）帶領大家，隨著音樂的節奏順時針方向起舞，領舞者唱前半句，眾人緊跟邊舞邊唱出後半句，場面逐漸熱烈。基本舞蹈動作是，向下彎腰，雙臂擺動數次，邊舞邊唱。現在一些大的活動當中演出「安昭」時，往往是大家圍著「輪子秋」翩翩起舞，其

場面非常好看,五顏六色的輪子秋在旋轉,身穿「七彩袖」服裝的歌舞者在舞動,場面熱烈,民族特色濃郁。

土族婚禮歌簡介

長期以來,由於歷史的原因,土族人民只有語言,而無文字。然而,他們的口頭文學卻異常豐富、別具特色,尤其是在舉行婚禮時從頭到尾演唱的婚禮歌——「道」。他們常說「不道拉上幾句,不像個紅羅喜事」。

土族人民把婚禮期間演唱的所有歌曲統稱為「道」,「道拉」二字連起來是唱歌的意思。他們一開始演唱時,第一句總是「一道拉呀道尼者」(意思是把婚禮歌唱起來),接著才能唱下面的內容。男歌手在演唱〈繡蓮花〉和在宴席上演唱的諸多敬酒曲,都有各自不同的曲調;女子在娶親晚上新娘家中演唱的許多歌曲也有所區別。除此以外,男歌手們在晚上的對唱以及在宴席上的主賓對唱,其曲調是一致的,都以「一道拉呀道尼者」來開頭,曲調較簡單,但過渡時緩慢而婉轉。最後一句是「杭不日呀折回個」(意思是唱完了折回來)。道拉除了這樣一些固定的套路外,也可以即興即事編詞,抒情自如,歌手完全可以憑藉自己的創作才能來應付場面。道拉以它鮮明的民族特色和地方特色,贏得了廣大土族人民的深深喜愛。

土族的婚禮歌「道」,內容豐富,包羅萬象,充分顯示了他們高度的創造精神。土族的神話傳說、天文地理、曆法知識等,都較系統、完整地儲存在「道」裡。他們對壯麗山河的歌頌讚揚以及對自身民俗風情的介紹也保留在「道」裡面。「道」是土族人民男婚女嫁時必不可少的一項重要內容,又是土族人民生活的風俗畫。

《混沌週末歌》是土族的神話史詩，是他們的「根譜」，誰會演唱此歌誰就會被公認為是唱家，受到尊敬。《混沌週末歌》共分為起唱、混沌、開天闢地、人類起源、週末五個部分。這裡向大家介紹起唱和混沌兩部分歌詞。

〈混沌週末歌〉

一：起唱

崑崙高，崑崙低／崑崙山下一窩雞；蛋在前來雞在後／雞抱蛋來蛋抱雞。

二：混沌

周天一氣生混沌／無天無地並無人；混合無極生石卵／混沌初分一元生。

石卵它在實地圓／滾來滾去八百年。有朝一日石卵坡／內中生出盤古賢。

世界上最長的狂歡節

「納頓」是民和三川地區土族特有的傳統節日和規模盛大的民俗活動，其活動範圍方圓數十里，規模之宏大、場面之熱烈，勝過春節。「納頓」，土族語為「娛樂和玩耍」的意思。每當夏糧歸倉，人們以廟會的形式慶賀豐收，謳歌生活，感謝神恩，祈禱來年五穀豐登。納頓節從農曆七月十二至九月十五，前後持續63天，被稱為「世界上最長的狂歡節」。「納頓」主要分布在民和縣的官亭鎮、中川鄉、峽口鄉、杏兒鄉、甘溝鄉、前家鄉、滿坪鄉七個鄉鎮，中川鄉的納頓頗具特色。每逢納頓會，

青海歌舞:「花兒」的旋律與靈魂

「家家釀造酩餾酒,戶戶蒸大饅頭」(饅頭直徑最大的約50公分),殺豬宰羊,男女老幼穿上節日的盛裝,走親會友、賓客往來。處處呈現一片歡歌笑語,整個三川沉浸在熱烈興奮,無比歡樂和喜慶的氣氛中。

這一大型舞蹈,由五個部分組成,先是由老年、中青年、小孩參加的上百人以至數百人的「會手舞」,場面熱烈,動作歡快。接著表演戴著面具的啞舞劇《莊稼其》,意思是種田的人。表現一位老農教子學種莊稼的經過,表演生動,富有情趣。然後是表演三國故事《三將》和《五將》。最後表演原始粗獷的面具舞——《殺虎將》。身著戰袍,揮舞長劍,威風凜凜的「殺虎將」,在虎與牛,虎與人的一番搏鬥之後,踏著猛烈急速的舞步出場,降伏並殺了老虎,象徵人類戰勝自然、戰勝災禍的勝利。

「納頓」會到最後還有一項演出內容,即跳「法拉」。「法拉」又謂神漢,是人與神之間的媒介,在人與神之間傳遞訊息,可代表神說話下聖意。「法拉」手執法器,身上插一些細小的鋼釺,又舞又跳,頃刻,進入迷狂狀態,口吐白沫、目光呆滯,說明神靈已附體,開始宣誓神諭。從跳「法拉」的整個過程來看,它是原始宗教文化在土族「納頓」中的具體表現,它在印證著與「薩滿」間的內在連繫。

「納頓」這一古老而珍貴的傳統民間歌舞活動,其舞蹈演出,場面壯觀,內容多樣,富有戲劇情節,舞姿雄健,節奏舒緩沉穩,值得挖掘與保護。

關於土族「納頓」的起源在當地流傳著許多傳說,其中有這樣一個故事頗為盛行。

相傳從前有一位技藝高超的土族木匠,皇帝也慕名召他去修建皇宮。三年後,一座富麗堂皇的宮殿建成了,其壯觀華麗前所未有。但惡毒的皇帝為了獨享世間一切美好的東西,竟然下令要殺害木匠。木匠連

夜逃到家鄉，號召早已不堪皇家虐待的鄉民們造反起義。皇帝聞訊後派出大批軍隊前來鎮壓。

機智的木匠靈機一動，立即讓鄉親們敲鑼打鼓，扛著製好的戰旗，揮舞著已塗上染料的兵器，高呼「大好」，向村莊的廟宇走去。皇帝的軍隊大感不解，村民們則告訴他們：「我們正在慶祝今年的收成，跳納頓答謝上天的恩賜。」於是軍隊便撤回去了。此後為了紀念這位機智的木匠。一年一度的「納頓」就流傳了下來，後來逐漸形成了現在慶祝豐收的活動。

「於菟」舞是一種原始舞蹈的活化石

在青海省黃南藏族自治州同仁縣境內隆務河畔，坐落著一個土族村莊，稱年都乎村。這裡至今流行著一種由巫師率領的擬獸舞儀式——跳「於菟」，它存在於一種十分古老的民俗祭祀活動之中。「於菟」一詞，虎也，在古籍中多有記載。

年都乎村，是一個有343戶，1,800多人口的土族自然村，由於這裡的土族處於藏族地區，在宗教信仰、生活習俗、民族語言等方面都不同程度地受到藏族文化的影響，尤其在宗教信仰方面，他們接受了藏傳佛教，但也保留了自己的民間宗教信仰。他們除了在「六月會」上與其他藏族村莊一起跳「神舞」（拉什則）、「軍舞」（莫合則）外，每當農曆十一月二十這天，還舉行較大規模驅邪逐魔的祭祀活動，即跳「於菟」，它是土族特有的一種民間驅邪方式。據當地老人講，土族跳「於菟」已有五六百年的歷史，至今仍然延續不斷。

農曆十一月二十早上，跳「於菟」的人們首先來到村子旁小山上的二郎神廟，在「拉哇」（藏語，意謂神人、法師）的主持下，七名「於菟」

青海歌舞:「花兒」的旋律與靈魂

首先化妝。這時,他們脫去全部的上衣,挽起褲子,用紅辣椒麵和煨桑臺中的爐灰塗抹在身上,然後由化妝師在他們身上畫上虎紋和豹紋兩種紋飾,背部畫水紋狀。然後將其髮紮如刷,朝天豎立,似虎發怒狀。讓「於菟」雙手各執約兩公尺長的棘枝為道具,棘枝上端結有書寫鎮邪之意的經文白紙。此外,七名舞者,還將洗淨的羊腸纏掛於脖子上。諸事齊備後,跳「於菟」開始。

時至午後二時許,廟主鳴海螺數聲,表演者與圍觀民眾聚集山神廟院內,祭祀儀式正式舉行。其儀式有嚴格的流程,首先由頭帶五佛冠法師「拉哇」,在放有二郎神的神殿裡,一邊灑酒撒穀,一邊唸唸有詞,擊鼓誦經,向神祈禱。此時「於菟」在山神像前單腿跪地傾聽。少頃,「拉哇」走出神殿,不斷讓於菟們飲酒以此驅寒,並使舞者進入神智迷狂狀態,好與神界交通。當「拉哇」進入狀態後,向眾於菟傳達神的旨意,賦予神力。之後,將其酒灑在神廟前的空中和地下。

祭畢,「於菟」不再與人說話,而成為驅魔逐邪的神虎。眾「於菟」在聽罷誦經後,隨著「拉哇」的鑼鼓聲,來到煨桑臺前圍圈作舞,以示神力。「拉哇」手執單面羊皮鼓,其神情威嚴而迷狂。他由一鑼手陪同,邊伴奏邊率領「於菟」,墊步吸腿,左右更替,翩翩起舞,在山神廟前繞圈跳躍良久後,漸漸跳出神廟繞場舞之蹈之。當廟外鳴鞭炮或槍聲,眾「於菟」在「拉哇」和鼓聲中,與村民一道快速下山進入村莊。

這時,村莊裡家家院門緊鎖,院內擺放著各種食物。眾「於菟」到達村莊後,「拉哇」和兩隻老「於菟」在村旁擊鼓巡視,另五隻小「於菟」分別跑遍每家每戶,驅趕村民家中的妖魔。他們每到一家都是越牆而入,不走院門。進院後在各房間跳來竄去,見肉就叼,見餅就拿。與此同時,誰家有病人,不論在室內還是在村巷道,都要臥地讓「於菟」從身上

往返跳躍數次，以驅除身上的病魔，早日康復。

當「於菟」們驅除完隱藏在各家的妖魔之後，手持串滿圈饃的樹枝，口叼鮮紅的生肉，又以「墊步吸腿跳」的動作舞至村口。在此，眾「於菟」與村民們齊放鞭炮，一道歡呼驅魔逐邪的勝利。同時，儀式主持者之一「哈瓦桑」家族的多傑熱旦點著一把火，並在地上畫一道火線，意味著與病災劃清界線，從此全村無病無災，人壽年豐。而後，眾於菟在鞭炮聲中快速衝向隆務河畔，在河面上鑿開幾個冰窟窿，用臘月冰冷的水洗去全身的虎紋，表示著洗去了全村百姓的邪氣，並開始相互對話。與此同時，「拉哇」與鑼手在村外河灘誦經焚紙，以示妖魔已徹底燒盡。而住在河對面的禾日加村民也要燒火，以阻止被年都乎村趕跑的災難跑到禾日加村，加害於自己。

「於菟」是民間的一種祭祀儀式，有著濃郁的原始宗教色彩，是一種原始擬獸舞，是原始舞蹈中最常見、最具代表性的舞蹈形式，是原始人類在萬物有靈觀念支配下，崇敬虎神的薩滿遺跡，折射出人類最初對自然、社會的認知，反映出人類求吉避凶的美好願望。

黃南「六月會」何以引世人矚目

「六月會」是青海省黃南藏族自治州隆務河流域藏族、土族人民最為盛大的民間傳統宗教節日，也是該地區歷史最為悠久的、參加範圍最廣的全民性節日。它所展現的特殊風俗和儀式，瀰漫著苯教、薩滿教等原始宗教的遺風，蘊含著極為豐富的儺祭、儺舞、儺戲等儺文化現象，而且這些民間宗教與藏傳佛教交織在一起，形成了由原始宗教向現代宗教過渡的錯綜複雜的狀態。

青海歌舞:「花兒」的旋律與靈魂

每年農曆六月十七至六月二十五,熱貢地區的四合吉、年都乎、郭麻日、浪加、吾屯、鐵吾的等 10 多個村子都要舉行以民間舞蹈為主的一種大型民間文藝活動——「六月會」。它包括祭神、請神、迎神、舞神、拜神、祈禱、送神、軍舞表演(莫合則)、神舞表演(拉什則)、龍舞表演(勒什則)等。除此之外,還有婚嫁、生殖崇拜、拉伊、民間藏戲表演等各類活動。這是熱貢地區藏族、土族共同參加的最盛大的宗教性節日,屆時,隆務河兩岸以村子為單位,依次舉行各種祭神、娛樂的慶典,整個隆務河谷都沉浸在歡樂喜慶之中。

民間對這一地區的活動有多種稱謂:如藏族人稱「周崗勒柔」,意為六月歌舞;土族人稱為「六月納頓」;漢族人稱為「六月會」。又因六月歌舞主要以祭祀驅儺為主,稱「六月魯若」,「魯若」是藏語譯音,意為「與神共舞」,亦稱「六月儺祭」。而民俗學者將其盛大的民俗活動比喻為漢族的社火和西藏的望果節。其實從歷史學與人類學的角度看,熱貢民間儺儀祭祀、民俗舞蹈等各類活動,則是一種原始文化,即儀式與慶典。

由於熱貢地區有著豐富的原始文化積澱和多彩的民族文化,再加上遐邇聞名的熱貢藝術、壯美奇特的山川景色,這裡成為信仰者的聖地、研究者的基地和旅遊者的天堂。

關於「六月會」民間舞蹈還有一個美妙的傳說。

相傳,早在人類還未出現的時候,在無邊無際的天空,颳起一陣十字金剛式的颶風。颶風過後,出現了許多海洋,其中有一個最大的海洋中心露出一座巨大的金寶,金寶之上又出現一座鹽的海洋,鹽海出現後又出現一座大山,周圍又有七座小山環抱,七座小山的周圍又有四大洲、八小洲。其間有座鐵圍山,山上有一棵菩提樹。樹幹高大得十分驚人。菩提樹的根紮在阿修羅的城池中,樹梢則直插玉皇大帝居住的

三十三層天上。菩提樹結長壽果，食之長生不老，萬壽無疆，每逢菩提樹開花結果時，阿修羅和三十三層天的神兵神將們，為爭奪長壽果而經常發生惡戰。

在一次戰爭中，三十三層天的將士們被阿修羅的將士們打得難以招架。在危機之際玉皇大帝請求金剛手菩薩助戰。菩薩聽了玉帝請求後說：「你們盡快到世間請13位戰神，他們一定能幫助你們戰勝阿修羅的將士們。」這13位戰神是：振佛神、後嗣繁衍神、伏敵神、制禍神、長壽神、美妙神、積德神、英勇神、眾敬神、稱美神、成就神、大力神、楊名神。三十三層天的將士們很快請來了13位戰神，不久就戰勝了阿修羅的將士們。勝利後，玉皇大帝在天堂舉行祝捷盛會，以阿媽貢瑪加茂即西王母娘娘為首的12位地母仙女，也紛紛前來參加盛會，並表演了十分優美的神舞，以此表示對13位戰神的感謝。

後來，13位戰神中的伏敵神轉世到人間，成為一名勇猛的戰將，叫「拉贊姆紅高」，藏語意為勇猛神將軍，又稱「拉贊」，即屬神。後來在藏王赤松德贊時，被蓮花生大師派到安多地區做保護神，住在扎毛山頭的一座高山上。他把王母娘娘等12位仙女為13位戰神表演的神舞帶到了扎毛地方，傳給了扎毛人。從此。這裡便有了神舞這一舞蹈形式。

「拉伊」—— 藏族的情歌

「拉伊」係藏語，意為「山歌」。它是藏族人民喜聞樂見的一種歌詠愛情的藝術形式，我們一般稱它為「藏族的情歌」。它廣泛流傳在安多藏區，即今青海、甘南、川北一帶。

拉伊，不僅語言樸實，比喻形象，而且形式活潑、多樣，不拘一

格。一般來說，三段體是拉伊的基本形式，即前兩段透過一些相似、相近或有著共同特徵的事物作比喻，藉以開頭和起興。最後一段則為本意，是歌者內心世界的剖露。兩段體實際上是三段體的減縮，略去一段喻體。相對而言，一段體（將比喻和本意融合為一）的拉伊較少。拉伊的句數一般不等，主要取決於歌者的表現能力和內容的多寡。少則四句，多則十數句一首，最普遍的是每首六句、八句、九句。拉伊的字數也未有劃一的規定。六言、七言、八言不等。不過，在同一首拉伊中，每句的字數一般相等。誠然，也有少數為雜言，每句的字數參差錯落。由於音節多少各異，節奏的停頓也不盡一致，但多數為三個音步。即「二二二」或「三二二」、「三二三」式。

關於拉伊的唱腔，據有人統計，多達40餘種。在不同的場合、不同的條件下，拉伊的唱腔往往不盡相同。如情人們在一起度過甜蜜的愛情生活，或相互抒發愛慕、傾吐衷腸時，曲調往往高亢悠揚，節奏明快，情緒激昂；而在失戀後，或情人們依依惜別，曲調則一般憂傷泣語、悲婉鬱沉，使人很感傷。

藏族拉伊不僅數量可觀，而且內容極其豐富。從青年男女初次見面、打招呼、通姓名、表愛慕，直到信誓旦旦、贈表記、定終身，每個環節都可進行長時間的對唱。且在不同的場合，人們又往往即興編詞，即興吟唱，各自唱述的內容並不完全一致。

這裡我們提供一首「拉伊」的唱詞：

我這一棵檀香樹／三伏烈日晒不枯／三九嚴寒凍不死；
若無鋒利的板斧／仍是千年樹一株。
我這小時的情人／不怕村中傳流言／父母阻擋也枉然，
若無陰間閻羅王／白頭偕老永相伴。

青海藝術：熱貢彩陶與民間創作

青海藝術：熱貢彩陶與民間創作

藝術令人陶醉。生活在青藏高原上的各個民族在歷史的發展中創造了令世人驚嘆的藝術。優秀的彩陶藝術沉積著青海古人類的追求、憧憬；遐邇聞名的熱貢藝術表達著神性與人性的美好；舞動的長袖，飛揚起情感的風帆，暢遊在天地之間。

熱貢藝術

「熱貢藏傳佛教藝術」的名稱並不是一蹴而就的，對它的命名經歷了一個由感性到理性的認識過程。熱貢藏傳佛教藝術早期被稱為「五屯藝術」或「吳屯藝術」。1980年代以後經過客觀、全面、詳細的調查，人們對熱貢藏傳佛教藝術有了更深刻的認知。

據文獻資料，「熱貢」是史料中對「榆谷」、「一公」地域的藏語譯名。《青海歷史紀要》認為，「榆谷」即藏語「熱貢」之音譯，宋時譯作「一公」。《安多政教史》亦認為，熱貢是宋時唃廝羅時的大小榆谷。其範圍包括今天青海省黃南藏族自治州、循化縣全境以及甘肅省甘南藏族自治州夏河縣部分地區。到現在，「榆谷」、「一公」從歷史上範圍較大的地域已演變為範圍較小的「熱貢」地域，即專指今同仁地區。

熱貢藏傳佛教藝術是以藏傳佛教文化為中心，在傳統繪畫的基礎上，融合、借鑑、吸收其他民族文化藝術技巧而逐漸發展起來的佛教藝術。

熱貢藝術的藝術品類主要有唐卡、堆繡、泥塑、木刻、圖案和建築彩繪等，其中以繪畫、雕塑、建築彩繪圖案為最佳。內容大多取材於佛教故事、佛本生故事，還有釋迦牟尼、菩薩、護法神等佛像。

在熱貢地區，由於藏傳佛教藝術的興盛，寺院幾乎就是學習繪畫雕塑的專門學校。有些深孚眾望的宗教上層人士，本身就善繪能塑，對其他習藝者有很大的帶動作用。因此，村子各戶都樂意把男童自幼送入寺院學藝，先從畫布加工、顏料研製、調和泥巴等粗活開始做起，然後再學「造像量度經」，逐步成為師傅助手，打稿作畫，約需 8 年至 10 年學成，方可單獨從藝，經過信仰與技藝的修練，藝匠們的精神智慧，已全部寄託於所表現的對象中，數十年如一日，虔誠而又堅毅，把個人的一生貢獻給信仰的藝術，也給寺院、家庭帶來了榮譽和收益。這樣，寺院就更加倡導繪塑技藝的代代傳授，使熱貢地區僧俗學藝之風經久不衰，一時形成了「人人作畫，戶戶事藝」的盛況，無論在從藝人員之眾多，或群體技藝之精湛上，在其他藏區實為少見，故久被譽為藏區「畫家之鄉」。

熱貢藝術的發展演變史

為了能較清楚地說明熱貢藝術的發展和演變，根據熱貢地區各歷史階段的社會、宗教發展狀況對佛教藝術的影響，可將其概略分為三個具有不同特點的時期。

1. 早期

尋根溯源，熱貢藏傳佛教藝術始於 13 世紀的元代。早在薩迦法王八思巴時，西藏曾派年慶唐拉丹科隆務的瑜伽師拉傑直那窪（阿米拉傑）前往安多，特別是在熱貢一帶傳播藏傳佛教，這位尊者帶著他的隨從畫師和當時已有的繪畫專著《功能源》來到熱貢，而畫師隨帶的繪畫專著則成為熱貢繪塑藝術的範本。

青海藝術：熱貢彩陶與民間創作

西元 1301 年，熱貢地區薩迦派首領三木旦仁欽與其弟羅哲森格在當地修建隆務寺。寺內著意塑造了佛像，繪製了佛畫，皆精美絕倫，遂被譽為安多佛教藝術的發源地。至明宣德年間，隨著藏傳佛教格魯派（黃教）的日益興盛，隆務寺便逐漸改宗為格魯派，該寺活佛夏日倉又擴建了寺院，同時也帶動了熱貢地區各大村寨先後修建格魯派寺院。這樣，隆務周圍幾個村寨的畫工、塑匠與有關的藝人紛紛參與，從事這一具有盛大規模的藝術活動。在年都乎村發現的刻有「大明」字樣的石碑碑文上，有「畫匠梁大智」勒名，可以看出當時的繪塑藝術活動中，也有來自漢地的藝匠參加，自然也帶來了中原佛教藝術的影響。所以，從 13 世紀始，一直到 17 世紀前，可視為熱貢藝術的早期。這是一個較長的繪塑藝術的形成發展時期。熱貢藝術積數百年之孕育，逐漸確立了藏傳佛教藝術的主體風格。

早期很多繪畫作品在歷史的煙雲中已經消失，現今儲存完好的尚有年都寺參讚樂昂殿內的八幅壁畫（每幅 2.95m×2.40m），係清代康熙年間作品，也是現存熱貢藝術中最早的作品了。如〈騎羊護法神〉、〈怖畏金剛〉、〈釋迦牟尼說法〉等，另外，在年都乎寺另一座彌勒佛堂內的大型壁畫〈十六羅漢本傳〉（40.05m×3.8m）是名畫師華旦等人的傑作，占據了佛堂的左、中、右三面牆壁，是熱貢地區現存最大，也是最早的壁畫之一。熱貢藝術早期作品手法粗放古樸，色彩單純質樸，帶有典型的印度、尼泊爾風格。

早期的「唐卡」，也保持了樸實無華的風格，注重人物形象的刻劃。如尕撒日寺珍藏的〈十六羅漢〉（92cm×52cm），還有嘎里班智達的代表作〈彌勒佛像〉、〈文殊菩薩像〉等。這些作品畫面層次豐富，輝煌而不失典雅，是傳世精品。

熱貢藝術早期作品雖然取得很大發展，但仍能看出幾種畫風的影響，尚未形成一個成熟獨立風格的流派。不過經數十代匠師的不懈努力，為後繼者累積了豐富的經驗，並為熱貢藝術的繁榮發展打下了堅實基礎。

2. 中期

　　自18世紀初葉至19世紀初葉，為熱貢藝術發展的中期。由於戰亂，熱貢地區格魯派（黃教）寺院的發展受到限制，一度處於低潮。但到了清代乾隆時期，由於清政府採取「興黃教即所以安眾蒙古」的策略，在這種有利形勢的促動下，格魯派（黃教）又昌盛起來，當然也推動了熱貢藏傳佛教藝術的更大發展，使之很快達到輝煌鼎盛的成熟期。在這一個多世紀中，湧現出很多造詣精深的畫師和大量精湛的作品。吳屯上莊杜臺繪製的壁畫〈馬頭明王〉（2m×1.25m）；吳屯下莊桑傑本朗嘎所繪的壁畫〈南海觀音菩薩〉（1.4m×1.21m）；吳屯下莊的先巴畫師，為塔爾寺大經堂前廊繪製的〈普賢菩薩〉（2.7m×2.2m）、〈綠度母〉（3m×1.9m）和〈八臂觀音〉等壁畫，造型生動完美，幾尊女神的體態猶存印度風采，設色單純沉著，用線簡潔洗練。特別是綠度母的形象，刻劃得慈愛親善又含蓄深沉，錦裾飄帶，也處理得輕揚飛逸，有如嫦娥之奔月，實為藏傳佛教壁畫中所少見。

　　中期的唐卡，較之早期，更為精微細密有加，而又不顯得煩瑣，色彩也漸趨鮮明卻不顯浮華。如扎西加的〈釋迦牟尼十二行傳〉（85cm×55cm）；尕撒日覺巴繪製的唐卡〈千手觀音〉，也是成功之作；波拉金巴繪製的〈吉祥天母〉一作，是唐卡作品中罕見的佳作。

　　這個時期的雕塑藝術也和繪畫一樣，形象完美生動，服飾褶紋流

暢，裝飾華美而避煩瑣。此外，建築彩畫同樣進入非常發達的時期，其特點是圖案紋樣豐富多變、色彩華美絢麗，很多地方採用瀝粉貼金手法，益增其高貴和莊重。

3. 近期

19世紀中初葉，清王朝日益腐敗。熱貢地區興建的寺院，已不再要求藝匠們在作品中保持質樸莊重的風格基調，只希望把殿堂裝點得華貴繁縟，金碧輝煌。早、中期作品中富有生命力的特長，漸被豔麗、精巧、細膩的裝飾傾向所代替，在這種大趨勢下，仍有一些匠師，尊崇熱貢藝術的優秀傳統，不懈創作，取得了很高成就，留下不少精心之佳作。

這個時期具有代表性的作品有，吳屯下寺小經堂前廊的〈四大天王〉（每幅2.07m×1.84m），是近代著名畫師嘎藏、夏吾、卡先加等繪製；年都乎的名畫師雲旦、切旦，在塔爾寺畫的〈曼陀羅〉、〈佛本生故事〉和一世至九世班禪唐卡畫像等作品，處理得精細而不煩瑣，鮮麗而不失和諧，而且人物形神兼備，是近代熱貢藝術之傑作，由九世班禪送到扎什倫布寺供奉收藏；尕撒日著名的畫師桑傑太，被視為清代名師香曲熱賽日轉世，天資非凡，無師自通，一直保持著藏族繪畫的古樸風格。他的一位弟子是當今著名的熱貢畫家更藏，繪製的〈蓮花生大師〉等作品，講究結構的平衡，是駕馭龐雜內容的高手；另一位是當今馳名藏區的繪畫大師夏吾才讓，在用線、色、金的技巧上，更是得心應手，作品〈財神比沙門天〉足以傳世。

近期的熱貢雕塑藝術也同樣向裝飾性方面發展，追求絢彩華麗的效果，較為突出的是建築彩畫的發展。總之，近期的幾代畫師藝匠們，對

在中期已經成熟的熱貢藝術這一藏傳佛教藝術大流派，無論在技藝特色、藝術風格上，都繼續加以發揮，並將其推向極致。

從整體上而言，熱貢藝術工筆重彩，細膩精到，富於裝飾性，構圖獨特，是藏傳佛教藝術中獨樹一幟的流派。

關於熱貢藏傳佛教藝術有哪些傳說

相傳在很早以前，吾屯、年都乎、郭麻日三個莊子的人們都不懂藏語和藏文，學念藏文經典困難很大。隆務寺大活佛噶丹尖措把幾個莊子的僧人叫到一起，讓他們學習佛教繪畫藝術，還替他們作了具體分工：給吾屯僧人雕塑刀，給年都乎僧人畫筆，給郭麻日僧人刻字刀，讓他們各有所學。後來這幾個莊子各具特色，吾屯人擅長雕塑，年都乎人擅長繪畫，郭麻日人擅長刻印經板。

另有傳說，隆務寺第一世大活佛夏日倉是一位德高望重的得道高僧，他的經師喇嘛卡加紅則茲直木扎西，經常為佛唸經，懇求神佛給熱貢降生一個學識淵博的活佛。天神託夢給他說：夏日倉就是一個學識淵博的佛教大師，現在熱貢需要的是畫匠。於是就派專司智慧的文殊菩薩從天上撒下繪畫、雕塑和所需要的各種畫筆、顏料、雕塑刀。從此，這幾個莊子的男人們就神奇般的學會了繪畫、雕塑。

還有一種傳說，隆務寺大活佛夏日倉在一天晚上做了一個夢，夢見文殊菩薩給了他一枝畫筆，他拿著畫筆到吾屯下莊寺院問當地人有沒有會畫畫的。當時有一個僧人勉強能畫馬和花草，他就把這枝筆給了他，讓他到西藏去學繪畫。這個僧人在西藏學成後立即返回家鄉，他畫的花比真的還要好看，竟引來了蝴蝶和蜜蜂。

青海藝術：熱貢彩陶與民間創作

熱貢藝術當代著名人物有哪些

尖木措（西元 1917～2002 年）著名民間美術家，藏族，出生於青海黃南藏族自治州同仁縣吾屯下莊，黃南州熱貢藝術館籌備組成員之一。

尖木措幼年時，拜本村名畫家本吉太為師，學習泥塑、彩繪等技藝。15 歲時隨師傅到青海各大寺院繪塑佛像。23 歲出師，從此，輾轉青海、甘肅、西藏等地，先後繪塑千幅作品，使自己的技藝日臻嫻熟。他的作品風格獨特，筆法細膩，在熱貢地區獨樹一幟，是當代熱貢藝術三大名師之一。熱貢藝術館現藏有其〈南方增長天王〉、〈救怙主〉、〈宗喀巴王〉等作品。

更藏（西元 1920～1996 年），藏族，出生於青海省黃南藏族自治州同仁縣尕沙日村，曾擔任美協青海分會理事、青海省文聯常務理事。黃南州熱貢藝術館籌備組成員之一。

更藏從幼年起跟隨名師桑傑太學習繪畫。20 歲出師，先後在省內外各大寺院繪畫，完成 3,000 餘幅作品。1981 年，他與 10 餘名藝人一起精心繪製百餘幅具有代表性的作品，赴北京、上海等地展出，受到各界人士的好評。熱貢藝術館現藏的作品有〈東方持國天王〉、〈妙音天女〉、〈普賢菩薩〉、〈黃文殊菩薩〉、〈格薩爾王出征〉等。嫻熟的技藝、深厚的藝術修養，使他成為熱貢藝術的三大名師之一。

夏吾才讓（西元 1922～2003 年），土族，青海黃南藏族自治州同仁縣吾屯下莊人，曾任青海省黃南藏族自治州熱貢藝術館畫師、中國美術家協會青海分會常務理事、青海省工藝美術學會顧問。

夏吾才讓從 8 歲開始跟隨叔父索南丹巴學習，18 歲到塔爾寺繪製壁

畫。在此，他巧遇國畫大師張大千，並接受張大千先生的邀請，與其一造成敦煌臨摹壁畫。在臨摹的兩年中，夏吾才讓受益匪淺，繪畫技藝突飛猛進，隨後又到西藏布達拉宮學習繪畫和雕塑。1957 年，到印度、尼泊爾觀摩作畫，廣泛吸取佛教藝術的精華，形成了自己獨特的藝術風格。

夏吾才讓的作品世界各國都有收藏，代表作〈釋迦牟尼生平圖〉等受到中外學者、專家的高度評價。作品多達 2,500 多件。

世界上最長的卷軸畫〈中國藏族文化藝術彩繪大觀〉

由高級工藝美術師宗者拉傑先生策劃、創作設計和組織繪製的藝術珍品〈中國藏族文化藝術彩繪大觀〉巨幅卷軸畫，1999 年 12 月 3 日收到了「金氏之最」證書。〈中國藏族文化藝術彩繪大觀〉由宗者拉傑先生從 1980 年開始著手繪製準備，以青海熱貢藝人為主體，聚集西藏、甘肅、四川、雲南四省（區）的藏、土、蒙古、漢等民族藝人達 500 人，歷時 4 年，人數之多，工程之浩大可以說史無前例。〈中國藏族文化藝術彩繪大觀〉全長 618 公尺，寬 2.5 公尺，是目前世界上最長的卷軸畫，整幅畫卷為 1,500 多平方公尺，重 1,000 多公斤。畫卷內容博大精深，包含了藏族的歷史、文化、民俗、藝術等諸多內容，是藏族歷史文化形象化的圖解百科全書。

青海藝術：熱貢彩陶與民間創作

「斯巴霍」是什麼

　　「斯巴霍」又稱「六道輪迴圖」、「生死輪迴圖」。「斯巴」是藏語「生死輪迴」的意思，「霍」是漢語「畫」的諧音。整個畫面由一個棕色或紅色的死神閻魔法王四肢懷抱巨大的圓輪組成，閻魔王頭戴五骷髏冠，面三睛，巨齒獠牙，口銜圓輪的上部。整個圓輪是一個同心圓，共三層，最裡層的圓中心畫有雞（也有人說是鴿子或鳥）、蛇和豬，是佛教基本原理集諦的象徵，分別象徵人類的貪、嗔、痴（貪婪、仇恨和愚蠢），是人類缺點的集中展現，說明人世間一切罪孽都源自愚昧無知。中間一層，被分成6格繪成6個畫面，分別是地獄、餓鬼、畜生、阿修羅（非天）、人、天，總稱6道。最外層的圓被分成12個格，繪12個畫面，象徵12緣起，具體形象和意蘊如下：無明，象徵盲人。行蘊，即陶工與陶壺，每個陶壺象徵一種行為。識，猴子在樹間擺動或猴子爬桿，象徵不受調伏。名色，船隻。入，空宅。觸，男女擁抱接吻。受，眼睛被箭射傷的人。愛，男人飲酒。取，摘取果子的人或猴子。有，孕婦。生，婦女生產。死，一人背屍。

什麼是唐卡

　　唐卡是藏語音譯，意為卷軸畫，依據畫面底色分為彩唐、金唐、黑唐、紅唐等；按製作方法又可分為繪畫唐卡、堆繡唐卡、刺繡唐卡、印刷唐卡、織錦唐卡和緙絲唐卡六類。整體而言，卷軸唐卡既適應藏民族「逐水草而居」的生活習俗，又便於膜拜、攜帶，故而數量最多。卷軸唐卡一般上有天桿，下有地軸。唐卡畫面多用大小相同的絲帛覆蓋，避免

灰塵，造成保護的作用。

　　唐卡所繪的題材十分廣泛豐富，除與壁畫相同的內容外，尚有天相星座、年季時輪、醫藥解剖等。由於唐卡大都採用立幅，所以在構圖上與橫幅較多的壁畫有別，但一般仍以對稱、均衡為其法則。唐卡的繪畫，由於畫幅較小、內容含量大，又屬近距離觀賞品，因此在造型、設色、勾勒和用金上更加精微細緻。熱貢唐卡的藝術特色是筆精而有神韻，形象栩栩如生。在取景布局上，視野廣闊，用鳥瞰全域性的透視手法，把遠近景物聚集在一個畫面裡，而各景物間又有它自身的透視關係，構圖飽滿，圖形密布，很少有大面積空白。其色彩熱烈奔放，使用大量的對比色，而在區域性又使用相近的調和色。在大量的對比色塊中，金色形成了諧調統一的作用。大量用金點勾，是熱貢唐卡的又一特色。

什麼是壁畫

　　壁畫是熱貢繪畫中的主要品種，它是指繪於寺院建築內外牆壁上的大型繪畫作品。清代康乾時期的壁畫直接繪於牆面上，藏語稱「代熱」。康乾之後，逐漸採用繃於木框上的畫布，然後再鑲在牆壁上的形式，藏語稱為「音唐」。這樣的壁畫在寺院裡數量較多，如經堂、佛殿的門廊、門側以及殿堂內的四壁都鑲滿了整幅的壁畫。

　　壁畫表現的內容主要是佛像、佛本生故事、佛傳故事、菩薩、金剛、羅漢及其本傳，歷代佛教大師及其本傳，藏傳佛教發展史中的重大事件等。這些畫均按佛教教義的要求，以及佛、菩薩、金剛的排位或司務，安排在經堂內外不同的位置上。壁畫的繪畫形式屬於工筆重彩，是

青海藝術：熱貢彩陶與民間創作

先用木炭條勾出輪廓，後填色渲染，最後以線勾勒，也用一些皴點技法，遠看則如渲染。壁畫大都瀝粉貼金，表現出金碧輝煌的效果。

熱貢壁畫在不同的時期有許多變化和發展，但仍保持了共同的特點，都以絢爛的色彩，精細入微的刻畫，濃烈的裝飾風格，使其在藏傳佛教藝術中獨樹一幟，在信奉藏傳佛教的地區廣為流傳。現存於年都乎寺和吳屯下寺的壁畫，是熱貢藝術繪畫中的珍品。

什麼是堆繡

堆繡，藏語稱為「格直卜」，是藏族和土族特有的工藝品。熱貢堆繡以懸掛唐卡為主，內容和壁畫、唐卡畫基本一致，也是為宗教服務的。堆繡最初是由刺繡發展而來，但用料和刺繡完全不同。堆繡的原料主要是真絲錦緞，工藝也比較複雜。首先，把要繡的圖案等內容畫在紙上，然後把各部點陣圖樣剪下來，選好相應花色的錦緞，照樣剪下來，分組黏貼、熨燙、縫合，由於面部和頭部較小，很難逐漸堆貼，所以要將堆貼和繪製結合起來。最後將完整的畫幅組裝在白布上，縫一塊與堆繡面積相同的黃緞護簾罩在上面。

堆繡主要有兩種，一種是懸掛唐卡，其堆繡面呈四方形，一般長約70公分，寬約509公分，鑲金色緞邊，有卷軸。另一種是巨幅唐卡，一般長約20公尺，寬約17公尺。主要是用於每年正月舉行的大法願會展出，以供僧俗朝拜。

堆繡唐卡的製作十分精細。從花草樹木到菩薩、護法人物，無不栩栩如生，生動逼真。其色彩豔麗、布局合理、層次分明，立體感極強，表現出高超的技藝。

壁畫是怎樣製作的

在繪製壁畫之前，首先要把作畫的牆面準備好。熬好較稀的牛膠，然後摻入少許的紅色顏料，兌好後略有紅色即可。將這種偏紅色的膠水刷在牆壁上，然後把一種叫「薩昂巴」的顏料兌入牛膠內拌成糊狀再刷到牆壁上。作畫之前，首先根據前牆壁的面積確定按比例留出作畫的位置，畫好壁畫的四邊框架。畫框上面留出占牆壁面積六分之一的空間，上端一道藍色條，書寫印刷體藏文或梵文，內容為咒語或菩薩名字。下面是兩條紅色條，處理成有布紋的布簾形象，畫上裝飾圖案，或花樣，或珠寶串樣。下橫切面由藍紅綠三道色條組成，一色條書寫印刷體藏文或梵文，其餘色條畫金剛或花紋圖案。做好上述工作之後，即著手作畫，繪畫的步驟大體如下：

①構草圖。用炭條或鉛筆先勾畫出主要人物，依次勾出與主要人物有關的陪襯人物以及雲霧山水、樓臺亭閣、飛禽走獸、花草樹木等。這道工序大都由經驗豐富的老畫師完成。

②勾墨線。用毛筆在草圖上根據已確定的線條來勾勒墨線，為壁畫定稿。在此基礎上敷顏色（一般採用乾溼兩種畫法）。

塗色的第一步是染天空，多用藍色，由淺及深，上淺下深。

第二步，染地，多用綠色。

第三步，染雲霧。雲霧多在白色上以淺藍色或粉綠色沿著雲霧紋線由深及淺的暈染開去。一般主佛像的頭上為雲，腳下為霧。

第四步，染主佛像頭和背後的佛光。頭光即華光，其色彩內圈多用石青或橘紅色，外圈多用金粉。

第五步，染人物衣服的深色部分和其他景物的深色部分。

第六步，染人體的肉色和其他淺色部分。在此基礎上，對畫面的色彩進一步加工，豐富畫面的色彩層次，加強藝術效果。再用彩色線條勾畫輪廓線和衣紋，達到線描和色塊的統一。

第七步，上金。金銀粉的運用是熱貢藝術後期不可缺少的部分，描金的部位多在佛像的頭飾、瓔珞、衣紋、服裝的花樣、背光、供物法器、建築金頂等。

第八步，也是重要的一步，即開眉眼。因為眼睛是心靈的窗戶，而人物傳神主要靠面部，眉眼畫好了就會生動感人，否則平淡無奇。眉眼的畫法因人而異，一般來說，佛與菩薩，眉的畫法是平和舒緩；護法神的一般橫眉立目，怒氣沖沖。

最後，用一種特製的筆將畫面用金用銀的部分磨平打光，這樣整個壁畫才算完成。

塔爾寺藝術三絕

塔爾寺因是藏傳佛教格魯派的「六大叢林」之一，以及藏傳佛教格魯派創始人宗喀巴大師的誕生地在藏傳佛教中享有崇高的宗教地位。隨著寺院的不斷發展，寺院中薈萃了豐富的文化藝術珍品，被人們譽為藏族文化藝術的寶庫。其中酥油花、壁畫、堆繡藝術被譽為塔爾寺藝術「三絕」，聞名海內外。

1. 千姿百態唯妙唯肖 —— 酥油花

酥油花是藏族雕塑藝術中的一枝獨具魅力的藝術奇葩。以其用料的獨特、色彩的絢麗、造型的逼真，令人驚嘆不已，心醉神迷。關於酥油花的內容在本條目之後有詳細介紹，在此省略。

2. 絢麗多彩栩栩如生 —— 壁畫

在塔爾寺的主要殿堂、簷廊、迴廊等牆壁上都繪有精美絢麗的壁畫。這些壁畫以其多姿多彩、鮮豔明麗、別具一格的畫面而著稱於世，是中國繪畫藝術寶庫中的一枝瑰麗奇葩。這裡要說明的是，塔爾寺內的眾多壁畫及雕塑大多出自熱貢吳屯、年都乎等地的畫師之手。

壁畫有三種製作類型：

一種是布面畫，將圖案繪在經過加工處理的白布上，然後根據所放置的牆面大小做木框鑲嵌在牆壁上，這種壁畫稱為「間堂壁畫」。這種壁畫易於儲存安裝，故塔爾寺的布面壁畫較多。大金瓦殿有 5 幅，小金瓦殿 56 幅，大經堂 55 幅，密宗學院 33 幅，玉池貢瑪、隆波護法神殿等殿堂 21 幅。

一種是牆壁壁畫，就是在經過處理的潔白牆面上，打某種底色，直接繪出各種題材的畫面。然後上清漆，壁畫即成。彌勒佛殿內外牆壁上所繪的明代壁畫，是塔爾寺最早的牆壁壁畫。

另一種是在牆面上嵌上木板，進行乾燥刨光處理，用膠和石膏合成的白漿打底，再繪各式圖案即成，這種壁畫較少。這些壁畫按題材內容組合起來，布置在廊壁、殿堂內壁上構成完整的大型壁畫畫面，一幅畫面表現一個完整的故事情節，為殿堂增光生輝。

壁畫內容廣泛，多取材於佛經故事、神話故事、因緣故事、箴言故事、釋迦牟尼、宗喀巴大師等的生平故事以及各種佛像、神像、香巴拉樂園、陰間地獄畫面、生死輪迴及高僧大德的形象等。其中以釋迦牟尼十二宏化故事、二十一尊度母、長壽三尊、二勝六莊嚴、十六尊者、宗喀巴師徒三尊及各種密宗護法神像為多。也有反映世俗人物和科學技術的壁畫，如青海蒙古和碩特部前旗親王丹增旺秀及夫人艾克夏娜因任施主而修葺寺院，為感其恩繪製的壁畫。醫明學院內的人體解剖圖和藏醫病變示意樹壁畫，反映了藏族人民的醫學科技研究成果。

1930年代，中國繪畫大師張大千從甘肅敦煌慕名來到塔爾寺，考察壁畫的繪畫藝術風格，大師對塔爾寺「三絕」藝術讚不絕口，在這裡研究蒐集了許多資料後返回，對大師的藝術風格產生過重要影響。

3. 剪裁刺繡合成的藝術——堆繡

被稱為塔爾寺藝術「三絕」之一的堆繡是一種別具民族特點的藏傳佛教寺院藝術種類。

堆繡是用各色綢、緞、棉布剪成所設計的各種圖案形狀，精心堆貼成一個完整的畫面，然後用綵線繡製而成。堆繡有圖案設計、剪裁、堆貼、繡製等多道工序；有些圖樣還需要染色。堆繡又分為平剪堆繡和立體堆繡兩種。平剪堆繡是將剪裁好的圖樣堆貼在預先設計好的白布之上，然後用彩色絲線或金線繡邊即告完成；立體堆繡則要在剪裁好的圖樣內填充上棉花或羊毛，使圖樣凸凹有致，然後黏貼在對稱的布幔上，再將堆繡好的各種圖樣用繡緞綴成巨幅畫幔，這種堆繡的畫面非常逼真而富有強烈的立體感，因而被稱作立體堆繡。

大經堂內懸掛的「十六尊者」（羅漢）和「八仙過海」，是塔爾寺的兩

幅大型堆繡佳作，技法嫻熟，造像精巧，引人入勝。阿嘉活佛院和佐格活佛院的佛堂內各藏有一幅內容為「蟠桃會」的立體堆繡作品。佐格佛堂內的是一幅獨具匠心的漢文「壽」字形堆繡。它將蟠桃會盛況的全部內容布局在這幅長約6尺見方的堆繡壽字形畫面上。壽字上部正中為西王母，稍下兩邊為侍女，下面依次為八仙，最下端的孫悟空，雙手捧仙桃下跪做敬獻之狀。其間堆貼有表示長壽的仙鹿、壽桃、仙鶴、蓮花等。壽字周圍上部有紅日皓月，祥雲繚繞，中部捲雲花草，下部有山水、獅虎。結構合理，布局緊湊，各種人物、花草、動物栩栩如生，宛如浮雕，可謂是堆繡藝術的傳世珍品。

　　塔爾寺藝術「三絕」是藏族藝術的瑰寶，自古至今，塔爾寺長年組織藝僧專門製作唐卡、堆繡，使這種獨特的傳統工藝不斷發揚光大，推陳出新，代有佳作。堆繡、唐卡已開始遠銷國外，被稱為東方一大藝術奇觀。

塔爾寺藝術三絕之一的酥油花的魅力

　　酥油花是青海藏傳佛教寺院塔爾寺藝術三絕之一。酥油花是藏文化中獨具特色的藝術奇葩，是以酥油為主要原料在零度以下製作成的藝術精品，已經有300多年的歷史。塔爾寺的酥油花做工精湛、絢麗多彩，具有很高的藝術水準和獨特的民族風格，在世界上享有很高的聲譽。

　　每年寺院的藝僧們選取牛奶，從中提煉出純白而不泛黃的酥油，這樣的酥油塑造出來的佛像會非常潔白細膩。酥油煉好後，浸泡於冰涼的水中，藝僧們長時間揉搓、去雜質揉成膏狀。每次準備製作時，藝僧首先要進行沐浴淨身等一系列宗教儀式，之後，藝僧們一起商議酥油花

青海藝術：熱貢彩陶與民間創作

的題材，確定後，再分配給擅長不同酥油類型的師傅，師傅再安排給弟子，分頭工作。所有工作從農曆十月十五日開始到來年正月十五日完成。

酥油花的製作與泥塑的製作流程相似，一般有四道工序。首先是「紮骨架」，根據所表現的內容，用加工過的柔軟草束、麻繩、竹竿、棍子等物紮成大大小小不同形態的「骨架」。

其次是「做胚胎」。用上年陳舊酥油花摻和草木灰後反覆捶打，製成韌性好、彈性強的黑色油泥。然後由內向外，完成初步造型。

接下來是「敷塑」。將新提煉的乳白色酥油中摻進各色礦物質顏料，調和成不同色彩的油塑原料，仔細地塗塑在做好的形體上，完成種種造型的塑造。為了避免防止因手的溫度增高而使酥油融化變形，藝僧們的身旁放有一個盛有冰塊的水盆，他們一邊塑一邊不時將手浸入冰水中。整個製作雖然十分艱辛，但對信仰的虔誠和對美輪美奐的追求，使藝僧們超越了世俗功利束縛，實現了精神的愉悅。

最後一道工序是「裝盤」。將塑好的酥油花按最初設計的整體要求，用鐵絲固定在幾塊大木板上或特製的盆內，高低錯落，層層疊疊，花鳥蟲魚栩栩如生，人物神形兼備，亭臺樓閣金碧輝煌。展出時，「酥油花架」會高高立起，令人嘆為觀止。

每年一到農曆正月十五「燈節」，遠近各州縣的漢、回、土、藏、撒拉等民族，以及內蒙古、四川、甘肅、新疆等地慕名而來的佛教徒和旅遊者雲集塔爾寺，還有不少國際友人遠渡重洋來到這裡，為的是親眼觀賞酥油花。晚上，整個蓮花山沉浸在歡騰的人群中，花架四周，參觀者熙熙攘攘，川流不息。此時塔爾寺講經門前，會擺開一長列花架，最高達10多公尺開外，擺開來有四五間房子大，三面用堆繡佛像圖案組成

屏障，正面燈架平臺上點燃酥油燈，上面擺著各式各樣、大小不同的酥油花，展出時還有由僧侶組成的樂隊在旁伴奏。這時明月高照，燈火輝煌，梵樂陣陣，周圍空氣裡還散發著奶油的香氣，令人飄飄欲仙。一直到深夜12點，人們還流連忘返，久久不願離去。

文人歷來觸景生情，寫下了不少讚美酥油花的詩文。《西寧府新志》上錄有一首：「月當空，耳邊簫鼓丁冬。綵棚間，安排燈架，年年花樣不同。放光明，莊嚴燦爛，肖像人物，樓閣玲瓏。乖乖奇奇，形形色色，番僧巧奪天工。」（綦生蘭《多麗·塔爾寺的酥油燈》）

據青海地方史記載，酥油花的製作大約始於明代，至今有幾百年歷史。《西寧府續志》云：「西寧府所屬寺院，每年元宵節，皆燃酥油花燈，其中燈最多而花樣最奇者，莫若塔爾寺。」幾百年來，塔爾寺每年都要製作酥油花。當新的一年燈節來臨的前幾個月，酥油花製作藝人便夜以繼日地趕做起酥油花，直到來年正月十五上午12點才完畢。寺上設有兩個「花院」，一個叫「上花院」，一個叫「下花院」，兩個花院都有專門經營製作酥油花的人。花的內容，年年不同；花的樣式，一個比一個美麗新穎。每年燈節，塔爾寺為什麼要舉行酥油花展，雖無史料可考，但卻有不少富有傳奇色彩的故事在民間流傳。

據說西元641年，唐太宗宗室女文成公主遠嫁藏王松贊干布，曾帶去佛像一尊。為了表示對佛祖的尊敬，宗喀巴進藏求法時，供奉了一束酥油花。塔爾寺建寺後，這種藝術形式便由西藏傳入，於是產生了第一批酥油花作品。然而，佛教徒們更相信另一種說法：在600年多前，宗喀巴就在今天塔爾寺大金瓦殿中心地誕生了。那時的這個地方還是一片野草叢生的牧場，一天夜裡，宗喀巴睡在帳篷裡做了一個奇異的夢，夢見山上一墩墩青草和野花，都變成了一盞盞酥油燈，燈光閃爍，在狂風

青海藝術：熱貢彩陶與民間創作

中越吹越亮，火苗相連，接成一片輝煌的燈海。燈海中不斷出現幻境：有宮闕亭榭，長街新城；有仙家神童，合掌恭讓；有綠草紅花，披霞生香；有仙禽異獸，飛鳴起舞。宗喀巴置身於燈海之中，奇異的夢境彷彿使他到了仙境一般。後來，他的信徒為了實現這個美麗而富有詩意的願望，就用酥油仿照夢境製作了一批油酥藝術品，在塔爾寺正月觀經會的十五晚上展出，年復一年地成為慣例。

酥油花表現的內容十分廣泛，有唐僧騎著白龍馬，帶領徒弟孫悟空、豬八戒和沙和尚到西天取經；有西藏布達拉宮前的「二月觀經會」；有騎著駿馬在草原上馳騁的英俊藏族青年；有佩戴彩綾、手持花籃向人間拋撒鮮花的仙女；還有亭臺樓閣、山岩浮雲、江河湖海和栩栩如生的飛禽走獸、花草樹木等形象。其中〈文成公主進藏〉這座花架甚為壯觀。它以長安太和殿和拉薩大昭寺為背景，布局了「五難婚使」、「許婚贈禮」、「辭別長安」、「越日月山」、「柏海遠迎」和「拉薩完婚」六大場面，展示了1,300多年前文成公主進藏完婚的歷史畫面。色彩豔麗，刻劃細膩，200多個人物，各具情態，活靈活現。特別是對文成公主的刻劃，生動傳神，婀娜中透露著端莊，飽含著鄉愁和祈福的眼神，彷彿在祝願漢藏民族永世和睦相親，幸福吉祥。

為了儲存酥油花，供來塔爾寺的中外遊客及信徒參觀膜拜，塔爾寺建起酥油花陳列館。現在每年都要保留一部分展出作品，如〈智美更登王子〉、〈文成公主進藏〉、〈唐僧取經〉、〈花木蘭從軍〉等大型酥油花作品，也就是將每年正月十五夜展出的酥油花在次日的黎明時分全部搬到酥油花館，清除舊的，放置新的，年年如此，常換常新。同時，打破常規，走出寺院，向更多的人展示它的風采，1991年正月，塔爾寺的三絕藝術首次在北京演出；1993年，在河南省少林寺演出；1994年又在深圳演出。前來參觀的人們無不感慨驚奇。一名學者曾撰文讚頌道：「這

是佛國的藝術，這是藝術的佛國。這是手的工藝，這是心的感悟。這一尊尊栩栩如生的端莊法相，這一座座如真如幻的亭臺樓閣。啊！聽到了鳥的鳴叫，聞到了花的芳香……這原本沒有生命的酥油有變成了有生命的藝術。」一位參觀者留有「此花只應天上有，人間能得幾回觀」的肺腑之言。

古老的青海藏戲藝術

藏戲是中國少數民族戲曲中歷史悠久、流傳較廣的一個戲曲劇種。如果從西藏僧人湯東傑布（西元 1385～1464 年）將藏族民間說唱、歌舞融入戴著面具以啞劇形式表現簡單故事情節的娛神舞，而初步形成有唱、有表演的戲劇雛形算起，約有近 600 多年的歷史。

藏戲是以歌舞形式表現文學內容的綜合藝術。藏戲在發展過程中，由於融合了民間藏族歌舞與佛教的哲學內容，因而受到了藏族人民的喜愛。它不僅流行於中國的西藏、青海、四川、甘肅等省區，甚至在國外的尼泊爾等國藏族聚居的地區也廣為傳唱。長期以來形成了自己獨特的表演風格和豐富的傳統劇目，並在藝術上形成了不同的流派，如西藏藏戲、康巴藏戲、安多藏戲等。

青海藏戲屬於安多藏戲，早在 18 世紀中葉，青海黃南藏族自治州同仁縣隆務寺僧人去西藏學習，受到西藏藏戲的薰陶，引進到安多地區，在寺院學演藏戲，並融入了安多地區藏族音樂、舞蹈和說唱曲藝等藝術營養，且以安多方言演出，成為有別於西藏藏戲的安多藏戲。青海安多藏戲又有黃南藏戲、果洛藏戲和華熱藏戲等流派。黃南藏戲屬於安多藏戲的一個重要支系，是青海地區影響較大的少數民族劇種，它萌芽於 17

青海藝術：熱貢彩陶與民間創作

世紀中期到 18 世紀中葉的說唱階段，形成於「三人表演階段」（夏日倉三世時期，西元 1740～1794 年），成熟於吉先甲（西元 1854～1946 年）一代，發展於多吉甲（西元 1910～1973 年）前期，勃興於 1958 年前後民間藏戲興盛時期，提高革新於 1980 年。

　　青海其他藏族地區尚有一些風格迥異的藏戲演出活動，主要是海北、果洛、玉樹三個藏族自治州。據考察，現在民間藏戲隊特別是寺院藏戲隊不斷發展增加。在果洛地區還有一種特別的藏戲——騎馬演出的「馬背藏戲」。在海北地區寺院中藏戲作為僧人必修的課程進行傳承，這也是華熱藏戲得以傳承得較好的一個主要途徑。由此，青海藏戲的產生、形成與發展的歷史，有著自己獨特的人文生態環境以及民族語言、音樂、唱腔、舞蹈動作的藝術提煉與規範；有著不同的綜合方式，形成了青海藏戲獨有的演唱體系，而且各流派各具特色，具有獨特的戲曲審美特質。

八大藏戲

　　藏戲為中國戲曲劇種中最古老、最能展現少數民族戲劇特色、至今鮮活存在的劇種之一，是藏民族貢獻給人類的優秀文化遺產之一。它以象徵的表現手法、程式化的表演手段而獨樹一幟。藏戲傳統劇目除了失傳的不計，目前已知的尚有 10 多種，其中傳統的藏戲以《諾桑王傳》、《文成公主》、《智美更登》、《卓娃桑姆》、《朗薩姑娘》、《白瑪文巴》、《蘇吉尼瑪》、《頓珠頓月》最為著稱而被譽為「八大藏戲」。除了《文成公主》是歷史故事外，《諾桑王傳》、《智美更登》是佛經故事，流傳得比較早。這些劇目都以一種說唱形式的底本流傳。說唱藝人「喇嘛嘛尼」也以這種

底本演唱。這些劇本在 1949 年後才有了幾種鉛印本，過去只有木刻和手抄本傳世。

從內容上來看，這些劇本取材於歷史傳說、民間故事、佛經故事和社會事件。它們有的被指為次仁旺堆所作，有的被認為是喇嘛所作。八大藏戲故事曲折，富有趣味，飛天潛海，出神入化，顯靈捉怪，降妖伏魔，有相當高的文學性。長期以來，傳統藏戲劇本既是藏戲團體的演發表本，同時也是民間說唱藝人說唱的指令碼。可以說，八大藏戲脫胎於說唱本，從劇本結構上看，傳統藏戲劇本有明顯的說唱文學痕跡，如劇情發展較慢，矛盾衝突不十分激烈，起伏變化徐緩舒展；情節縱向主線單純，常常交叉幾條副線，橫向點、面、塊穿插安排並有機地糅合；每一段結尾沒有很強的懸念，結局多為大團圓。

「雍仲」是什麼

到了青海您可能經常看到「卐」這個符號。作為「有意味的形式」，「卐」在藏文化中包含著豐富的意蘊。考古資料和相關史實說明，「卐」符號起源於亞洲中部和東部的新石器時代的彩陶文化中，距今已有六七千年的歷史，認為是對太陽的崇拜，有著深刻而廣泛的影響。這個符號藏語稱為「雍仲」，它既是圖案，又是民居、服裝、唐卡的裝飾和點綴。這個符號是傳統吉祥觀念的藝術展現，代表「永恆」、「永生」和堅固不摧。如果這個符號逆時針旋轉就成為苯教的標誌；藏傳佛教是順時針旋轉的，象徵著佛教的無堅不摧；雍仲是苯教的密語之一，具有「永生」、「永恆」、「長存」的含義。

青海藝術：熱貢彩陶與民間創作

青海皮影戲主要分布在哪些地區

青海地處青藏高原和黃土高原的交錯地帶，是農業文化和畜牧文化交會、碰撞、融合的地方。因而青海的許多文化有著深厚的中原文化底蘊，深受中原文化的影響，青海皮影戲就是其中的一個例證。青海皮影戲可以說是在陝西和甘肅皮影戲的影響的基礎上發展起來的。每到農閒季節以及歡度節日時，就會出現「影子匠」（青海對皮影藝人的俗稱）的身影。青海皮影戲主要分布在大通、樂都、互助、門源、湟中、湟源等地。

青海哪些地方留有古代岩畫藝術

岩畫，即繪製或鑿刻於岩石上的圖畫。原始人在岩壁上刻下他們的信仰和種種生活印跡：狩獵、游牧、戰爭、反映生殖崇拜的男女交媾、怪異的人頭像、手印、蹄跡等。中國岩畫分為南、北兩大系統，南方岩畫多是用顏料繪上去的，北方岩畫則多是鑿刻出來的。目前，在中國許多地區都發現了岩畫，而且主要集中於邊疆少數民族地區。青海許多地方便留有原始而珍貴的岩畫藝術。1985年到1988年持續三年，由青海省文物考古研究所和原北京師範學院（今首都師範大學）藝術系聯合對青海岩畫分布作了詳細調查，共發現青海岩畫地點13處，多集中在海西和海南兩州，分別是：

◆ 野牛溝岩畫

野牛溝位於海西州格爾木市郭勒木得鄉西北約70公里處的崑崙山腳下。此溝為當地牧民的夏季草場。岩畫所處的四道溝山梁海拔3,900公

尺左右，相對高度 30 公尺左右，東南－西北走向，共 52 幅畫面，約 200 個個體形象。

◆ 盧山岩畫

　　盧山岩畫位於海西州天峻縣江河鄉盧山山丘上。盧山被江河從中切開，分左右兩個山丘夾峙於江河兩岸，岩畫散布於江河右岸山丘東坡上有平面的 30 多塊大小各異的花崗閃長粉岩上，刻有個體形象 270 個左右。

◆ 舍布齊岩畫

　　舍布齊岩畫位於海北州剛察縣泉吉鄉立新大隊舍布齊溝口的山頂之上，岩畫雕鑿於一塊高 2.80 公尺、寬 3.40 公尺的千枚岩上，由於岩面風蝕剝落，現僅存 31 個個體形象。

◆ 巴厙岩畫

　　巴厙岩畫位於海西州烏蘭縣八音鄉的巴厙河灘，共有 12 個個體形象。

◆ 哈龍岩畫哈

　　龍岩畫位於海北州剛察縣吉爾孟鄉哈龍溝，共刻有 17 個形象。

◆ 懷頭他拉岩畫

　　懷頭他拉岩畫位於海西州的令哈市懷頭他拉鄉西北約 40 公里處的哈其布切溝，海拔 3,500 公尺，共約 100 個個體形象的岩畫。

　　其他七個刻有岩畫的地方是，海南州的中布灘岩畫、和里木岩畫、切吉岩畫、海北州剛察縣的海西溝岩畫、海西州的巴哈默力岩畫、蓄集岩畫、天棚岩畫。

青海藝術：熱貢彩陶與民間創作

青海地方曲藝有哪些

青海民間文化是極其豐富的，就是民間戲曲也是多種多樣，所反映內容十分廣泛，在不同的季節、不同的場合有不同形式的曲藝演出，深受當地百姓（尤其在農村）的歡迎，是青海民間文化藝術的精華。青海地方曲藝主要劇種有：「賢孝」、「平弦」、「越弦」、「青海道情」、「打攪兒」、「倒江水」等，下面分別予以簡要介紹。

1. 賢孝

西寧賢孝，俗名曲兒。源於明末講唱故事的寶卷，是一個久傳不衰的曲種。賢孝曲目的主題多是提倡棄惡揚善，表彰賢孝，強調文藝教育功能的。

西寧賢孝的特點是說唱間雜，說白部分叫「白板」，可以說到七八十個長短句子。有的曲目寫實而誇張，具有藝術魅力，在大眾中廣為傳誦，成為優秀的大眾文學。它的曲調悠長而委婉動人。

西寧市賢孝的早期演唱藝人當推彭敬香（西元1871～1963年）女士，清末到中華人民共和國成立初期（1950年代）比較有名。賢孝的伴奏樂器主要是三絃，也配以板胡。從事演唱的多係盲人，活動特點是輾轉城鄉、店館、廟會、街頭以及居民宅院。

賢孝有兩大流派，即西寧賢孝和河州賢孝，代表曲目有〈白鸚哥弔孝〉、〈四姐下凡〉、〈方四娘〉、〈油郎與花魁〉、〈杜十娘〉等。小段曲目有〈三姐上壽〉、〈蘆花計〉等。

河州賢孝從甘肅臨夏傳入青海，有人稱為大賢孝、新賢孝或快板賢孝。河州賢孝流傳到青海後，風格發生了大的變化。由於它仍用西寧話

演唱，許多人還是以西寧賢孝稱呼。〈尕司令〉、〈兀山造反〉均為膾炙人口的曲目。

2. 平弦

　　青海平弦，也稱「西寧賦子」。素有「西寧的賦子，蘭州的鼓子」之稱。西寧賦子流行於西寧和湟源、湟中、大通等農業區縣，是多種曲牌聯結起來演唱故事的一個曲種。形成於18世紀末19世紀初，有200多年的歷史。

　　平弦曲調繁多，優美典雅，演唱形式古樸而親切，有濃郁的地方特色。伴奏樂器有三絃、揚琴、板胡、月琴、笛子、琵琶等，演唱者用筷子敲打瓷碟（俗稱「月兒」）掌握節拍，在演唱有些曲調時，演唱者、樂手、聽眾共同應和，創造出一種美的藝術氣氛，藝人稱這種應和為「拉梢子」，是平弦曲藝獨有的藝術特色。

　　平弦曲調有「十八雜腔，二十四調」之說，全部曲調有70多個，演唱的曲調有賦子、背宮、雜腔、小點四大類。

　　平弦曲藝演唱活動的特點是以曲會友、自我娛樂。逢年過節、紅白喜事，臨時結伴演唱，沒有專業演唱團體和固定的演出場所，也沒有以演唱維持生計的專業藝人。西寧市有成就的平弦藝人有梁壽娃、李漢卿、陳厚齋、秦印堂、伊家隆、祁桂如、馬相如等。在專業的民間音樂工作者中，周娟姑則是一位與平弦藝術緊密連繫在一起的音樂家。

3. 越弦

　　越弦又稱越調，也有人稱月調或月弦。是一個家喻戶曉的曲種，流布面遍及農村城鎮。

青海越弦為聯曲體的曲藝形式，曲牌豐富，優美感人，通順流暢，剛柔兼蓄，富有抒情敘事的長處，深為大眾所喜愛，在農村更是興盛不衰，代有傳人。

青海越弦的曲目多數源於秦腔戲曲劇本，表現民間故事的題材最有特色，如〈花亭相會〉、〈秋蓮撿柴〉、〈馮爺站店〉、〈張連賣布〉、〈下四川〉等。

青海越弦的演唱形式是自我娛樂，很多演唱者都是業餘愛好者，年關佳節，春日郊遊，公園茶社，常有演出活動。在大眾中較有影響的演唱者有南川的趙永賽，廿里舖的常占元，郭福堂的學生劉生春、王子玉等。

4. 青海道情

「道情」是中國各地都有的曲種，流行在什麼地方，就以當地地名命名，流傳在青海的就叫「青海道情」。

「道情」產生於道教教徒誦唱的道曲。在唐代，就有〈九真〉、〈承天〉、〈三元〉、〈九仙〉等經文曲調。宋以後有了漁鼓簡板演唱道情的記載，逐漸由宣講道義、勸化世人的道曲變為民間的說唱藝術。

青海道情的伴奏樂器漁鼓，是用 90 公分長、直徑約 10 公分的竹筒做成的，兩端蒙一層獸皮，並配有幾對小鈸。演唱時靠肩懷抱，用手指敲擊發出明快的「嘣嘣」音響。筒板是兩個一尺長的響板，類似快板，執在手中搖打。有時有板胡、笛子、三絃、揚琴等伴奏。唱詞由上下對句的七言句子組成，整體結構中有「詩」、「韻白」、「唱詞」，還有結尾的「誦詩」。主要曲調有「陰腔」和「陽腔」，可單獨演唱也可交替運用，兩個腔調的風格是統一的。道情的傳統曲目有〈湘子傳〉、〈莊子探妻〉、〈崔家巷〉等，近代曲目有〈十勸人心〉、〈洋菸客〉等。

5. 打攪兒

「打攪兒」是青海地方曲藝中別具一格的曲種，短小精湛，詼諧幽默。最初，在長篇曲目演唱中，藝人為了調節聽眾情緒，遂停止演唱正曲情節悲苦的段子，穿插一個節奏明快而又能逗趣的小段，以便透過穿插過渡到正曲的繼續演唱。人們稱這類小段為「打攪兒」。透過長時間的創作累積，這類小段逐漸增多，形成以諷喻見長、幽默風趣獨立的曲種。「打攪兒」在青海河湟一帶流傳，在回族地區演唱的曲調曲目尤具特色。

「打攪兒」的曲調以「青海越弦」中「大蓮花」調為主旋律，在節奏上有所變化發展。曲調節奏強烈，明快跳躍，表現手法大膽潑辣，極富誇張幻想。

「打攪兒」的演唱活動，多在農村越弦自樂班中出現。1949 年後，青海民間文學研究會蒐集到近百個段子，代表曲目有〈還帳〉、〈數星星〉、〈抓佚兒〉等。

這裡我們提供一首「打攪兒」，名叫〈懶媳婦〉：

喜鵲喜鵲喳喳喳，我們家裡來親家。
親家親家你坐下，吸瓶煙了再說話。
你的姑娘洗鍋不洗鍋，坐在鍋臺上洗淨腳。
你的姑娘擔水不擔水，站在河沿上溜瓜嘴。
你的姑娘擀麵不擀麵，夾著擀杖巷道了轉。
做下的事兒氣心肝，我一夜裡說不完！

> 青海藝術：熱貢彩陶與民間創作

6. 倒江水

「倒江水」這種曲藝，即景說唱，妙語連珠，因藝人流暢的口頭表述如江水傾瀉，滔滔而下而得名。演唱時藝人手持兩個碰鈴（方言俗語稱盞兒），用西寧話說唱，地方特色濃厚，有迷人的鄉土氣息。

「倒江水」曲目所反映的社會生活面十分廣闊。描繪人物、反映生活故事及至慶賀頌詞、歷史掌故都在說唱範圍之內。著名藝人萬子明所創作演唱的作品有〈國民軍進青海〉、〈鏖戰火燒溝〉、〈抓壯丁〉、〈日本飛機轟炸西寧城〉、〈大老五打果洛〉、〈鴉片煙〉等。

青海彩陶繪畫藝術

在人類文明發展史上，彩陶藝術是構成中國遠古文化的重要組成部分。彩陶藝術的發展，從產生、鼎盛到衰退，經歷了長達5,000多年的歷史，青海彩陶藝術歷經了3,000多年的歷史滄桑。在仰韶文化的基礎上繼續發展，其中新石器時代有馬家窯文化中的馬家窯類型、半山類型和馬廠類型，後又逐漸形成宗日文化、齊家文化、卡約文化和辛店文化。在這些遠古文化中，原始的製陶業和彩陶繪畫藝術都十分發達，尤其是馬家窯文化時期，彩陶上的圖案自由奔放，在有限的面積內表現了廣大的空間，真實地反映了新石器時代彩陶藝術的鼎盛風貌。

青海彩陶圖案繪製的內容可分為動物類、自然類、勞動工具類、裝飾品類、幾何類和人物類六大類。青海彩陶紋飾，就是依這六大類的內容，進行相互配置與組合，形成變化無窮、豐富多彩的彩陶圖案效果。

其中：

- 動物類以魚、鳥、蛙、蛇、鹿、羊和狗等紋飾為多；
- 自然類中最具代表性的是表現流水的渦紋，此紋飾的產生是伴隨著變體鳥紋的發展與演變而來的，後逐步演化為圓圈紋。尤其是對半山類型彩陶壺的欣賞，從頂部俯視，那漩渦紋氣貫中心、循環往復、奔騰不息的氣勢盡收眼底，從側面看上去，則有如波浪翻滾，一瀉千里之黃河，源流莫測；
- 勞動工具類以網紋為主，它出現於仰韶文化時期，直到齊家文化時還在沿用；
- 裝飾品類中以「串珠飾」為主，在馬廠時期，常以此類紋飾在陶壺頸部作裝飾，似乎在表示人體裝飾中的項鍊之意；
- 幾何類圖案的產生與早期動物紋飾的演變有著血脈傳承的關係。它的大量出現從時間上看是比較晚的；
- 人物類可分為活動場面、面部以及人面與某種動物軀體結合三種形式。

馬家窯文化「舞蹈紋」彩陶盆和二人抬物彩陶盆的繪畫內容均屬人類活動場面圖案；宗日文化夾砂彩陶碗把上的人面表現屬於人面特寫類圖案；半山、馬廠時期大量出現的蹲踞式蛙形人紋應該屬於人與動物合體的圖案。

青海彩陶藝術的創造，運用了多種形式的繪畫技法。運用最多、最普通的一種藝術表現手法是對比法。用大小、長短、橫豎、曲直、方圓、穿插、分合、動靜以及點、線、面等多種筆法，構成極為豐富的彩陶裝飾圖案。其次是劃分法，將裝飾面劃分出不同的區域，使紋樣之間產生多種間隔，控制畫面藝術動態的變化，此法特別講究互相呼應、疏密相間、錯落有致以及主與次、輕與重的和諧，充分表達畫面節奏與韻

律的美。多效裝飾法，是對器物正、俯視多角度進行處理的方法。另外，在彩陶藝術中另一種卓越的繪畫手法即是雙關法，它可分形體與色彩兩種雙關。形體雙關是指一種裝飾圖案，正看是一個形，倒看也是一個形；色彩雙關是指黑白兩色構成圖案，黑色是一種紋樣，白色也是一種紋樣。這種方法是否可以說「構成藝術」在古代最巧妙的應用。

青海彩陶繪畫所使用的顏料有黑、紅、白三種顏色。在彩陶生產過程中，均施彩後再燒成。因此可以說彩陶上的色彩都是礦物質顏料。

青海民間文化藝術寶庫中的珍品
—— 湟源排燈

素有「青海民族民間文化之靈和藝術寶庫中的珍品」之稱的湟源排燈，已有200多年的歷史。為何在地處高原的湟源縣城會保留有這樣一種珍貴藝術呢？

歷史上湟源扼「唐蕃古道」之險塞，居「絲綢南路」之要衝，是各民族聚居的地方，自古以來為中原入藏的門戶，素有「海藏咽喉」之稱。盛唐時在此曾設「茶馬互市」，明末清初已成為西部民族貿易重鎮，英、法、美、俄等國的商人設立洋行，商貿通達四海，使湟源以「小北京」的美譽名傳四方。期間，來此經營的各地商家（有資料記載是乾隆年間山陝商人將排燈帶到了湟源）為在夜間招徠顧客，紛紛製作商號廣告招牌，內燃蠟燭，既做醒目招牌，又兼夜晚路燈。此後，這種名號的招牌製作越來越精緻華美，成為有底座、圖案、形式迥異的牌燈，後又把牌燈改製成能橫跨街道的大型排燈，並有系統地融入了青海各民族及河湟谷地的文化基因，成為如今這道獨具特色的民間藝術珍品。

為挖掘、保護和發展排燈藝術，湟源縣每年投入大量人力、物力、財力，購置設備、蒐集資料、完善檔案，並召集專家、民間藝人和能工巧匠，採用電、光、聲等現代先進技術和新型材料，對傳統排燈進行藝術革新。開發出落地式排燈110個，懸掛式排燈100個，式樣達31種，有中堂燈、扇面形燈、花邊燈、梅花燈、雙魚燈、八角長方燈、蝙蝠燈、八角燈、花窗燈、花邊圓角燈等。繪畫內容上精選具有教育意義和老百姓廣為熟悉的典故、文學作品、民間故事、傳說和反映當地自然風貌、文物古蹟等，在此基礎上又增加了堆繡、刺繡、皮影、剪紙等民間藝術，使湟源傳統排燈更具觀賞性、研究性和收藏性。

　　湟源排燈的製作工序分為三道，第一道工序是由木工製作框架結構，將傳統的花草人物風格的圖案繪製或者雕刻在木製框架上；第二道工序是繪製畫面，多數是民間藝人繪製；最後一道工序就是組裝。這每一道工序都展現著藝人精美絕倫的手藝，也展現著湟源排燈的藝術價值。

獨有的土族民間刺繡

　　土族有著悠久的歷史文化和宗教信仰，土族刺繡是土鄉人民的一種特有的刺繡方式，土族刺繡俗稱「繡花」，是人們服飾和室內陳設的一個重要內容，是表現一個民族生活情趣的手工藝術的重要途徑，是民族文化的重要組成部分，更是民族精神的外在表現。土族刺繡題材廣泛、內容豐富、繡法多樣。主要表現在對服飾的精心裝飾上，土族人的頭飾、衣領、衣胸、辮筒、腰帶、圍肚、鞋襪以及枕巾，針扎、荷包、菸袋、背包、錢褡等都有刺繡。土族刺繡的種類按其針法分為盤繡、拉繡、堆繡等。

青海藝術：熱貢彩陶與民間創作

　　盤繡是土族刺繡的特有針法，即用兩根針在所繡的布塊上上盤下扎，布置成點、圈，配色鮮麗、華貴。最常見的圖案有「八寶」、「雲氣」、「太極圖」、「富貴不斷頭」、「孔雀戲牡丹」、「獅子滾繡球」、「老鼠拉葡萄」、「寒雀探梅」、「石榴花」以及十二生肖等。運針細密均勻，圖案緊湊大方、生動形象、疏密得當、融疊自然、色澤鮮明流暢、平整幹練，十分優美。每件繡品都是一件精美的藝術品，具有極高的觀賞和收藏價值。

樸實而富有藝術力的農民畫

　　青海農民畫有著青海省地域特色，作品中吸收了藏傳佛教繪畫、民間刺繡、剪紙、漆畫工藝和皮影等藝術風格。其中以湟中農民畫最為著名。湟中農民畫是一種農民繪畫藝術，作者多為湟中地區藏、回、漢族民間油漆畫工以及工藝工匠和精於刺繡、剪紙的農家婦女。湟中農民畫在繪畫技法上吸取了佛教壁畫、建築圖案、民間剪紙及雕刻等藝術養料，取材於農家田園生活，表現形式上具有傳統的民間特色，風格渾厚質樸、自然清新。形成構圖誇張、色彩明快的獨特藝術風格和濃郁的鄉土氣息。

　　青海湟中農民畫於1970年代興起，由湟中縣文化館率先集合農民業餘美術愛好者進行培訓、創作。在這50多年來創作出了許多優秀的作品，如華生蘭的〈雞花圖〉、何啟才的〈駿馬馳原〉、晉生旺的〈慶豐年〉等，並湧現出一批優秀的農民畫家，如：孟熬奎、李寶洲、李寶香、徐全熙、魏溫、孟友邦、黨明漢、寶玉貴、白世蓮、韓復蘭、郭統玉等，都是創作農民畫傑出的代表。因此以塔爾寺為中心的湟中縣地區被稱為「農民畫家之鄉」，同時也被中國文化部命名為「中國現代民間繪畫畫鄉」。

令人稱道的剪紙藝術品

　　民間剪紙是各地居住民族的一種簡易、便捷的生活裝飾形式，其造型的文化內涵與民族習俗、宗教信仰密切相關，每一幅圖案都有其特定的內容和含義，大都為希望和祝福等的美好願望。所以，在上千年的歷史長河中，民間剪紙藝術陪伴各族人民的喜怒哀樂而發展，用喜聞樂見的造型語言展示出人們內心世界樸素的情感與祝福，其藝術形式則深深扎根於民間。

　　青海民間剪紙藝術歷史悠久，幾乎與中原民間剪紙同步發展，約漢唐之際廣泛流行於民間，最初由民間婦女用金銀箔等剪成圖案或花鳥造型貼在鬢角做裝飾，後來主要用於喪葬、喜慶或節日到來時用彩紙剪成和各種團花圖形貼在門窗上做裝飾；還有一種剪紙形式與民間刺繡密不可分，即刺繡圖案首先是取自剪紙圖案，繡女們將剪紙圖案褙（將布、紙或其他材料黏貼、縫合或覆蓋在另一種材料上）在繡布上，然後再進行刺繡工藝，這種剪紙形式一直盛行延續到 1980 年代。青海民間剪紙主要分布在東部農業區，居住在這裡的漢、藏、土、回、撒拉等民族也均有為刺繡而做的剪紙手藝。

　　青海民間剪紙的藝術形式蘊含了不同民族、不同信仰的民俗文化，產生出地域、信仰、審美差異的剪紙圖案，形成多元化的剪紙刻畫藝術，如漢、藏、土族的剪紙畫面取材面廣，有人物、動物、植物，禽魚花果等，含有佛教民俗色彩，賦予吉慶祝福的美好語言，而回族、撒拉族的剪紙題材僅限於花草果木、山丘溪流等。

青海藝術：熱貢彩陶與民間創作

青海黃河奇石藝術

　　黃河石為卵石，主要產於黃河上游劉家峽水庫至寧夏青銅峽水庫的黃河河道裡，尤以蘭州地槽一段所產為多，故古人冠之以「蘭州石」之名。《雲林石譜》「蘭州石」條介紹道：「蘭州黃河水中產石，有絕大者，紋彩可喜，間於群石中得真玉，璞外有黃絡，又有如物像，黑青者極溫潤，可試金。」

　　在黃河的不同河段，黃河石的品質各異，包攬了成岩、沉積岩、變質岩等不同的質地。由於山石岩質、礦物成分自然條件各異，因而形成了不同類型的黃河石。黃河石形成形狀與其歷史有關，在漫長的時光流逝中，石塊在黃河河道中被水流和泥沙石衝擊打磨、相互碰撞，造成其造型各異，千姿百態的形狀，黃河石的大小各異，大則數噸，小則幾百克。色調古雅渾厚。黃河石有圖案石、具像石、抽象石和古生物化石，其圖案有古今人物、歷史場景、動植物圖案等。黃河石的觀賞價值主要在於其石表色彩花紋的組合變化。許多石紋能形成天然畫面，諸如山水、花鳥、人物、動物，乃至文字符號，無奇不有。上品黃河石極少，一般要求體積稍大，石形完好無損，畫面要渾然天成，或以色彩勝，或以意境勝。再配以適當的座架，便可成為室內陳設或案頭清供。

　　黃河石，包括星辰石（原名鼓丁石）、造型石與影像石。體型遠較中下游黃河石巨大，石質細膩堅硬，色澤以黑、褐為主，白、綠、黃次之，紅色、紫色最罕見。目前，青海地區民間收藏多以此石種為主，且藏量較為可觀，不乏精品絕品，有的可為稀世奇珍。黃河是中華民族的發祥地，黃河文化源遠流長。黃河母親這神工巨匠塑造了這些千姿百態、形象生動、異彩紛呈的奇石。

黃河奇石具有天然性、稀有性、科學性、可柔性、區域性、商品性等特點，根據黃河奇石的產出背景、形態特徵及成岩構造的不同，大體上分為畫面石、象形石、景觀石、彩色石、抽象石、黃河化石和文字石等幾種。

青海藝術：熱貢彩陶與民間創作

青海文物：青銅遺珍與古墓問世

青海文物：青銅遺珍與古墓問世

這是一片神奇的土地，中國祖先很早就在這裡繁衍生息。這裡既有燦爛的彩陶文化，又有罕見的史前災難遺跡；既是絲綢之路的通道，也是茶馬互市的所在。這是一片有著深厚文化積澱的土地，是一片值得我們細細品味的土地。

稀有的北朝時期
波斯薩珊王朝銀幣在青海出土

一批珍貴的5世紀波斯薩珊王朝國王卑路斯時期的銀幣，於1956年在青海省西寧市隍廟街（今解放路）省糧食廳的建築工地上出土。這批銀幣均為圓形，直徑約在2.5公分，重約3.8克，共出土76枚。根據銀幣正面王者肖像的不同分為A、B二式。

A式銀幣共15枚，王冠呈一新月形，冠的側面和後部有一雉堞形飾物和兩條飄飾，腦後有髮髻，項間飾聯珠形項鍊，臉前近肩處鑄有缽羅婆文的銘文一行，翻譯成中文是：主上，卑路斯。

B式銀幣共61枚。王冠前後飾翅形物，冠後是一對翼翅。冠頂有一條由肩上飄起的帶飾與髻後的一條相對稱。

A、B二式銀幣背面圖案相同，是一般薩珊朝銀幣都有的拜火教祭壇，壇上有火焰，火焰的兩側為五角星和新月形象。祭壇的兩側各有祭祀一人，相對而立。其背後多有銘文，表示鑄造的地點和紀年。

波斯的錢幣在中世紀的中亞和西亞占有國際貨幣的地位，流通很廣。在波斯國境外，它們被發現的地點，常可表示當時的貿易和交通的路線。

波斯薩珊王朝通使中國的最早記載見於北魏文成帝太安元年（西元455年），就是卑路斯即位的第二年，其後又在 461、466、468、476 各年都曾通使中國。這些都是在卑路斯在位時期（西元 457～483 年）進行的。當時中國和波斯交通發達，貿易頻繁，所以有大批卑路斯王朝時期的銀幣在中國境內發現。

　　北朝時中原政局動盪，河西群雄割據，戰事頻繁，絲綢之路的交通孔道——河西受阻，商旅貿易往來和僧眾朝佛取經多取道西寧、柴達木一線。青海遂成為中西交通新的通道，史稱「絲綢南道」。西寧出土的 76 枚波斯薩珊王朝卑路斯時期的銀幣，就是這條商路昔日繁榮興盛的見證。

青海新石器時代文化有哪些

　　青海新石器時代文化的主要代表是馬家窯文化。磨製石器的出現、原始農業的產生和陶器的發明是新石器時代到來的三個最顯著的特徵。特別是彩陶的製造，已經達到了登峰造極的階段。中國是世界上最早出現彩陶的國家之一，甘、青地區是出土彩陶最多的地域，因此，彩陶成了這一地區遠古文化的顯著代表物。尤其是彩陶出土數以萬計，並且精品紛呈，令人嘆為觀止，遂有「彩陶王國」的美譽。

　　宗日文化遺址位於青海省同德縣境內。它是青海地區新發現的一個新石器時代文化遺址，共發掘墓葬 341 座，出土各類文物 23,000 多件。宗日遺址的文化內涵包含有四種因素，它們是馬家窯類型、半山類型、宗日式和齊家文化。宗日遺址的文化年代與馬家窯文化相始終，結束於

青海文物：青銅遺珍與古墓問世

齊家文化。遺址中又出土一件馬家窯文化「舞蹈紋」彩陶盆。這件舞蹈盆的繪畫構思與布局與上孫舞蹈盆的風格完全一致。只是盆內舞者均為女性，共兩組 24 人。共舞者均以長頸、溜肩、細腰、豐臀為模式，款擺腰肢，婀娜秀美，與上孫舞者相比，形成鮮明的對照。宗日舞者，更加展現出女性形體的曲線美。宗日文化墓葬中的火葬、石棺葬、墓祭及葬式等現象，在青海卡約文化墓葬中有著相同的葬俗淵源。因此，有學者認為宗日遺址則可能屬於早期羌人的文化。

青海省青銅時代的文化

青海省青銅時代諸文化有齊家文化、辛店文化、卡約文化和諾木洪文化。

齊家文化因 1924 年在甘肅省廣河縣齊家坪發現而得名。齊家文化遺存在青海有 430 餘處。齊姓家族過著定居生活，以農業生產為主，在手工業方面有了進一步的發展，突出表現在冶銅工藝上。銅的出現，在中國古代冶金史上具有劃時代的意義，它證實了齊家文化的社會發展已從新石器時代進入青銅時代。青海貴南尕馬臺遺址的七星銅鏡和西寧沈那遺址的巨型銅矛都已進入中國文物之最的行列。

在製陶業上，「慢輪修整法」的出現是製陶技術水準提高的重要象徵。在墓葬中隨葬品的多寡懸殊、男女人骨架的排列及非正常死亡驟然增多等遺跡，反映了這一時期貧富分化，男尊女卑和以人殉葬習俗的現象均已出現，從另一個側面印證了原始氏族公社制度的解體，其社會發展至少處於氏族部落聯盟的軍事民主階段。在建築中堅固、美觀，具有

防潮作用的方形或圓形半地穴式的白灰面房子是齊家文化建築技術上的一大創舉。

辛店文化因 1924 年在甘肅省臨洮縣辛店村發現而得名。青海的辛店文化遺存有 97 處。辛店文化被分為山家頭、姬家川和張家嘴三個類型。辛店人過著定居生活，以從事農業為主，並兼營畜牧業。在青銅時代諸文化中，辛店文化的彩陶比較發達。在紅、白陶衣上繪黑彩紋飾是辛店彩陶的獨特畫風。青海民和核桃莊墓地出土了大量鳥紋彩陶器，其鳥的姿態極為豐富，行走、起飛、降落、交配等各種姿態均表現得淋漓盡致，辛店畫家對鳥類習性的觀察已非常細緻入微。

卡約文化因最早發現於青海省湟中縣卡約村而得名。它是青海省分布地域最廣，遺存數量最多，持續時間最長的青銅時代土著文化，遺存多達 1,700 餘處。卡約文化分為卡約、阿哈特拉、上孫家寨和中莊四個類型。它的經濟形態是河湟谷地以農業為主，高寒山區和草原地帶以畜牧業為主，青海湖畔則以漁獵業為主。從齊家文化開始到卡約文化完成的由農業到畜牧業的社會經濟形態轉變，是青海地區進入青銅時代後社會發展進步的重要象徵。當中原王朝發展已進入鼎盛階段時，青海高原的卡約文化仍處於氏族部落聯盟時期的軍事民主階段。卡約文化距今 3,000 年左右，它的下限一直延續到漢文化進入河湟地區後逐漸融合於漢文化之中。卡約文化是古羌文化遺存已成定論。

諾木洪文化因首先發現於青海省柴達木盆地的都蘭縣諾木洪塔里他里哈而命名。該文化遺存在青海柴達木盆地的都蘭和烏蘭縣分布較多，共 40 餘處。諾木洪人過著相對穩定的定居生活，從事畜牧業與農業。一般認為，它是卡約文化向西發展在柴達木地區形成的一種地域性文化，與卡約文化同屬一個大的文化系統，也是古羌文化遺存。

青海文物：青銅遺珍與古墓問世

青海高原最古老的吹奏樂器是什麼

　　1990年代，青海同德新石器時代宗日文化遺址出土了一件陶塤，是青海原始吹奏樂器之一。此類樂器在青海化隆下半主窪青銅時代卡約文化墓地也出土過一件。這兩件陶塤均呈扁橢圓狀，手製泥陶，頂端設一吹孔，腹部分別設對稱小孔2個和4個。中空平底，可吹出聲調。其中一件下端設鈕孔，為繫繩攜帶設計。

　　《史記·樂書·索隱》有「塤，以土為之，大如鵝子，形錘，吹之為聲」的記載。塤在新石器時代的半坡、姜寨遺址中均有出土，其中對半坡一音孔陶塤進行測音，運用全開和全閉兩種按孔法換角度吹奏，可吹出四種不同頻率的樂音。而青海陶塤設有三孔與五孔，雖未做過測音試驗，但猜想至少也應有四個不同頻率的樂音。

　　1950年代，青海都蘭塔里他里哈青銅時代諾木洪文化遺址出土骨哨和骨笛各一件。它們均採用獸骨加工磨製而成。其中骨哨為管狀，一端有孔，外壁中部有一圓刻槽，為繫繩所用。這種哨形器在青海卡約文化墓中也有實物出土，不過是石質哨，三角形，器表兩面設鑽孔與中間一吹孔相通，均吹之有聲。

　　骨笛是西部草原上的樂器，它的歷史可追溯到古老的青銅時代。諾木洪骨笛殘長8公分，殘笛上面仍然保留4個小孔，孔距為1.2公分、1.3公分和2.7公分不等。這種骨笛在青海西寧朱家寨青銅時代卡約文化墓地也出土過一件。卡約骨笛殘長15.4公分，殘笛上分兩組8孔，一組1～5孔（自左而右），孔距1.1公分～1.3公分不等；二組6～8孔，孔距為0.8公分～0.9公分不等，第5孔與第6孔之間相距為1.9公分，為兩組孔的分界。這兩件骨笛都能吹出簡單的音調。骨笛的出現，無疑證實了管樂

在江河源游牧地區的青銅時代或許更早就已經開始使用了。

河南舞陽賈湖新石器遺址出土的七音孔骨笛,其形制與青海骨笛基本相同,經專家測試,認為至少是六聲音階,也可能是七聲齊備,屬於古老的下微調音階。

骨笛是江河源古羌游牧民族所喜愛的樂器之一。唐代詩人王之渙的〈出塞〉「羌笛何須怨楊柳,春風不度玉門關」一句,正是對青海骨笛最好的注腳。骨笛是西陲草原上原始樂器中一顆燦爛的藝術明珠。

從青海出土的古代樂器來看,打擊樂器中的陶鼓與石磬,只能敲出單調的節奏,而吹奏樂器中的塤與哨,則出現了多音階,使古音調朝著完美的方向發展。它們由不定型到定型,由不定音到定音,由個別的單音到多音。這種發展趨勢正符合事物由簡單到複雜、由低階向高級的發展規律。

在史前時代,藝術的創造只是整個勞動生活的組成部分,那時的藝術無疑是一種原始的、初級的藝術,是一種透過生產活動反映出來的最自然和最真實的藝術。

國寶「虎符石匱」是怎樣發現的

1942 年,一輛滿載輜重的大車在西部邊陲的小徑上艱難地爬行著,車輪碾壓著大地發出沉悶的呻吟聲,突然車軸斷裂,大車轟然倒地,一具虎形石刻從大車上滾落出來。

這具虎形石刻是當時任青海省府幕僚天水系馮國瑞在海晏縣「三角城」內發現的。軍閥馬步芳聞知後,欲將此物運往西寧,因石刻過於笨

青海文物：青銅遺珍與古墓問世

重，限於當時道路和運輸的條件，途經東大灘時，車出故障，將其遺棄，從此這件珍貴的古代石刻被拋棄在荒野，經受著長年風雨的侵蝕。

1956年，青海省文管會將虎形石刻移至海晏縣文化館，並根據石刻基座上三行篆刻銘文「西海郡、始建國、工河南」九字和城內採集到的「西海安定元興元年作當」帶字瓦當，將俗稱「三角城」定為漢代古城遺址，即「西海郡古城」。同時將虎形石刻命名為「漢代石虎」。

1987年，海晏縣文化館將西海郡古城內長期遺棄的另一塊石刻運至館內時，驚愕地發現，該石刻上也有三行篆刻銘文，曰「虎符石匱、元年十月癸卯、郭戎造」。更加令人驚奇的是，該石刻經專家鑑定，與以前發現的那具漢代石虎不僅材質相同，榫卯套接吻合，其篆銘的體例風格均完全一致。因此斷定它們為一組石刻的兩個組成部分。其銘文結合串讀為「西海郡虎符石匱，始建國元年十月癸卯，工河南郭戎造」。銘文大意是「西海郡的虎符石匱是由河南郡的工匠郭戎在建國元年十月五日這天製作完成的」。這件組合成套的虎符石匱是青海省迄今發現的時代最早的大型石刻，為研究青海古代郡縣建置以及雕刻、書法藝術提供了珍貴的實物資料。

西海郡虎符石匱是由雕有石虎的匱蓋和匱身兩部分套接組成的一件文物。其上部石虎呈蹲臥狀，昂首張口，形象威武。下部匱身有一凹坑，應為石室。此物長1.39公尺、寬1.17公尺、高2.03公尺。

「虎符」是古代帝王傳達命令或調兵遣將用的憑證，多以竹、木、玉、銅為之，其虎做臥伏狀，上鐫銘文，右留京師，左與郡國守相，雙方各執一半，合之以驗其假。西海郡的石虎符，體積重大，不易隨身攜帶，顯然不同於上述虎符的用途。

「石匱」即石頭製成的匱。《說文》：「匱者，匣也。」有專家認為，「石寶金匱」就是石匱的代稱。《漢書·高帝紀下》：「又與功臣剖符作誓，丹書鐵券，金匱石室，藏之宗廟。」如此說來，以石為室，中置金匱，內藏重要文書，這是石室金匱的本來用途。西海郡的石匱部分，集石室金匱於一身，中空有室當之無愧。虎符由石虎和符銘而來，石匱則由石室金匱而生，兩者結合後方能產生「虎符石匱」的完整概念。

西海郡虎符石匱的建造年代正是王莽新政與西漢王朝地方政權更替交接時期。因此專家推測，西海郡虎符石匱大概是用來盛放五威將頒布於天下的所謂「符命四十二篇」的。在西海郡建造此物無非是要告訴人們，王莽政權受命於天，非人力所能動搖。

明代「象背雲鼓」石雕

在青海省樂都縣境內的明代藏傳佛教古剎瞿曇寺隆國殿內，有一尊堪稱稀世珍寶的文物，它就是出自明代宮廷匠師之手的石雕——象背雲鼓。此石雕製作於宣德二年（西元 1427 年），以紅沙石為材，高 2.93 公尺，重約 3 噸。長方形底座四周雕以珠邊仰蓮，座上跪伏一小象，憨態十足，回首凝望，長鼻捲起一朵蓮花。象身鞍、鐙、籠、韁俱全。背負荷葉淨瓶，瓶上起雲紋鼓座，雲座上安放一面直徑 1.25 公尺的木幫皮面大鼓，敲擊聲震四方。這尊石雕比例適度，雕工精湛，可謂石雕文物中的精品之作。

青海文物：青銅遺珍與古墓問世

罕見的史前災難遺址 ——
喇家遺址的發掘與研究

　　喇家遺址位於青海省民和縣官亭鎮下喇家村，坐落在黃河北岸二級階地的前端，它是青海省文物考古研究所與中科院考古所多年連續發掘的合作性專案。從1999年開始發掘，2000年首次發現了中國史前災難遺址，引起學術界的廣泛關注。2002年至2004年，又陸續發現當時供氏族部落集體活動的廣場、築臺及祭祀性墓葬和房址、玉器作坊、灰坑等遺跡，還清理出數量極為可觀的陶器、石器、玉器和骨器等文物。遺址基本儲存了災難發生時的原貌。

　　考古發掘證明，該遺址是具有寬大環壕的大型原始聚落，在聚落內分布著密集的窯洞式白灰面房址。經專家分析，這裡出現環壕聚落遺跡現象，說明它不是一般的遺址，它很可能是比較大的部落或是較小的邦國，可能是當時這一帶的行政中心聚落區，有著相當的管理系統，離國家組織不遠。特別是該遺址的總體布局，更加說明這裡曾經是十分繁榮的地方。

　　遺址中的4號房址是一座面積約14平方公尺、門朝北開、室中心有圓形灶坑的白灰面窯洞式建築。14具死者遺骸姿態各異，不規則地分布在室內的各個地方，他們有的匍匐在地，有的側臥一旁，有的相擁而死，有的倒地而亡。其中室內東牆壁下的一對母子，母親無奈地倚牆跪坐地上，她右手極力撐地，左手將一幼兒緊緊地摟抱在懷中，臉頰緊貼在幼兒的頭頂，幼兒的雙手緊緊摟住母親的腰部。這組遺骸母子相依，形象地再現了慈母以身護子的感人場面。相距不過2公尺的3號房址中，

也發現了可能在同一時間因同樣的原因而死亡的母子形象，母親仰面朝天，似乎在向上蒼乞求生存和保護孩子的權力。她的死亡姿態幾乎和 4 號房址中的母親一樣，展現出慈母善良的天性。在 4 號房址西南部，有 5 具遺骸集中死亡在一起，其中有一年長者似乎用雙手護衛著身下的 4 人，5 人或坐或倚或側或僕，頭顱聚攏在一起。這些亡魂在生死訣別的一瞬間，呈現出母佑子、長護幼的感人場面，給人帶來極為強烈的心靈震撼。

是什麼樣的災難，讓他們呈現出那樣一種感人的姿態？是什麼樣的災難，讓他們頃刻間失去了寶貴的生命？經過考古學家與古環境專家共同對該遺址進行實地考察研究及分析，在地層堆積中發現黃河大洪水的遺跡及沉積物，再現了黃河大洪水的歷史。同時又找到了多處地震遺跡，包括地裂縫、塌陷、沙管和褶皺起伏等跡象。根據這些災害跡象，基本釐清了災變的原因。引起喇家遺址災難的是一場地震，而摧毀喇家聚落的則是隨之而來的洪水。地震對喇家人造成了許多災難性打擊，而洪水又給予它毀滅性的衝擊，喇家文化從此消失了。

4,000 年前，喇家村定然是個很有生氣的地方：吠叫著的狗歡快地奔跑在村子裡；孩子們在窯洞式的屋頂上玩耍著；婦女們倚靠在門邊製作陶器或閒聊著；滿載野犛牛肉從遠方打獵歸來的獵手使這幅忙碌的、充滿歡聲的畫面顯得更加活躍。然而 21 世紀的同一個村落，看上去只是雜草叢生的廢墟。從前的居民已不復存在，只有那些崩塌後埋入土中的殘垣斷壁和零星的陶片似乎在默默地提醒後人，這裡曾有過繁榮的歷史，讓後人在文明的碎片中去思考歷史的教訓。

青海文物：青銅遺珍與古墓問世

器中之王 ——
都蘭出土的唐代銀包鐵太陽鳥

有「中國金字塔」之稱的青海都蘭古墓群，在茫茫的時光隧道裡酣睡了 1,500 餘年。當歷史的腳步跨入 1980 年代時，一批批經典的唐代金銀器在柴達木盆地的泥沙中閃爍出神奇的靈光，一段封存久遠的歷史帷幕被漸漸拉起。

自 1983 年起，青海省文物考古研究所對都蘭古墓群進行了 10 餘次大規模的考古發掘，在考古工作者們共同努力下，發掘出一批又一批的珍貴文物。其中一組銀包鐵太陽鳥的精采造型更加令人振奮。這組文物出土時殘損嚴重，復原後的太陽鳥爭奇鬥豔，銀光閃爍，富麗華貴，真可稱為都蘭唐代金銀器中的器中之王。

這組太陽鳥均挺胸抬頭，氣宇軒昂，頭部螺旋冠飾和頸部忍冬形飄帶與尾部相連。翼部和尾部採用陰刻手法刻出忍冬花形，眼睛、翅膀中心和尾部忍冬花蕊處各鑲有綠松石飾作點綴，正反相同。足底呈扁平狀橢圓形，足前穿有兩個小孔，孔中有銅釘殘痕。足底中部伸出一鐵釘狀物穿於底座之上，與底座連為一體。底座為長 44.5 公分，寬 3 公分，厚 0.8 公分的小木片。其上有同樣尺寸的鍍金銀質飾條，飾條上有縱列式鏤空環狀忍冬唐草紋飾。這組文物出自都蘭熱水一號大墓一號殉馬溝中部，與它同時出土的還有許多殘碎木件，很可能是宗教祭祀性器物上的一些裝飾部件。

透過對這組太陽鳥的仔細觀察，文物研究人員發現它們的造型有著細微的差別。這些差別把六隻太陽鳥按造型分為兩種，每種造型三隻，按交錯式排列。它們之間的差別主要表現在，頭部螺旋狀冠飾的樣式、

鳥喙的形狀、尾部忍冬花形和鑲嵌綠松石數量、鳥腿部的高低以及鳥胸部的挺拔程度等都有微妙的區別。

都蘭出土的這組唐代太陽鳥的造型，在題材和裝飾上都具有濃厚的中亞地區粟特金銀器的風格。其做工極為精緻，達到了至善至美、無與倫比的最高境界，堪稱青海唐代文物中的精品。

關於這組文物的年代問題，在學界尚有爭議。有學者認為這組文物的年代應在西元600年前後的隋唐時期；也有學者將它定在武則天到玄宗時期（西元690～712年）。不論它的歷史年代有多麼的久遠，都展現出那個時代造型藝術的高超技藝，它是中西文化交流和融合的代表作之一。

青海古代耳飾品

首飾是人體裝飾美的象徵。人類開始利用自然物裝飾自身的歷史可以追溯到古老的舊石器時代。兩萬年前的山頂洞人，就已經開始用各種天然材料加工製成精美的工藝品進行自我裝飾。然而，居住在世界屋脊之上的江河源頭古代先民，在新石器時代的生活實踐中，也摸索出一套較為完善的人體裝飾品的製作技術，成為當時西陲高原先民生活中不可缺少的一個重要組成部分。

根據青海考古發掘已見報的耳飾品資料統計，共出土各類耳飾品200餘件，它們出自新石器時代馬家窯文化中的半山與馬廠類型；青銅時代的齊家文化、卡約文化；漢代；隋唐及明代等8種文化年代，由石、綠松石、瑪瑙石、玉、煤精、琉璃、玻璃、金、銀和銅10種材質精心製作而成。原始先民經過選料、加工、精心細作等步驟，創造出多種用途，

青海文物：青銅遺珍與古墓問世

不同效果的稚拙、純樸、率直的裝飾品，為生活增添了美的元素。

青海地區出土的耳飾品，絕大多數都置於墓中死者的頭部周圍，這足以說明它們的用途是不言而喻的。居住在江河源頭的古代先民，在漫長的歷史歲月中均保持著佩戴耳飾的習俗。他們透過自己勤勞的雙手，創造出各類古樸典雅、精美絕倫的裝飾品，表達出世界屋脊獨具特色的高原人體裝飾風格。

青海古代軍禮器 —— 中國矛王

西寧人幾乎都知道沈那遺址，可知道遺址中出土銅矛的人就不多了，而對於這件銅矛是中國目前出土的最大一件古代軍禮器，知之者就更少了。

沈那遺址坐落在青海省西寧市北郊馬坊鄉小橋村北，位於湟水及其支流北川河交會處的二級臺地上，總面積約10萬平方公尺，是省境內發現文化內涵極為豐富的一處古代居民聚落遺址。

1990年代初期，青海省文物考古研究所對沈那遺址進行了考古發掘工作，得知4,000多年前，這裡氣候溫和，清澈的北川河從村前流過，似乎在向人們訴說著這片土地上先民們的勤勞與智慧。最初是馬家窯文化一個氏族部落在此定居耕耘。隨後，齊家文化又在這裡延續和發展。經過考古發掘，發現一批齊家文化的房址、灰坑、墓葬和石器、陶器、骨器以及青銅器等文物遺跡。其中在31號探方內出土的巨型銅矛是最為珍貴的一件文物精品，它是中國銅石並用時代的一件最大的青銅兵器，堪稱「中國矛王」。

這件「圓銎寬葉倒鉤青銅矛」的確令人震驚，其矛闊葉狀，雙面鋒刃，長 61.5 公分、寬 19.5 公分。矛中部兩面有 1.5 公分高的脊梁，銎與刃部結合處設一曲狀倒鉤。圓銎下端有一紐和三道圓箍，銎內遺留殘木柄痕跡。

　　齊家銅矛的問世，至少可以說明當時已熟練掌握青銅器的鑄造技術。齊家文化中的青銅器，除了用於生產工具和裝飾品外，還逐漸擴展到武器的生產。這充分反映出齊家文化時期正處在一個頻繁的戰爭年代。

青海古代就有了項鍊飾物

　　「項鍊」一詞，不見古籍，在民國的書刊中才有這種提法。1920 年代晚期，「項鍊」一詞陸續多見。儘管它的名稱出現較晚，但作為人體上的一種裝飾物，卻早已存在。

　　繁衍生息在地球肩膀上的青海遠古先民們自古就有佩戴項鍊的習俗。從青海考古發掘材料中獲悉，早在 7,000 多年前中石器時代晚期，這裡的先民就有佩戴裝飾品的習俗。青海海南州共和縣拉乙亥出土的石串珠飾就是西陲先民佩掛習俗的實物例證，儘管這一時期出土的實物數量極少，但畢竟是人體裝飾品中的先驅。

　　新石器時代馬家窯文化、宗日文化、銅石並用時代齊家文化、青銅時代辛店文化、卡約文化及漢唐時期，都有數量可觀的頸飾品出土。

　　新石器時代的考古工地有青海民和陽窪坡遺址、陽山墓地、核桃莊墓地、馬牌墓地、青海樂都柳灣墓地和青海同德宗日遺址 6 處；有馬家

青海文物：青銅遺珍與古墓問世

窯文化石嶺下類型、馬家窯類型、半山類型、馬廠類型與宗日文化 5 種文化類型。出土石串珠 18,577 粒；骨串珠 4,751 粒；綠松石飾 400 粒；紅色瑪瑙珠飾 47 粒；玉珠 2 粒；蚌飾 126 枚；海貝 15 枚；石貝 6 枚。它們分別出自 138 座墓中。

銅石並用時代的考古工地有樂都柳灣墓地、貴南尕馬臺遺址、尖扎直崗拉卡齊家文化遺址和平安東村齊家文化墓地 4 處。只有齊家文化 1 種。出土骨串珠 649 粒；綠松石飾 61 粒；海貝 47 枚。這些飾品分別出自 4 座墓中。

青銅時代的考古工地有民和核桃莊辛店文化墓地、貴南達玉臺、官塘下灘臺卡約文化墓地，化隆上下半主窪墓地，平安古城墓地，大通黃家寨楊家灣墓地，湟中李家山下西河墓地，循化街子阿哈特拉山墓地，貴德下劉村山坪臺墓地 9 處。有辛店和卡約兩種文化。出土石串珠 1,880 粒；骨串珠 2,896 粒；綠松石飾 36 粒；瑪瑙珠飾 58 粒；骨貝 17 枚；石貝 9 枚。它們分別出自 142 座墓中。

漢代時期的考古工地有大通上孫家寨漢晉墓地、大通長青鋁廠漢代墓地和平安東村漢代墓地 3 處。有漢、晉文化兩種。出土石串珠 2 粒；骨串珠 88 粒；骨佩飾 10 枚；綠松石飾 52 粒；瑪瑙珠 225 粒；琥珀珠 20 粒；象牙珠 144 粒；玉珠 9 粒；玻璃珠 167 粒；螢石珠 12 粒；煤精珠 7 粒；齒形珠 17 粒；彩珠 1 粒；金珠 1 粒。這些飾品分別出自 84 座墓中。

晚期考古工地有布哈河青銅時代墓地和海南州晚期墓地 2 處。其文化屬性尚未確定。出土石串珠 60 粒；骨珠 9 粒；綠松石飾 5 粒；瑪瑙珠 1 粒；玉珠 6 粒；木株 1 粒。它們分別出自 5 座墓中。

以上飾品數據出自青海地區 25 處不同文化類型的考古工地。共 11 種文化類型，17 種不同材質，392 座墓葬，飾品總計 30,414 粒。

人類的勞動創造了人類的文化。這可從古代先民頸部所佩戴的裝飾品中得到印證。青海地區出土的這些串飾品，絕大多數是成堆成組地分布在死者的肩後、胸前及頸部周圍。它們大都經過打磨和鑽孔，有的孔眼已被磨光變形，當是長期佩戴的結果。柳灣墓地中的馬家窯文化半山和馬廠類型綠松石飾品大多佩於死者的頭部、頸部和胸前。齊家文化綠松石飾的分布也是如此，但也有少數置於死者的腰部。有一枚綠松石飾品是含在死者的口內，這種現象是比較罕見的，或許今日死者口內含物的風俗就是從這時開始的。從這些串飾品的分布範圍分析，使我們有理由斷定它們是原始的項鍊，而且是確證無疑的。這些飾品的出土，為我們了解人類早期的裝飾和探索文明的起源，提供了寶貴的依據。

青海地區游牧經濟的興起，使生活用具裝飾藝術趨於衰微，促進了人體裝飾品的興盛，人的審美情趣更多地從人造器具轉向人體自身的裝飾。人體裝飾品體量小，易於攜帶，是其他藝術品無法替代的。卡約文化人體裝飾品構成了以後青海高原地區土著游牧民族裝飾品的框架，今天青海地區藏族的裝飾品基本上都能在卡約文化中找到雛形。如藏族裝飾品中的「銀盾」是古代銅鏡的發展演變，「銀元」是古代海貝的發展演變，「瑪瑙與琥珀」則是古代各類串珠飾的繼續與發展。

青海古代殉葬品 —— 人俑偶像

俑是古代用於殉葬的木製或陶製人像，多見於中國東周時期的墓葬中。人俑殉葬秦漢至隋唐時期比較盛行，到北宋以後陸續衰落，但仍沿用到元明時期。俑的製作材料以陶與木最常見，也有用瓷、石或金屬製品製作的。宋代以後紙明器開始流行（今天葬禮上火燒紙明器的遺俗，

或許就源於此時），陶、石、木製的俑漸漸退出了歷史的舞臺。俑的形象，主要有儀仗、士兵、舞樂和家內僕役等，並常附有鞍馬、牛車、庖廚用具和家畜等模型，還常有鎮墓闢邪的神物。儀仗俑，大多置於正對墓門的墓室或甬道兩側；家內僕役俑更多是放在墓室內，分家臣性質的文官俑和男女僕婢俑等；鎮墓俑的形象主要是力士和鎮墓獸，普遍分布在墓門兩側，發揮鎮墓與闢邪的作用。這些人俑形象在青海高原地區的古墓中也常有發現。

1980 年，青海考古工作者在西寧市陶家寨乳牛場漢墓群 5 號墓前室清理出男女銅俑 2 件。男俑高 19.5 公分；女俑高 18.4 公分，均為抄手站立的姿態。從出土時的位置和姿態上分析，他們可能屬於家內僕役俑。這類漢代銅俑在青海大通縣也出土過一件，俑高 22.5 公分，頭盤髮髻、溜肩、身穿長褂、拱手站立。從人體結構上觀察，可能屬女性僕婢俑。

在 1950 年代，西寧市修建南灘體育場時，出土唐代男女彩繪木俑 2 件，其中男俑高 34.4 公分，面部五官雕刻豐滿並繪有白粉，身穿紅色衣裳，衣紋採用線刻的方法表現，呈拱手站立狀。女俑高 33.5 公分，髮髻高盤，飾以黑彩。面部造型豐滿繪有白粉，身穿紅綠衣裳，體態端莊，拱手站立，一副道地的唐代婦女豐腴體態。衣紋同樣採用線刻的方法表現，雖然刀法簡練，但神態準確生動，頗具盛唐風采。

明代一般不再以俑殉葬，但在一些王公大臣墓中，還常發現數量可觀的陶質或木質俑像。1976 年，青海考古隊在大通縣黃家寨鄉大哈門村發掘的明代墓地就是一例，它是當時青海地區中軍都督府左都督柴國柱的家族墓地。在此共發掘 4 座墓葬。其中，在 2 號墓前室後壁甬道口兩側分別清理出木俑 4 件，但 3 件已殘朽，只有 1 件男性侍者俑位於甬道右側。木俑殘高 35 公分，頭戴黑色沙帽，身穿右衽綠色寬袖長袍，腰繫

革帶，雙手合攏於胸前，似捧一物。在這座墓的後室兩側也分別發現木俑 4 件，其中 2 件已殘朽失形，另兩件尚可辨其大略。一件位於後室左側，頭部已殘朽，殘高 32 公分，身著綠色盤領窄袖長衫，內套紅色衣裙，雙手交於胸前；一件位於後室的右側，高 37 公分。高髻，身著藍色高領窄袖長衫，領部和袖口均飾紅色，雙手統於袖內，此俑應為女性侍者。另外，考古工作者在 3 號墓四角又清理出木俑 4 件，其中後壁 2 件已殘朽，前壁 2 件形狀相似。高 79 公分，頭戴玄色六邊小帽，身穿藍色寬袖長袍，外套紅色圓領對襟無袖長衫，雙手交叉站立，中國古典男性的韻味十足。

在青海地區發現的這些俑，大多以寫實的手法模擬當時社會中的各種人物，較好地塑造出類型相同而性格各異的形象特徵。從這些俑出土時的位置、數量的組合、站立的姿態、面部的表情以及服飾的樣式等分析，他們多為家內僕役俑。這類文物的面世，充分展現出墓主人生前身分與地位的高低。為我們研究當時社會的生活習俗、各代的輿服制度和人體裝飾風格以及各時代的雕塑手法提供了彌足珍貴的實物資料。

青海唐代建築構件 —— 羽人瓦當

瓦當是中國古代建築簷頭筒瓦前端的遮擋，用以蔽護簷頭，產生固定和美化建築的作用。中國瓦當始於西周。從西周至明清各代，瓦當在式樣、圖案上都有所不同，明顯地反映出各時代建築文化風格特徵。瓦當最初為半圓形，後演變為圓形。

1985 年，在青海民和縣川口鎮出土一件有奇特圖案的灰色陶製圓形瓦當，屬於唐代建築構件，直徑 13 公分，圓輪邊緣製一圈連珠飾。瓦

當中心部位的主題紋飾為一雙翼飛人形象，其面部五官飽滿，螺髻，深目，高鼻，身體裸露，腹部以下遍生羽毛，赤足。羽人雙手合於胸前，似乎手握長簫正在吹奏。背部兩側伸出一對寬大的翅膀，翅膀上的羽毛清晰可辨，整個圖案為一人鳥合體的羽人形象。

在中國各地區的古代文化中，對鳥類的圖騰崇拜幾乎隨處可見。羽毛是鳥的象徵，在古人眼裡太陽是一隻能發光的神鳥。「天命玄鳥，降而生商」的故事是古代鳥崇拜中較為典型的例項。

鳥紋也是青海高原地區新石器時代馬家窯文化、宗日文化和青銅時代辛店文化、卡約文化中最發達、最富特徵的紋飾。在動物或人體身上安置雙翼在甲骨文、岩畫以及雲南、兩廣地區出土的銅鼓和提筒上常能見到，而這種「羽人」形象也是中國古代雕刻藝術中常有的表現題材。青海出土的這件羽人瓦當上的圖案很可能與古代鳥圖騰崇拜有關，也許是古人創作出來的又一種太陽神的形象，是太陽神形象的另一種版本。

青海原始的髮飾品是怎樣的

從人類發展史中可以知道，原始先民們一般都留有長髮，有蓄髮不剪的習慣。人類在進化過程中，相互間的交流越來越複雜，在生產活動中明顯意識到披髮極不方便，它不僅遮擋視線，妨礙活動，而且不利於相互間語言、表情的交流。於是，人類把原來散亂的頭髮束起來，用獸骨、玉石等材料打磨成統一的形狀，再用繩子串聯起來形成串飾，罩在頭髮之上，產生固定頭髮散亂的作用。

在史前時代，隨著生產力的發展，人體裝飾藝術也在不斷地進步，生活在青海高原上的原始先民也不例外。早在新石器時代，以馬家窯文

化為代表的青海原始文化中，有數量極為可觀的人體裝飾品大量出土。其中，裝飾品多以刻齒骨片飾、鑽孔綠松石飾為主，鑽孔水晶石飾和骨笄次之。當歷史發展到青銅時代齊家文化時期，髮飾品中出現了玉質材料，但是出土的數量極少。卡約文化是青海高原地區特有的土著文化，它與辛店文化和諾木洪文化並行發展。這一時期的髮飾品主要以骨笄為主，同時還出現了骨梳、骨釵等飾物。到了漢代，髮飾品從選材上更加豐富，其中有竹簪、木簪、銅釵、角釵、角梳、木梳和木篦等。十六國北朝時期，玉簪和象牙篦也相繼問世。元代流行鹿角釵，到了明代髮飾品多以玉簪為主。

簪的原名叫做「笄」。秦漢之後，笄稱「簪」。早在青海新石器時代，原始先民就開始用髮笄等首飾裝扮自身了。笄是原始先民們將頭髮挽成髻鬟後，用它貫穿固定，以免頭髮鬆散墜落的一種實用首飾。

在中國古代，女子插笄，被視為進入成年的象徵，需舉行儀式，稱為「笄禮」。笄禮源於周代。據《禮記》載，女子年滿十五，便被視為成人。古時稱女子成年謂「及笄」，就是此意。

髮飾品除笄與簪之外，還有一種叫髮釵的飾物。它的作用和簪一樣，也是用做插髮的飾物，但簪只作一根，而釵則作雙股。關於髮釵的安插方法，常見的有橫插法和倒插法兩種，它的安插數量，一般視髻的高低而定，髮髻越高安插得越多。

早在 3,000 年前，有插梳的習慣。當時，插梳雖不完全是為了裝飾美，卻是以後插梳習俗的濫觴。居住在青海高原上的原始先民們也有插梳的喜好。從青海出土的實物資料看，梳的產生早於篦。它可追溯到青銅時代的卡約文化與諾木洪文化時期，那時梳子的形制十分簡單，多用獸骨製成，在獸骨的一端銼幾個尖角便是梳齒。在梳子尚未發明之前，人們梳理

頭髮，主要靠手指。也許受手指的啟發，最初的梳子多為五齒。

有人根據青海地區出土髮飾品的數量推測，認為黃河上游新石器時代諸文化中很少發現用以束髮的笄類髮飾品，進而推斷青海地區的原始先民是盛行披髮而不習於「束髮」。而事實上，這一地區從馬家窯文化到齊家文化時期都曾出土過笄一類的束髮器，甚至有的地點出土數量還相對很多，因而，如果籠統地認為這一地區的原始先民只盛行「披髮」，顯然是無法解釋清楚這一現象的。

你了解青海原始的舞樂嗎

1. 舞

1973 年，青海大通上孫家寨出土了一件馬家窯文化「舞蹈紋」彩陶盆。1995 年，青海同德宗日又出土一件馬家窯文化「舞蹈紋」彩陶盆。這是目前中國所見時代最早的表現原始群舞活動場面的彩陶器。它的面世不僅為史前史的研究提供了重要資料，而且為中國史前時代美術、舞蹈、宗教史的研究提供了珍貴的實物例證。

上孫家寨舞蹈盆的內外壁及口沿均有彩繪，口沿彩繪分三組，都以圓點勾葉紋為中心，各組紋飾之間填以斜平行線紋。在內壁繪有四道平行帶紋，中間是主題紋飾「舞蹈紋」。共舞者 15 人，分為三組，每組五人，每組之間以內向弧線紋和柳葉寬頻紋相隔。共舞者手挽著手，面部方向一致，臂部擺向劃一，每個人頭的一側均有一斜道，似為髮辮，雙腿之間也有一反向斜道，應為男根。共舞者們踏著和諧的舞步，在舉手投足之間透出男性威猛陽剛之氣，與宗日舞蹈盆的舞者形象形成鮮明的

對照。人物繪製筆法流暢，構圖嚴謹，重於寫意，勾畫出一幅古代先民們團結、友愛的生活場景。

宗日舞蹈盆的繪畫構思、布局與上孫家寨舞蹈盆的繪畫風格基本一致，不同之處在於盆內舞者均為女性。共兩組24人，一組11人，另一組13人。古代先民以極為誇張的表現手法，抓住女性形體的突出特徵，每一位舞者均為長頸、溜肩、細腰、豐臀。共舞者們款擺腰肢，舞姿優雅輕盈，與上孫舞者相比，更加展現出女性形體的曲線美。

原始舞樂是古代先民們根據勞動中的不同動作和節奏所創造出來的藝術形式，這種形式以不同歷史階段的經濟發展為基礎，受當時生產力的制約。原始舞樂的內容及形式則反映了遠古人類生產力的水準，是同人類的現實生活緊密相連的，並以不同的表現形式在人類歷史發展中發揮它特定的作用。

藝術自從被人類創造以來，就從未與人類分開過。人創造了藝術，藝術表現了人。從舞蹈紋彩陶盆的彩繪技法和總體構圖觀之，充分顯示了遠古人類在實踐中所累積的藝術構思和表現手法。作者巧妙地運用了空間和立體的結合，將原始舞蹈從隨意的草創階段，到注重寫實的模擬性、再現性的發展，達到了以舞蹈盆為代表的注重抒情表演、寓意深刻的原始舞蹈藝術的成熟階段。

從舞蹈盆的整幅構圖觀察，舞者的動作整齊而一致，說明他們是踏節奏而舞的。在集體舞蹈中，原始先民們很注重舞蹈的組合變化和節奏強弱的交替與更換。要使集體舞蹈達到這樣的協調統一，除非在舞蹈時有一個指揮者，否則是難以解釋的。如果在舞蹈進行的同時，有一種聲音宏大、節奏感強烈的樂器充當指揮，才能使集體舞蹈達到這樣的完美性。雖然目前尚未發現與舞蹈盆同時共存的樂器，但是，當時至少應該

有一些簡單的打擊樂器，搏髀擊缶為樂最方便不過，以石為樂也極為可能。在民和陽山發現的陶鼓，更有可能是這種舞蹈的指揮樂器。

2. 樂

　　1980年代，青海民和陽山墓地及民和大莊李家嶺出土五件馬家窰文化的喇叭狀彩陶器，是迄今為止發現的青海最早的打擊樂器之一——陶鼓。

　　這五件陶鼓均為泥質彩繪，器形亞腰中空，兩端相通，上口沿呈罐狀，下部逐漸擴展為喇叭狀，上下口沿處設一對稱的環形器耳。

　　馬家窰文化時期的社會形態屬於原始公社的父系氏族制早期階段，與母系氏族社會相比，此時生產力有了較大發展。民和陽山陶鼓分別出土於隨葬品較為豐富的合葬墓中，墓主人均為男性，其身分絕非一般氏族成員。從該墓地的發掘情況來看，當時的生活必需品已出現了剩餘，貧富分化的現象已開始出現，陶鼓本身又帶有一種權威的象徵，那麼，擁有陶鼓的墓主也許就是氏族部落裡的領袖人物。

　　喇叭狀陶器是江河源古代先民在普通日用製陶的基礎上創造的一種新的器形。它絕非一般的實用陶器，而是與當時的社會精神及文化緊密相連的器物。這五件陶鼓的造型設計均為喇叭狀，器表上設有倒刺小鉤和鑽孔，以不同彩繪圖案作裝飾。

　　舞蹈盆的出土，象徵著中國在5,000多年前甚至更早的時代就已產生了原始的舞蹈活動，然而，原始舞蹈的一個最顯著的特徵，就是具有強烈的節奏感。從舞蹈盆共舞者們協調而統一的動作來看，在舞蹈的同時，應該有一種能承擔指揮職能，又聲音宏大，且節奏感強烈的東西充當指揮，才能使共舞者們達到步調一致的效果，比如：即興的呼號、擊

掌、跺腳、敲打木棒和石塊等，都能產生一定的指揮協調的作用。而陶鼓正好具備了指揮的條件。正如《中國古代音樂簡史》中所述：「打擊器樂有鼓，這是最早的樂器。」

「磬」為古代樂器，用玉或石製成。1970年代，青海樂都柳灣原始墓地青銅時代齊家文化1103號墓，出土了一件製作精緻，灰黑色三角形穿單孔的石磬，殘長42公分。屬於青海地區齊家文化的重大發現之一，也是中國同類器物中年代較早的一件。

20世紀末期，中科院考古所和青海省考古所對民和縣官亭喇家村進行古遺址的考古發掘工作。2000年6月12日，考古隊員在村民朱七十奴家避雨時，偶然發現並徵集一件青銅時代齊家文化巨磬一件。該磬為石刀形，長96公分，寬61公分，厚4公分，中上部有一鑽孔，青石質，是目前中國考古發現中最大的一塊，被稱為黃河磬王。

原始的音律比較簡單，其基本因素是節奏，擊石為樂極為方便。青海石磬，正是用石料製成的打擊樂器之一。磬上的孔，是為繫繩懸掛使用而設計，使其敲擊時音色更加洪亮清脆、悅耳動聽。磬的問世是原始社會步入文明的一個重要象徵。

1990年代，青海同德宗日文化遺址出土陶塤一件。該器呈扁橢圓狀，泥質紅褐色，頂端有一圓形吹孔，腹部設對稱小孔兩個，中空，平底，可吹出聲調。另外，青海化隆下半主窪青銅時代卡約文化墓地出土陶塤一件。該器採用灰泥手製而成，中空，器表磨光，呈扁橢圓狀，上端有一吹孔，腹部設對稱小孔四個，可吹出聲調，下端有鈕，鈕上一孔，為繫繩之用。

從青海出土的古代樂器來看，打擊樂器的陶鼓與石磬，只能敲出單調的節奏。而吹奏樂器中的塤與哨，則出現了多音階，使古樂器的音質

青海文物：青銅遺珍與古墓問世

朝著完美的方向邁進。它們由不定型到定型，由不定音到定音，由個別的單音到多音。這種發展趨勢正符合事物由簡單到複雜、由低階向高級的發展規律。

1950年代，在青海省都蘭諾木洪塔里他里哈出土青銅時代諾木洪文化骨笛一件，殘長8公分，上面有直徑0.4公分的孔四個，孔距為1.2公分、1.3公分和2.7公分。這種骨笛在西寧市西郊朱家寨遺址的卡約文化墓葬中也出土過一件。從青海新石器時代的馬家窯文化到青銅時代的卡約、諾木洪文化，從舞蹈紋彩陶盆到打擊樂的陶鼓，從打擊樂的石磬到吹奏樂的陶塤，再從吹奏樂的陶塤到管樂的骨笛，都有力地說明，西部高原原始舞樂活動是極為豐富的。

原始舞樂是古代先民們情感宣洩、抒發的最佳形式。在史前時代，藝術的創造只是整個勞動生活的組成部分，那時的藝術無疑是一種原始的、初級的藝術，是一種透過生產活動而反映出來的最自然和最真實的藝術。

世界上最古老的《可蘭經》手抄本在哪

循化撒拉族自治縣街子清真寺儲存著一本極為珍貴的《可蘭經》手抄本，它是現今世界上僅存的幾本《可蘭經》手抄本之一。

撒拉族祖先尕勒莽和阿合莽兄弟，從中亞撒馬爾罕舉族東遷時，牽了一頭白駱駝，駝峰上馱著一本珍貴的《可蘭經》手抄本和故鄉的水與土，跋山涉水，過沙漠走草地，歷經千辛萬苦，沿著絲綢之路，經新疆進入嘉峪關，至甘肅夏河縣甘家灘，終於來到循化境內。不幸的是，馱經的白駱駝走失了，他們便點起火把四處尋找，一直尋到街子地區時，

發現一眼清泉，同時也發現走失的白駱駝臥在泉水中化為一尊白石。祖先們拿起化石上的《可蘭經》手抄本和家鄉的水土時驚訝地發現，他們帶來的家鄉水土跟街子地區的水土完全相同，祖先們認為這裡便是他們尋找的樂土，於是決定在街子地區定居下來。從此，這本珍貴的《可蘭經》手抄本，和撒拉族人民一起在街子地區度過了漫長的700餘年。

高原古國 —— 都蘭古墓群

青藏高原是距天宇最近的地方。歷史的腳步從這藍天與黃沙對視、白雪與青草相伴的古老而又神奇的土地上靜靜地走過。在柴達木盆地東南緣，聳立著數千座古墓，它們依山面水、三五成群，在山頂、山腰及山梁與平地結合部形成「聚族而葬」的制度。這些聳立在大草原深處的古墓，是沉睡在地下的古文明殿堂，是一座塵封了1,500餘年的文物寶庫，也是一個被神祕的帷幕重重遮蓋的大千世界。這一望無際、連綿不斷的古墓，就是蔚為壯觀、舉世聞名、被稱為「中國金字塔」的青海都蘭古墓群。

都蘭是蒙古語，即「溫暖」之意。它位於青海中部柴達木盆地東南緣。這裡草原廣袤，雪峰環列，牧場寬闊，美麗富饒。都蘭古墓群是在1950年代青海省文物普查時被發現的。其中的英德爾羊場、科肖圖大墓被定為省級文物保護單位。1982年，青海省考古隊在都蘭縣進行岩畫調查時，由嚮導引領，來到熱水鄉扎馬日村的血渭草原上，見到了古墓群中的一座被當地人傳為「九間樓妖魔洞」的大墓。這座大墓氣勢雄偉，規模宏大，高30多公尺，底部基座寬160餘公尺，有幾十座大小不等的古墓圍繞在它的周圍，後被考古所編號為血渭一號大墓。遺憾的是，這

青海文物：青銅遺珍與古墓問世

樣一座規模如此宏大的古墓，卻曾經被盜。1941年，青海統治者馬步芳派遣柴達木墾務專員韓進祿徵調民夫400多人，由一連騎兵壓陣，對這座古墓進行了長達一個多月的大規模殘酷盜掘，盜取的文物珍寶難計其數。1982年8月12日，中國《青海青年報》刊登一篇題為〈妖魔洞古墓之謎〉的文章，首次向世人介紹了都蘭古墓，從此拉開了都蘭古墓群研究的序幕。

1982年到1985年間，青海省考古隊在都蘭縣進行了連續四年的考古發掘工作。1983年，熱水血渭一號大墓的上層封堆被揭開，出土了大量的絲織文物，被中國國家文物局評為「中國六大考古新發現」之一。其後，從1994年到1996年，青海省文物考古研究所在都蘭縣又繼續三年的考古發掘工作，再次被文物局評為「中國十大考古新發現」之一。1998年，青海省文物考古研究所在都蘭香加鄉莫克力溝繼續進行考古發掘；1999年，青海省文物考古研究所與北京大學考古系合作，對熱水鄉察蘇河南岸古墓群進行考古發掘；2005年，青海省文物考古研究所配合央視節目「新絲綢之路」，在熱水鄉賽什堂村哈祖溝進行考古發掘工作。

經過多年考古發掘，大量的珍貴文物重見天日。僅絲織文物就出土400餘件，有130多種不同圖案，其中112種為中原漢地織造，18種為中亞、西亞織造。值得一提的是一件缽羅婆文字錦，上面織有「偉大的光榮的王中之王」文字，是目前所發現世界上僅有的一件確證無疑的8世紀波斯文字錦。除絲織文物以外，西方文物還有粟特金銀器、瑪瑙珠、香水銅瓶等。如此眾多的來自東、西方的文物集中在這裡，應能充分說明青海絲綢之路的地位和作用。這些遺物絕大多數是吐谷渾與中原、中亞、西亞進行貿易的商品。出土文物雄辯地證明，在漫長的歷史時期內，東西雙方民間的交往從來沒有中斷過，青海絲綢之路一直是暢

通的。這可以從都蘭出土絲綢圖案類型學演變研究中得到確證。

在多年對都蘭古墓群的考古發掘與研究中，較大的收穫是確認墓群歸屬於吐蕃文化，是吐蕃統治下的吐谷渾邦國的遺存。但也有學者認為，都蘭古墓群的族屬問題，應屬吐谷渾文化。吐谷渾是活躍在中國西北地區歷史舞臺上的古代民族之一，吐谷渾起先只是鮮卑慕容部首領涉歸庶長子的名字，到後來，才成為一個國家和一個民族的名稱。西元3世紀末，吐谷渾因與其弟爭水草而分離出來，率部遷至今內蒙古陰山，後又輾轉遷徙到西北，漸次征服了今甘南、川西北、青南、柴達木盆地的羌、氐等族。到吐谷渾孫葉延時，正式建立政權。葉延便以祖父吐谷渾之名為姓氏、國號和族名，遂成為雄踞青藏高原，存國350餘年，地跨今日甘、青、川及新疆的泱泱大國。

吐蕃是後來者，西元663年，吐蕃攻滅吐谷渾後在此統治時間只有176年左右，從時間上看，墓內出土文物所跨越的歷史時代，與吐谷渾人活動的時代相吻合。如北朝晚期至初唐時期絲綢出土的數量較多，而此時的柴達木盆地正在吐谷渾國的有效控制下，絲綢的持有者只能是吐谷渾人。從空間上看，都蘭古墓群的分布範圍與文獻記載的吐谷渾活動區域相合，據目前的考古調查與發掘資料，都蘭古墓群主要分布在夏日哈河、察漢烏蘇河、柴達木河流域，而這一帶正是吐谷渾人活動的中心地帶。

都蘭古墓群是一座迷宮，是一座寶庫，它還有數不盡的寶藏等待我們去探尋。作為一個王國，它早已升天；作為一個歷史遺跡，它仍很神祕。

青海文物：青銅遺珍與古墓問世

中國唯一的彩陶靴出自哪裡

1989年，青海省樂都縣柳灣村在興修農田水利工程時，在舉世聞名的柳灣公共墓地以東300公尺處，一件靴形彩陶器在村民趙菊花的手下露出滄桑的面容。它的出土，為中國西部邊陲古代先民服飾文化的研究，提供了寶貴的實物資料。

這件極為罕見的文物瑰寶──彩陶靴，是距今3,000年前的青銅時代辛店文化山家頭類型的文化遺物。此靴為夾砂紅陶，通體施紫紅色陶衣並以黑彩繪製幾何形圖案。通高11.6公分，底長14.6公分，底厚0.6公分。頭圓跟方是此靴的重要特徵。彩繪紋飾以雙線條紋。雙摺線紋及三角紋相互組合繪於整個靴面。從彩陶靴整體造型結構上觀察，它是由靴幫、靴面和靴底三大部件組成。與製鞋工藝進行對照，此靴的歷史性成就在於，它已完全脫離了用整塊獸皮裹在腳上的原始製鞋方法。在幫與底的連線處可明顯看出，當時的先民們已能熟練地掌握反輓工藝，而反輓工藝在世界製靴史上居有重要的地位。時至今日，各國製鞋業依然在沿用。

學界一直認為，在新疆羅布泊出土的西漢時期的牛皮靴是中國出現反輓工藝最早的例項，它代表了西域民族，甚至漢代製鞋業的最高水準。然而，柳灣彩陶靴所反映的反輓工藝，顯然將這一工藝在中國出現的年代大大地提前了。

這件彩陶靴在中國屬首次發現，它雖然是一件容器，但是它的造型結構卻在告訴我們一個遠古的偉大創舉所經歷的漫長歲月，使我們對古代先民所創的製鞋源流充滿無限的敬畏。

元代紙幣在柴達木盆地流通

中國是世界上最早使用紙幣的國家。最早的紙幣當數北宋時的「交子」，比歐美各國使用紙幣要早 700 餘年。元朝中統元年（西元 1260 年），元世祖忽必烈下詔制定統一鈔法，印造「中統元寶交鈔」。從此，紙幣發行權由朝廷專控，所印行的交鈔在中國流通。到至元二十四年（西元 1287 年），朝廷進行了以發行「至元通行寶鈔」為象徵的鈔法改革。這時的中統鈔和至元鈔都在背面加蓋「至正印造」、「元寶交鈔」的墨印。青海格爾木出土的元代紙幣正是這一時期的產物。

1956 年，在青海省柴達木盆地的格爾木農場第一作業站出土了一包元代紙幣，共 400 餘張，有中統元寶交鈔和至元通行寶鈔兩種。其中，中統鈔有伍佰文和一貫文兩種面值；至元鈔的面值有一貫和貳貫兩種。中統鈔伍佰文的鈔紙規格為 28×19 公分；中統鈔一貫文的鈔紙為 29.5×21 公分；至元鈔一貫鈔紙為 24×20 公分；至元鈔貳貫的鈔紙規格為 30.3×21.5 公分。透過對比觀察，中統鈔比至元鈔的規格大，同一鈔種中，其面額大的，鈔紙規格也稍大，不同的面額有不同的尺寸規格。印行稍後的至元鈔比中統鈔的設計更加合理。它們是距今 600 多年前元順帝至正年間印造發行的。

元代的紙幣不僅在中原地區流通使用，而且在漠北、江南，甚至連地處西陲的青海、西藏都在廣泛流通。據《元史》記載，元成宗元貞二年（西元 1296 年）七月，朝廷一次就撥鈔十一萬八千錠，用於治理今青海、西藏等地驛站。元鈔的統一印造，在中國廣泛流通，為中國各民族間的友好交流和商貿活動提供了方便，促進了整個社會經濟的發展。

青海文物：青銅遺珍與古墓問世

青海原始動物崇拜形象 —— 鷹與蛇

　　在青海古代文化中，鷹是一個極為引人注目的形象。牠是青藏高原和北方草原地區常見的一種猛禽，也是青海遠古文化中很早就被崇拜的神靈之一。古代先民大致以兩種手法表現鷹的形象，一是列隊式表現；一是單獨式表現。鷹的那種搏擊千里、凶猛神奇的特質使牠成為先祖們神靈崇拜的偶像。

　　早在新石器時代，青海高原地區的先祖們就將鷹視為原始圖騰崇拜的對象。鷹是古代陶器、骨器、青銅器和岩畫上出現率較高的動物形象。青海同德宗日文化遺址出土的彩陶器上的圖案大多是以鷹的形象構成，說明這一時期、這一區域的人們對鷹是無尚崇敬的。

　　值得注意的是，列隊的鷹很容易被誤認成大雁。因為似乎只有大雁才會列隊飛行，而在自然狀態下的鷹則不具備這種功能。鷹之所以呈列隊狀，完全是一種圖案化的需求和藝術風格。青海大通上孫家寨卡約文化墓地出土兩件骨管器和一件銅牌飾上的列隊式鷹紋，均屬北方草原藝術風格。其中一件骨管器上的飛鷹為豎向兩隻，其形象較為抽象，寥寥幾筆，就鐫刻出鷹的雄姿。另一件骨管器上，則刻畫出兩排（七隻）交錯向上騰飛的雄鷹。在銅牌的一面同樣鑄有五隻橫向排列的飛鷹形象。在青海格爾木市郭勒木得鄉的崑崙山腳下野牛溝岩畫中，也發現了距今約3,200年的八隻橫向排列的飛鷹形象，牠們均朝著一個方向飛行，其隊形整齊劃一，給人團結、奮進、鷹擊長空之美感。

　　以單獨形式表現的鷹，在青海化隆雄先鄉上半主窪卡約文化墓地28號墓中發現一件鷹紋彩陶罐，是整個墓地54座墓葬中出土的唯一一件彩陶器。先民們採用較為寫實的手法在這件陶器的頸部繪製出展翅騰

飛的高原雄鷹形象。相比之下，在青海樂都雙二東坪辛店文化遺址中採集的彩陶片上的鷹紋，則是古人採用較為抽象的手法進行繪製的，將鷹型與網路紋套接繪製，創作出一隻獨立飛翔、裝飾味極強的變形鷹紋。另外，在青海天峻江河鄉盧山岩畫中也發現一隻獨立表現的鷹，此鷹採取垂直通體打製的技法，重點突出鷹的基本特徵。不論在岩石上鑿刻的鷹、青銅上鑄造的鷹、骨器上鐫刻的鷹還是在彩陶上繪製的鷹，都能充分說明，鷹這種神奇的動物是青海高原三江源頭古代先祖們心中崇拜的偶像。

在藏傳佛教中作為戰神和保護神的鷹，當來自印度佛教。在後來摻雜了佛教因素的苯教文獻中，鷹作為戰神和保護神的文化象徵更加明顯。內貝斯基（René de Nebesky-Wojkowitz）在《西藏的神靈和鬼怪》一書中列舉了西藏的13種戰神，鷹是其中之首。藏族對鷹的崇拜，還表現在天葬活動中。

在藏族人眼裡，天葬比任何喪葬形式都要優越。死亡對他們來講，是新生命的開始，是生命的又一個輪迴，而遺體的存在是阻礙亡靈早日轉世的。當屍體被鷹鷲吃得一乾二淨，然後隨群鷹消失在極高極遠的宇宙蒼穹，就意味著讓天的使者「鷹」將亡靈送往天堂。死去的藏族亡靈就是在這神聖的地方，透過鷹鷲這種神鳥被帶入天國，重新開始生命的輪迴。

在藏傳佛教藝術中，佛像背光頂端經常出現名為「欽瓊鳥」的形象，這種鳥實際上就是一隻嘴裡叼著一條蛇的雄鷹。而蛇在這裡卻是象徵世間的邪惡。鷹與蛇之間的對立，從古埃及便已開始。太陽神常以鷹的形式出現，與以蛇的形式出現的惡魔阿波費茲時時刻刻都在戰鬥著。在美洲神話中，鷹同樣扮演著「光明」，而蛇則是「黑暗」的象徵。古往今來，蛇一直和邪惡的觀念相關聯，所以人們對蛇的畏懼幾乎是普遍的。

青海文物：青銅遺珍與古墓問世

有些民族崇拜惡魔，他們認為，撫慰惡魔比崇拜善神是更合適的政策。於是在古埃及人中，蛇也是崇拜的對象。蛇神可奈夫是一種善良的精靈。蛇也是印度人崇拜的對象。北美的築丘人也崇拜蛇。新墨西哥的祖尼人崇拜蛇神柯羅維西（Kolowisi）或「有羽的蛇神」，每年都要跳蛇舞來祭祀祂。柬埔寨有許多大寺院，這些寺院一般都有蛇崇拜的遺跡。

這種鷹蛇之間的對立同樣也是青海高原遠古文化中的藝術主題。在青海大通上孫家寨卡約文化墓地出土了幾件與鷹蛇有關的文物。其中一件為骨管器，其管面上鐫刻著豎向交錯的四隻飛鷹形象，每隻鷹的嘴上均叼著一條蛇。這與藏傳佛教中佛像背光頂端「欽瓊鳥」的表現從形式上是一致的，均屬於同一表現題材。另外在這個墓地還出土了一件蛇紋青銅鏡和三件蛇紋銅鈴。這些青銅器上的蛇紋多為盤狀。蛇的形象在中國出現甚早，而且與「龍」似乎還存在著某些相互混同。

人類將自己心中所崇拜的神靈形象精心設計在不同的器物之上，以此表示他們對神的敬仰。這一件件優秀的藝術作品帶著先祖們千年的期盼和願望，在泥土的深層下向我們露出古老而神祕的微笑。

中國最古老的銅鏡出自何方

1977年夏日，一面4,000年前鏽跡斑斑的青銅鏡，在青海省海南州貴南縣拉乙亥鄉昂索村、尕馬臺齊家文化25號墓出土。此鏡出土後曾引起學術界的高度重視，經中科院考古所快中子放射分析法鑑定，此鏡銅與錫的比例是1：0.096，屬青銅器。它是迄今中國最早的一面飾有「七角星紋」的銅鏡。因此，七星銅鏡與尕馬臺遺址在國內外同享盛名。

尕馬臺遺址地處黃河南岸第二臺地，北距昂索村0.5公里，南靠穆

格灘草原，臺地東西長數里，南北有公里之闊。這裡自然條件優越，水利資源豐富，因而遠在新石器時代，先祖們就在此繁衍生息。

從尕馬臺齊家文化墓地隨葬品的多寡懸殊上分析，當時社會的貧富分化現象已非常顯著。25 號墓在整個墓地中，不僅隨葬品最為豐富，而且還處在整個墓地的中心位置，無疑，墓主人的身分在這一氏族中占有重要的地位。

七星銅鏡呈圓形，直徑 89 公釐，厚 3 公釐，重 109 克。銅鏡邊緣及鏡鈕周圍鑄凸形弦紋兩週。在弦紋之間，採用陽鑄雙關構圖法，突出特寫七角星紋和空白三角紋之間圖案套接的巧妙創意。值得一提的是，這是一面裝有木柄的銅鏡，鏡緣所設兩孔，是用來穿繩固柄的，至今在兩孔間仍然保留有一道繩紋印痕。該銅鏡在清理時發現木質鏡柄的殘跡。

齊家文化為銅石並用時代，距今約 4,000 年。中國銅鏡的發明至少可以追溯到商周時期，到戰國時，銅鏡已經非常盛行。開創貞觀盛世的唐太宗皇帝對銅鏡曾寫下這樣的話：「人以銅為鏡，可以整衣冠；以古為鏡，可以知興替；以人為鏡，可以明得失。」現在讀起來，還是那麼富有哲理，耐人尋味。銅鏡的使用直到清代後才逐漸被玻璃鏡所替代。今天銅鏡雖然已退出生活的舞臺，但是它的歷史價值並未隨時間的流逝而泯滅，它的神韻仍然在中國文化遺產中放出奪目的光彩。

走進史前文化彩陶的王國

舉世聞名的柳灣公共墓地，坐落在青海省樂都縣高廟鎮湟水北岸的柳灣村，這裡氣候宜人，環境優美，柳樹成蔭。湟水河從柳灣村南流過，它是青海的母親河，千百年來，河水堆積了兩岸廣袤的肥田沃土，

青海文物：青銅遺珍與古墓問世

孕育了燦爛輝煌的青海遠古文化。柳灣村北約 12 萬平方公尺的臺地上分布著 1,730 餘座古墓和近 2 萬件彩陶器，被譽為「彩陶的王國」。柳灣彩陶是繼西安兵馬俑之後，中國規模最大的文物發現。

柳灣墓地的發現比較偶然。1970 年代初期，當地農民在村後旱臺上平整土地過程中，一批批後來被定為是珍貴文物的精美彩陶在農民的鍬鎬下露出它昔日的風采。當地的老人們都還記得，村北那片神祕的土地，一直是父輩們捉摸不透的奇異之地，每逢大雨過後、山洪暴發或山體塌方，總會有許許多多陶罐、盆、碗從旱臺上邊滾落而下，於山溝、田間和地頭隨處可見。祖祖輩輩生活在這裡的農民們已經見慣了這些東西，他們並沒有意識到這些彩陶製品的寶貴價值，隨見隨毀，當成玩物，只有少量圖案花紋極為精美的彩陶被帶回家中，用於放置菜種和菸葉末等。那時柳灣村幾乎家家都有幾件彩陶器，村裡一些年幼無知的放牧童甚至將一個個陶器搬上山頂，然後再順坡滾下，看誰的陶器滾得快並最後破碎，以此比賽輸贏。這裡的彩陶實在是太多了，用「這裡的彩陶流成了河」這句話來形容是最恰當的。

這個儲存在柳灣村民心裡的千古疑團直到 1974 年才被破解。這年春天，一名駐村軍醫驚訝地發現，當地農民用於放置菜種和菸葉的那些陶罐上面，有許多原始的線條和奇特的紋飾。軍醫深知這些器物所蘊含的內在價值，他向相關部門匯報的柳灣彩陶出土的情況得到高度重視，1974 年 7 月，由青海省文化局組隊在柳灣墓地展開了正式的考古發掘工作，從此，拉開了柳灣墓地考古發掘的序幕。

從 1974 年至 1978 年，對柳灣墓地又進行了長達 5 年的考古發掘工作，共發掘古墓 1,500 座，計馬家窯文化半山類型 257 座；馬廠類型 872 座；齊家文化 366 座；辛店文化 5 座。出土各種生產工具、生活用具、

裝飾品等文化遺物共 3 萬餘件。

在柳灣彩陶博物館裡，展示著史前人類創造的無數件藝術精品。裸體人像彩陶壺、太陽紋彩陶罐、鴞面罐、蹲踞式蛙形人紋壺、彩陶靴等無一不凝聚著史前藝術的魅力。彩陶上那些簡單而原始的線條，並不失具體與抽象統一的美學原則，充滿了濃厚的生活氣息和自然的韻味，折射出史前先民不慕榮利，不為物役的純潔而質樸的心靈之美。300 多種形狀迥異、獨特而又神祕的彩繪符號，呈現出一種質樸的原生美，淺顯而又難以破譯。

柳灣彩陶藝術集製陶、雕塑、繪畫於一體，然而繪畫藝術又是彩陶藝術的靈魂，其圖案的構思、色彩的對比、點線面的穿插結合以及嫻熟的運筆，均再現出古代藝術家們高超的繪畫功底。

青海文物：青銅遺珍與古墓問世

青海飲食：特色美食與風味小吃

青海飲食：特色美食與風味小吃

俗話說「食在中國」，中國的飲食文化源遠流長、內涵豐富。走在中國的每一片土地上，都會讓你品嘗到各具特色的食品。青海以其博大的胸懷容納了「南甜北鹹、東辣西酸」等各地不同的風味，讓你在這裡能夠遍嘗中國美食。當然，這裡還有獨具特色的高原美食，讓你流連忘返。所以，我們可以自豪地說「食在青海」。

最具青海特色的小吃有哪些

走進青海街市，漫步市井巷道，你會發現，具有青海地方特色的小吃品種繁多、形態紛呈，如若品嘗，口感各異，保你久久難忘。

提到青海小吃首當其衝的要數釀皮。釀皮製作工序比較煩瑣，主要有洗麵水、蒸釀皮、配作料三步，製作也比較講究技術性，有蒸燜法和蒸餾法兩種。蒸燜法的釀皮為紅褐色，口味綿潤，較受長者喜好。蒸餾法的釀皮呈亮黃色，口感滑軟，讓人垂涎欲滴。釀皮好不好，就看調味料當不當，如果就釀皮做得好，卻無好調味料，也是大掃雅興的。

西寧的釀皮最講究的就是這個調味料，色豔味香的油潑辣子最好用循化辣子，少加一些芝麻粒後聞之又香又辣，食慾倍增。調味醋最好用青海特產──湟源陳醋，醋味純純，清香撲鼻，醋味綿延。此外用芝麻油醬製芥末汁，撒上適量的作料後鋪上白嫩嫩的麵筋，澆上綠意盎然的韭菜汁，那就算是齊美了。黃澄澄的釀皮，白嫩嫩的麵筋，紅火火的辣油，再加上綠油油的韭菜汁，僅看這色就垂涎不已了，再嘗嘗那味，滑嫩綿潤、香辣爽口，真想「吃一口、留一口」。它既可以做主食也可做涼盤，故深受青海人的喜愛。釀皮也從街邊小攤登上大雅之堂，成為不少

飯店招待外賓必不可少的特色菜餚，所以到青海親自嘗嘗道地的釀皮，也是青海之旅的一項體驗。

吃完釀皮，再來品嘗「酸奶」。「酸奶」這一高原上的冷飲食品，從繁榮鬧市到牧區鄉村，可謂家家在吃，人人在吃；家家愛吃，人人愛吃。是名副其實的青海特色小吃。這裡所說的酸奶，不是我們常喝的那種現代化企業加工出來的「優酪乳」，而是本地居民加工自製的、盛在小碗中擺在街頭上賣的那種。青海酸奶並不是乳液狀的，而是呈膏狀的，正因為如此，它質如凝脂，色如白雪，捧一碗觀之感受到的是玉潔冰清，乳香撲鼻；嘗一口入口順滑、唇角生津、酸甜爽心。慢慢下嚥，只覺一陣清涼透身，周身疲憊、睏乏爽然而失，好不暢快。

青海的酸奶一般選用的是當地當天的新鮮純牛奶加入少量酸奶製作而成，新鮮的牛奶味道純正，酸奶自然鮮嫩醇香。做青海酸奶的原材料最好不過是犛牛奶，這是因為，犛牛作為高原上特有的物種，特殊的地理生存環境使其乳牛的奶汁中富含多種營養，乳脂率高，用它製成的酸奶不僅具有一般酸奶生津止渴、開胃提神的功效，還有強骨健體、滋養氣血的特殊功效，成為高原滋補珍品。因此，玉樹、果洛草原和黃南澤庫大草原的犛牛酸奶自是天生好味道，如若不能踏入草原人家品嘗青海犛牛酸奶，在西寧街頭也能吃到正宗的青海酸奶。西寧城東義烏商貿城門口的德祿自是不錯的一家。

除此而外，青海特色小吃還有「青稞甜醅」、「烤羊肉」、「羊腸麵」、「烤羊腸」、「尕麵片」、「涼粉兒」、「麥索兒」等。青海的小吃琳瑯滿目，當你置身於青海的這片土地上，僅僅這些小吃就足以讓你流連忘返的了，因為這裡的特色小吃已納入了青海的人氣和山山水水的靈氣。

青海飲食：特色美食與風味小吃

青海特有的「青稞甜醅」

青海民諺說：「給嘴解饞，甜醅當先。」甜醅，是青海各族人民喜歡的一種古早味甜食，具有清涼、甘甜的特點。綿軟可口、清爽自然，有陣陣酒的醇香，食罷則回味無窮。

唐代，人們就已食用甜醅，或用它招待賓客了。杜甫〈客至〉曰：「盤飧市遠無兼味，樽酒家貧只舊醅。」舊醅，便是酒醅，酒醅也是甜的，而且酒味香醇，濃郁芬芳。

青海高原是耐寒早熟的青稞的故鄉，甜醅也多用青稞做原料，加工製作簡便。方法是，把青稞浸潮碾去外皮，用清水洗去雜質麩皮，入鍋煮熟，直到青稞表層裂口開縫，即瀝出冷卻，將酒麴碾成粉，調撒均勻，裝到罈罐陶器中密封，覆蓋保溫物保持恆溫，發酵數天後，便可打開食用了。

甜醅具有極佳的營養和藥用價值。據一位食品營養專家介紹，它對人體的滋補保健作用，不亞於風行華夏的「八寶粥」。夏天吃可以清心提神，去除倦意；冬天食用則能健脾暖胃，補中益氣，催發食慾。甜醅原料易得，釀法簡單，且養分天成，青海人對它嗜之難捨。

「抓麵」是用手抓著吃的嗎

新疆有一道名吃叫「手抓飯」，而青海也有一道「抓麵」與之輝映。抓飯用手抓捏而食，而抓麵是不是也如此呢？其實，抓麵的「抓」並不在於食用階段，而在於盛麵階段。抓麵其實就是一種涼拌麵，盛麵時，先

把麵用手抖散,然後直接抓入碗內,配上作料食用。老抓麵的人功夫比較好,一抓一個準,不多不少剛好一碗,故此名為抓麵。食用時使用筷子,所以抓麵並不是用手抓食,望文生義可是要鬧笑話的。

青海的「麥索兒」

把半青不黃尚未變老的青稞或小麥穗頭揪下挽成小把,放到鍋裡煮熟,手工脫粒,剝去雜物,用手磨成寸絲狀,裝進碗裡,澆上熟菜油,拌入蒜泥、蔥、香菜、鹽等,再配上涼拌菜,即成為新鮮可口的小吃。麥索兒原為青黃不接時度荒的食品,後形成嘗鮮的風味小吃。麥索兒的另外一種吃法是喝麥索兒拌湯,味道也十分鮮美。

青海的經典小吃 —— 烤羊肉

青海人最愛吃的小吃之一便是烤羊肉,尤其在華燈初上之時,在街頭就會有很多家烤羊肉舖開張營業。可以說每家烤羊肉舖前,不管春夏秋冬都擠滿了食客,生意十分興隆。因此,相約好友或家人或獨自一人在夜晚的西寧街頭吃烤羊肉便是高原非常愜意的一種享受,由此也成為西寧乃至青海一道獨特風景。

烤羊肉是將羊肉切成小片,串穿於鐵釺上,放置於特製的長方形烤爐上焙烤。然後在羊肉上抹上醬油、精鹽、薑粉、辣麵、椒粉等作料,並快速而反覆地翻動鐵釺,待其表面呈現出焦黃色,便可食之,其肉嫩味香,麻辣十足,營養豐富。

青海飲食：特色美食與風味小吃

經營烤羊肉的一般是回族和撒拉族。在烤羊肉攤點上不只有烤羊肉串，還有烤羊排（肋條）、烤羊腱子、烤羊腰子、烤大餅等，再配一碗麥仁，喜飲酒者還可邊吃邊飲啤酒或白酒，最後還可來一碗「尕麵片」、家常拉麵等主食，保你心滿意足。烤羊肉由此成為青海人最鍾愛的宵夜。

青海羊肉尕麵片

假如你出差或旅遊到了青海，當地人多半會告訴你，一定要嚐嚐當地有名的「羊肉尕麵片」。同時你也會發現，青海城市裡的大街小巷隨處可見各式各樣的麵片館。你也許會問，為什麼叫「羊肉尕麵片」呢？原來在當地方言中，「尕」就是「小」的意思，因為這種麵片只有人的指甲般大小，所以也稱之為指甲麵片。尕麵片的輔料中，用了當地產的綿羊肉，故得名為「青海羊肉尕麵片」。

羊肉炒尕麵片的製作方法：

◆ 原料

麵片生坯、少許羊腿肉。

◆ 其他配料

大青椒、薑米、蒜米、蔥花、香菜、精鹽、胡椒粉、料酒、醬油、味精、花椒麵、羊肉湯、紅油、精煉油各適量。

◆ 製法

首先將羊腿肉切成指甲片；大青椒去蒂去籽切成菱形片；香菜切節。然後將炒鍋置火上，放精煉油燒熱，再下入羊肉片炒散，下入薑米、蒜

米炒香，烹入料酒，接著再下入大青椒片炒熟，中間用精鹽、胡椒粉、醬油、味精、花椒麵調好味。另鍋上火水肉燒沸，將麵片生坯捏扁拉成長條後，再揪成如「指甲蓋」大小的麵片下入鍋中，煮至八九成熟，用漏勺撈出放入炒鍋中，再摻入羊肉湯，調入少許精鹽，淋入紅油，撒入蔥花和香菜節，待顛翻均勻後，起鍋分盛碗內，即成。

◆ 特點

蔬菜鮮嫩，麵片柔軟，味美可口。

根據配料的不同和製作方法的不同，尕麵片又可分為「番茄羊肉麵片」、「燴麵片」、「炒麵片」、「清湯麵片」等。

青海的「手抓」

提起「手抓」，青海人無人不曉，因為「手抓」是青海最有名氣的風味食品，但是對於初次來青的外地遊人而言，看到滿街的「××手抓館」的招牌，肯定疑惑不已！

其實「手抓」是手抓羊肉的簡稱，高原獨特的水土養育了獨特的羊種，它肉質細膩肥嫩，香而不羶，綿潤而鮮美，故在青海羊肉成為備受推崇的美食。然而提及「手抓羊肉」的得名，全然在於食法。

吃「手抓羊肉」講究放開手腳，大刀闊斧地盡快食用，不能有絲毫拘泥，這也比較符合粗獷的西北人的風格：一手抓肉，一手把刀，割、挖、剔、挑並用，使其一食殫盡，只剩骨頭而已。在草原牧民人家裡，這種風格展現得更為酣暢：新鮮的羊肉下鍋，其味漫布於室，主家每每邀三五朋友，席地而坐，「大口吃肉、大碗喝酒」，興致所至，還要翩然

青海飲食：特色美食與風味小吃

而舞，其樂融融，真是悠然愜意的生活。

在牧區吃手抓，使用的都是藏刀，其正確的做法是，左手執肉，右手拿刀，大拇指張出待用，其餘四指緊握刀柄，刀刃向內，自外切入，大拇指放在肉上，防滑刀。削下小塊肉後，手和刀並用將肉送入口中，直至最後吃完。

「手抓羊肉」的家族中有很多成員：斬嫩鮮香的白條手抓、酥辣爽口的爆炒手抓、味道醇厚的黃燜手抓、原汁原味的開鍋手抓等。它們因烹調手法的不同，口味也不盡相同，但無論哪種，用手抓食，這一點是不變的，因為在這片高原土地，只有這種古樸的方式才能真正品味出羊肉的本真之味。

青海最具地方特色的早餐

對於青海的老百姓來講，早餐是比較講究的。熱乎乎的饌饃、燙燙的奶茶，是尋常百姓的家常早餐，但最具特色的早餐非「羊雜碎」莫屬。

羊雜碎是青海回族比較擅長的一種肉味小吃，主要是將煮熟的心、肚、肝、腸切成薄片，加上調味料熬湯而成，食用時連肉湯盛入碗內，配上餅子或饅頭蒸熱食用。羊雜湯湯鮮肉嫩、油而不膩、味道醇厚、營養豐富。因此在高原的隆冬，大清早吃一碗滾燙的雜碎湯，心中的寒氣頓消，渾身熱乎乎的頓覺精神飽滿，活力充沛。

青海風味麵食「狗澆尿」的由來

初來青海之人，一聽「狗澆尿」還真弄不清到底是指什麼，只知道這是一種薄餅，而不知道為何會有如此「不雅」的一個名字。

青海因受青藏高原地理條件和氣候的影響，糧食作物以小麥和青稞為主，因此，當地人的飲食也多以麵食為主，「狗澆尿」便是其中之一。這「狗澆尿」雖說名字不雅，但卻絲毫不影響它在當地受歡迎的程度。要知道，它可是家喻戶曉的美食。

為什麼一張薄餅會叫做「狗澆尿」呢？有一種說法是由它的特殊製作方法得來的。烙製「狗澆尿」時，要邊烙邊沿鍋的四周澆少許青油（青海當地產菜子油，青海人親切地稱之為「青油」），而且要反覆地澆油，這一動作就酷似狗在撒尿一般，所以就有人戲稱這是「狗澆尿」。在土族人家中，勤快的主人們往往不一會兒工夫就端上黃澄澄的狗澆尿，讓你吃一口餅，品一口醇香的奶茶。

現在很多餐廳招待客人都會隆重地推薦狗澆尿，一是由於餅色金黃美觀、甜香柔軟，二是能滿足賓客一探究竟的獵奇心理，在滿足好奇心的同時體驗青海的美食。

青海最受歡迎的麵食有哪些

青海人愛吃麵食那是出了名的，俗話說：「內地人的米，青海人的麵。」在高原地帶，為獲取更多的熱量，人們創造了豐富多彩的麵食製作方法。

> 青海飲食：特色美食與風味小吃

青海的麵食製作主要分兩部分，一類是麵點，一類是麵食。麵點包括鬆脆的酥餅、蛋捲、噴香的綠豆糕、造型美觀的點心、油而不膩的棗泥糕等，品項多達十幾種，樣樣精緻。麵食的花樣也是不少，如饅頭、花捲、磚包城（裡圈黑麵外圈白麵蒸製而成的饃饃）、刀把饃、焜鍋、撒子、花樣捲心饃、千層餅、狗澆尿餅等，兼具了蒸、炸、烙、燙、貼、烤多種製作工藝，觀之眼花撩亂、食之各有其味，回味悠長。

對於以麵食為主食的青海人來講，麵食製作更是獨具匠心。「一樣麵、百樣吃」，在這片土地上得到了淋漓盡致的發揮。風味麵食主要有：麵片、炮仗麵、燴麵、炒麵、雀舌麵、貓耳朵、瑪瑙湯、滷麵、臊子麵、牛肉拉麵、拌麵、寸寸麵、乾拌麵、丁丁麵、羊腸麵、涼麵等，而其中化隆的牛肉麵、循化的指甲麵片（麵如指甲蓋大小而得名）、民和的臊子麵、西寧的羊腸麵最具特色，享譽全中國。要說起製麵工藝的精湛，唯形如雀舌的雀舌麵、狀如貓耳的貓耳麵、捲如瑪瑙的瑪瑙湯這三樣為最。最受歡迎的要數尕麵片，從製作方法上講有清湯麵片、炒麵片、燴麵片等，從原料上講有菜瓜麵片、蘑菇麵片、雞蛋麵片等，而無論怎樣的尕麵片在青海各族人民中都得到了傳承，形如指甲薄的麵片為上品，關鍵在於揪麵片的功夫，動作迅速而優美，初見之人不得不感慨。這些琳瑯滿目的風味麵食充分展現著青海人民對麵的鍾愛、對生活的熱愛。

「包子就粉湯，吃上最穩當」

青海人有句俗語：「包子就粉湯，吃上最穩當。」這句話也反映出很多青海人的早餐習慣。

粉湯是回族、撒拉族利用牛羊肉湯、粉條等燴製而成的一種湯菜。在煮沸的羊肉湯中放入調味料、粉條、羊肉片、番茄、蘑菇、豆腐、菠菜、蒜苗等，將湯菜盛入碗中，通常配以各種饃饃一起食用，而其中素菜餡的包子為最好（因饃饃太扎實，清晨吃不了那麼多），咬一口包子再喝上一口粉湯，感覺特別爽口。又比較耐飢，所以很多清晨一碗粉湯吃包子下肚，頓覺心裡踏實無比，可精神飽滿地開始一天的工作，即使來不及吃午飯，早上粉湯中鮮味十足的羊肉湯，嫩嫩的肉片，爽口的蔬菜外加實在的包子，也能穩穩當當熬到晚餐時間。

青海婚宴當中的「八盤」是指什麼

青海婚宴中的八盤有所謂「肉八盤」和「海八盤」之別。

「肉八盤」以牛、羊、豬肉為主。上菜順序先是全盤（大拼盤的冷盤，不算正式菜餚，供下酒之用）。正式菜餚的頭道菜是酸辣里脊（以豬脊柱兩側的精肉勾芡炸成，這是必上的菜，取大吉大利的諧音）。第二道是三燒（豬肉塊、丸子、油豆腐或羊筋），配上肉菜餡的包子，每人一小碗酸湯。第三道、第四道一般是糊羊肉、紅燒雞塊。第五道轉為甜食，先將兩大碗開水放在席面上，客人自動漂洗自己的匙、筷，然後上釀米或酥合丸，配糖餃兒（糖包子）。在新婚宴席上，上此菜時新婚夫婦向客人敬酒，取甜甜蜜蜜之意。第六道甜食湯羹，如醪糟、葛仙米湯等。第七道、第八道為豬肉肘子、夾沙肉等。

最後是「後四碗」（四個下飯的菜餚，有小紅肉、粉條丸子、素豆腐、炒辣子等，另有一大碗酸湯。以一小碗米飯為主食，這道菜不算在八盤之列）。如果八盤有海參、魷魚之類的菜餚，就是「海八盤」了。

青海飲食：特色美食與風味小吃

為什麼西寧東關的飲食獨具特色

說到西寧的餐飲業，獨具特色的當數西寧東關（簡稱，現為城東區）飲食。究其原因，與這一地區特殊的居住人群有關。西寧城東區是少數民族聚居區，尤以穆斯林為多，其中包括回族、撒拉族、東鄉族、保安族等，以回族居多，他們全民信仰伊斯蘭教。在伊斯蘭文化影響下這一地區形成了別具一格的清真菜，無論從食物的選擇，還是飯菜的味道上都有著伊斯蘭文化的烙印。穆斯林善於經營餐飲由來已久，故這一地區有許多清真餐廳，此外回族女子自古就善於「茶飯」，女孩子14、15歲就開始隨母親學習廚藝。

品嘗一口青海「茶」

青海不產茶，但人們嗜茶如命，歷史上這裡曾興盛的茶馬互市足以說明這一問題。青海人愛喝茶，這茶不是什麼碧螺春、龍井、鐵觀音等名品，而是壓製而成的茯茶。青海「茶」的種類較多，常見的有「熬茶」、「奶茶」、「酥油茶」等。

青海人熬茯茶時，往盛滿水的茶壺裡抓一把茶葉，放一些鹽，慢慢熬燉至紅褐色再飲用，比較講究的人們還會放入荊芥、花椒等，但不管怎樣，茶葉可以少放些，荊芥、花椒可以不放，但鹽是絕對不能缺的，因為在青海人眼中，茶中若不放鹽，如同水一般，因此青海人常說，「茶沒鹽，水一般」。這種茶最好是放在慢火上熬，待鹽水溶解，茶色冷紅時飲用，故此茶當地俗稱「熬茶」。

在青海的牧業區，奶茶是牧民日常生活中朝夕為伴的飲料，一年四

季從不間斷。他們用銅鍋、銅壺熬煮茯茶，當茶葉在鍋中煮沸翻滾，茶水變成赤紅色時，用特製的漏勺掠去茶葉末，加入鹽和牛奶，再煮開後，奶茶即成。飲用奶茶可使人醒腦提神，消睏解乏，生津止渴，老年人還在奶茶中加荊芥以醒目除暈。在高原寒冷乾燥的環境下，更有滋潤咽喉，消食化膩的作用。吃完糌粑或手抓羊肉，再喝幾碗奶茶，一天之內，很難有飢渴之感。因肉食而引起的維他命 C 缺乏之弊，也可靠奶茶來彌補。奶茶，從青海牧業區到半農半牧區和農業區，藏、蒙古、回、漢、土各族人民廣泛飲用，而且從牧業區的小耳朵奶茶演變成特別講究的「罐罐奶茶」，罐罐俗稱「沙罐」，用它熬出的奶茶美味可口，奶茶在農業區不僅是待客的上品，而且是探親訪友、慰問病人的禮品；逢年過節、迎新娶親，又是敬客的第一道飲料，稱作喜茶、年茶。

餐桌上的美味佳餚 —— 奶皮

奶皮也叫乾起司，是青海農牧民用牛奶製成的青海著名土特產品之一，為牛奶製品中最可口的營養食品，其製作歷史已近百年。有名的奶皮產地是海北藏族自治州的門源回族自治縣。

奶皮的製法是將鮮奶入鍋煮熟後，控制火力，微火烘煮，並不斷攪動，使水分慢慢蒸發，奶汁濃縮，在鍋底凝結成一個圓形的黃色奶餅，放涼處陰乾即成。奶皮純黃夾白，油漬點點，上面遍布蜂窩沙孔，入口奶油溢香，味美可口，不油不膩，營養豐富，不但可供日常食用，而且是逢年過節、迎親嫁女待客的上品，還是探親訪友、慰問老年病人的禮品。老年人喜把奶皮切成小塊泡在奶茶中食用。若切盤上席，作為乾果軟糖，則是很好的奶油小吃。

青海飲食：特色美食與風味小吃

穆斯林的飲食禁忌有哪些

　　穆斯林在飲食上有許多禁忌，了解這些內容對你在青海這樣一個穆斯林較多的省分旅遊是十分必要的。

　　回族等穆斯林的飲食禁忌源於他們的信仰。回族是全民信仰伊斯蘭教的，伊斯蘭教中關於穆斯林的飲食有明確的規約，其中《可蘭經》中就有這樣的經文：「禁止你們吃自死物、血液、豬肉，以及誦非真主之名而宰殺的、勒死的、捶死的、跌死的、抵死的、野獸吃剩的動物，但宰後才死的，仍然可吃；禁止你們吃在神石上宰殺……凡為饑荒所迫，而無意犯罪的（雖吃禁物，毫無罪過），因為真主確是至赦的，確是至慈的。」

　　從這裡可看出：

- 明確禁食的動物是豬；
- 可食動物必須以真主之名宰殺後方可食用；
- 自死的、窒息死的、野獸咬死的動物肉與沒有放血的肉類和血液禁止食用。

　　另外飲酒在伊斯蘭教中也是絕對禁止的，《可蘭經》中指出：「通道的人們啊！飲酒、賭博、拜像、求籤，只是惡魔的行為，故當遠離，以便你們成功。」另外，伊斯蘭教也反對人們進食有損健康的食品，香菸、海洛因等都在禁止範圍內。穆斯林極其講究清潔，這不但是指食物的衛生狀況，而且還指食物的來源，來源不明的食物，如偷、搶、拐、騙來的食物也在禁食範圍內。

青海有名的甜品有哪些

中國的飲食習俗上因地理分布大致形成了「東淡西濃、南甜北鹹」的格局，但是對於偏好酸辣鹹重之味的青海人而言，也有許多甜食裝點著餐桌文化。

蛋奶醪糟是由西寧市小販沙生金在 1930 年代創製的，這種醪糟潔白晶瑩，絲絲蛋花飄散，核桃乾、葡萄、人參果等乾鮮熬燉其中，有濃濃奶香，又有縷縷酒味，甜中帶酸，營養豐富，老少皆宜。高香湯是一種果羹，色澤鮮豔的葡萄、櫻桃、杏仁、香梨、核桃仁、椰肉、香蕉等鮮果融於酸甜可口的醪糟湯中，既美觀又有營養。此外還有清涼爽口的甜醅、香甜潤口的米粽、甜而不膩的什錦湯圓等。這些甜品深受人們的喜愛，因此形成了許多專營甜品的甜食館。如東稍門的康樂甜食館，每天凌晨食客就已絡繹不絕，有時到下午貨就賣完了。因此品嘗這裡的甜品最好趕個早。

高原玉液 ——「互助」牌青稞酒

青海人最喜歡喝的酒是青稞酒。青稞酒是以青稞為主要原料釀製的白酒，有 300 多年生產歷史，民間素有土法釀製熬酒傳統，名為「酩」，以作坊形式釀製。明末清初，山西「客娃」將杏花村釀酒技術帶到青海，並用當地黑青稞做主料，配以豌豆、黑燕麥等釀造出別具風味「威遠燒酒」。此後，歷經各家燒房的不斷實踐，形成了從踩曲、製坯到蒸餾一套完整的釀造技藝，自成體系。後來經完善生產工藝，採用先進的「老五

> 青海飲食：特色美食與風味小吃

法」，使其色、香、味獨具一格。青稞酒的特點是香味醇正，酒體澄明，醇和綿軟，回味悠長。

青海地處高寒地帶，人們習慣於以酒為伴，尤其在一年一度的春節，別有一番酒趣。青稞酒的代表產品是互助牌系列酒，以青藏高原特有的糧食作物青稞為主要原料，採用有 300 多年歷史的「天佑德」青稞傳統釀酒工藝，結合科學配方釀製而成，酒味醇香，清亮透明，飲後不頭痛、不口乾、醒酒快、加溫飲用口味更佳，風格獨特，獲中國公認名牌稱號。青稞美酒原名「威遠燒酒」，因產地位於互助土族自治縣首府威遠鎮而得名。

「青稞美酒」為何如此有名

青海有一個美麗的傳說──「龍王仙丹育青稞，王母玉液釀美酒」。

傳說在遠古時代，華夏民族之母──西王母在崑崙山宴請周穆王時，派她的坐騎大青鳥到東海蓬萊仙島採集美食。大鳥回歸時，不慎將一仙物從口中掉出，落在龍王山下。只見那仙物落地生根，瞬間長出一片片綠油油的麥田。這麥田豐收，養育了一代代高原兒女。因為這要歸功於大青鳥，所以人們便將其稱之為「青稞」。

後來，雲遊四海的八仙赴蟠桃宴歸來，被龍王山下那碧波蕩漾的青稞海洋所吸引，行至威遠堡，見鎮內古井旁有一老嫗正冒著炎炎烈日設攤施茶，八仙遂扮作乞丐上前討茶。老嫗施茶於眾仙，口乾舌燥的八仙接過茶一嚐，只覺此茶清涼甘甜，爽口至極。至井口一看，發現此水直通龍王山的黑龍泉，乃是一股神水。為報答老嫗的施茶之恩，鐵拐李打開寶葫蘆，將西王母送他的瑤池仙釀倒入井內，並告訴老嫗：「取此井

水釀酒，可名揚四海，富甲天下。」言畢，化作一股清風而去。老嫗不信，打出井水一嘗，果然清香馥郁，沁人心脾，於是便在古井旁建起燒酒坊，釀起青稞酒來……為感謝上天佑護之德，作坊名叫「天佑德」。

　　互助威遠鎮地處素有「中國的烏拉爾」之稱的祁連山東段南麓一塊山巒環抱、地勢平坦、地肥水美的三角洲，祁連山溼潤潔淨的空氣為這裡帶來充沛的雲雨和清新的甘露，高原特有燦爛陽光又使這裡冬無嚴寒，夏無酷暑，一年四季涼爽宜人，宜於萬物生長。這裡群山環抱、林區密布、泉清水美、溼潤潔淨的空氣和得天獨厚的自然環境，造就了釀酒所必需的一切優越條件。

　　據史料記載，互助地區古代為羌族古地，西元前 111 年納入漢朝版圖。居住在互助的土族是元末明初形成的，其主體來源可追溯到元明及其以前活動於此地的吐谷渾人和蒙古人。隨著歷史的變遷，這些游牧民族自西向東遷移到青藏高原與黃土高原接壤的河湟谷地一帶，並逐步集中在威遠堡一帶。遠在明末清初以前，互助地區民間就有以青稞為原料用土法釀酒的歷史。這種土法生產的青稞酒叫酩醯酒，後來隨著社會的發展，當地的釀酒工藝進一步完善，以當地盛產的青稞為主要原料釀造出了清香甘美、醇厚爽口的威遠燒酒，並逐步形成實力雄厚的「天佑德」、「義永合」、「世義德」、「文玉合」、「義合永」等八大作坊，其中以「天佑德」釀酒作坊最為著名。各地商賈紛紛趕著騾馬，翻山越嶺來此馱酒，沿途聞香而來的買酒者絡繹不絕。因此，民間還流傳著「馱酒千里一路香，開壇十里遊人醉」的佳話。

　　美麗的傳說，原始的生態，獨特的環境，獨特的原料，獨特的生產工藝，獨特的風格造就了互助青稞酒獨特的文化內涵和上乘的品質。

青海飲食：特色美食與風味小吃

「蕨麻」與人參有關嗎

說到人參果，你一定會想到《西遊記》中孫悟空偷吃過的，能讓人長生不老的人參果。而這裡所說的人參果，是一種野生的多年生草本植物的塊根，高原的人叫這種植物的塊根為蕨麻，是一種很好的甜食輔料。它含醣、蛋白質、脂肪，還含豐富的維他命和鈣、磷、鐵等，可用來做糖和製酒。用它做稀飯，甘甜生津，味鮮可口，營養豐富。它還可用作八寶飯、糕點的配料。

蕨麻是一種甜食輔料，它的全株又是藏藥之一，性味甘、溫，有健脾益胃，收斂止血，生津止渴，補血益氣之功效，是有助健康、使人益壽延年的佳果。因此，蕨麻被青海人稱為「人參果」。「人參果」這個美譽，與人參並無關係。人參果久負盛名，遠銷沿海各地，是餽贈親友之佳品。

藏族飲食習俗

藏族人民的飲食主要以糌粑、牛羊肉、奶製品（酥油、曲拉、奶茶、酸奶等）等為主，居住於農業區的藏族在日常飲食中又多了許多麵食和蔬菜類。隨著社會經濟的不斷發展，飲食習慣也發生了很大的變化。

糌粑──藏語，為青稞炒麵。製作方法：將青稞炒熟，用手轉石磨將其磨成粉，即炒麵。食用時，先把一塊酥油放進碗內，以沸茶注入碗內（盛一半），再放入炒麵和曲拉（起司），然後用手指（多為右手無名指）拌勻並捏成團塊，與奶茶同食，若加入少量紅糖或白糖，則味美如

糕點。糌粑營養豐富，耐飢禦寒，製作簡單，攜帶方便，是游牧民族藏族、蒙古族的主要食品。

牛羊肉也是游牧民族主要食物，牧民們每次宰殺牛羊肉必先灌腸，包括血腸、肉腸、麵腸等，而以血腸為佳餚。牧民們在煮血腸和手抓肉時，開鍋稍煮即吃，腸和肉中還帶一些血，吃起來又鮮又嫩，而不喜歡把肉煮老煮爛。

青海的「焜鍋饃饃」

青海人不叫饅頭，而稱饃饃。「饃饃」只是一個總稱。青海農業區和半農業區各族人民常吃的饃饃千姿百態，品種繁多，如花捲、油包、油餅、曲連、油香、爐饃饃、饅頭（祭祖用的大饃饃）、焜鍋饃饃等。它們是逢年過節，走訪親友經常攜帶的傳統禮品，也是每頓飯離不開的主食，其中最普遍、最受人歡迎的，是焜鍋饃饃。

焜鍋饃饃在金屬的焜鍋模具中烤製而成，故大眾習稱「焜鍋」。焜鍋是在普通發麵裡捲進菜油，抹上紅曲、薑黃、香豆粉等民間食用色素，再層層疊疊地捲成紅、黃、綠各色交織的麵糰（藏、回族同胞在和麵時，有時摻進蛋和牛奶），揉成和焜鍋形狀大小相同的圓柱狀，放入焜鍋內，埋在用麥草為燃料的灶膛或炕洞內的火灰裡。焜鍋壁較厚，傳熱緩慢，麥草燃料火力均勻，熱度適中，半個小時後即可出鍋。剛出鍋的焜鍋饃饃，外脆內軟，綻開如花，色彩鮮麗，異香撲鼻。它的特點是省時，省事，製作簡單，鬆脆好吃，攜帶方便。

青海飲食：特色美食與風味小吃

何為「羊筏子肉團」

羊筏子肉團又稱筏子，用清洗乾淨的羊內臟烹製。因其外形與黃河上古老的水運工具羊皮筏子相似，故名。宰羊後，將洗淨的胃壁脂肪膜（俗稱包肚油或網油）作包裹皮，把肝、肺、腎、脾等切成小丁剁碎，拌入鹽、薑粉、花椒粉、胡椒粉、蔥花等作料，摻入少許麵粉及油攪勻，攤在脂肪膜上，捲成 5～7 寸的長捲；再用洗淨並清除異味的小腸來回密密地捆紮成一長圓形肉團，兩端封口，入鍋煮熟；再上籠蒸 15 分鐘左右，即可出籠切吃。

吃法一般有三種：一是切片後蘸醋、醬、蒜泥、辣子吃；二是切成塊放在碗中，淋上熱羊肉湯，調以蒜泥、香菜吃；三是切成較厚的片，在熱鍋中倒入少許青油，焙烤至外皮酥黃時食用。在回族、撒拉族的待客筵席上，筏子肉團是一道全套羊肉內臟的特製菜餚。其味醇香四溢，鮮美可口，雖油不膩。民俗有「先來的筏子比後來的肉香」的說法。

青海有哪些地方餐飲名店以及飲食一條街

每到一處，嘗嘗當地的美食應是旅遊活動中不可或缺的內容，因此踏足青海一地，品一品地方風味自然是要了解這地方的餐飲名店了！

青海地方餐飲名店主要集中在西寧，較有特色的有：位於莫家街的馬忠食府（現在在西寧市南大街口又開了一家更大的馬忠食府），這是一家經營地方風味的綜合飲食城，主營小吃、火鍋及各類菜餚，小吃尤為出色，其中獲中華名小吃的瑪利亞砂鍋及金牌馬忠羊排、馬忠釀皮是此

店的招牌菜品，此店品類齊全，自是一個好去處。此外還有位於城東區的老字號小圓門食府、三升食府，城中區有幾家地方餐飲點值得一去，比如沙力海餐飲城、大西門餐飲城，此外，西寧還開設了不少有特色的高級餐飲店，如位於城東區的伊爾頓國際飯店、西寧大廈八角樓餐廳、西海銀峰大酒店等。以上都屬於清真餐飲店。

西寧享有「中國夏都」的美譽，作為一個旅遊城市，自然少不了飲食較為集中的地方，其中以經營小吃為主的西寧水井巷市場名聲很大，也很有特色，這條巷道內經營南北各種風味食品，走遍整個巷道，無論你來自何方，喜吃何種口味都可嘗到鍾愛的美味；另外，莫家街飲食街內也有各種各地風味食品，其中青海風味小吃——釀皮、烤羊肉、涼粉等獨樹一幟；大眾街是一條清真餐飲一條街，有數十家很有地方特色的餐飲店，有鬍子烤羊肉、雅君名善府、泉兒頭雜碎館、紅牛火鍋城、穆斯林大廈、東鄉中華手抓館、真味齋包子館及西安賈三灌湯包子等多家名店，所以品嘗清真菜這條街是不能忽視的。

青海飲食：特色美食與風味小吃

青海住宿：民居多樣性與文化特徵

青海住宿：民居多樣性與文化特徵

從穴居到木結構房屋，再到今天的鋼筋混凝土的高樓大廈，人類不斷地在探索建造適合自己居住的房屋。在房屋建造中，中國人充分應用了「天人合一」的理念。走在不同地域，你總能看到風格迥異的建築。

青海地處高原，氣候乾燥，降雨量小；另外，青海又是多民族地區，不同民族間的建築風格迥然不同，方方正正鑲嵌於鄉村的漢族及土族莊廓、星星點點散落於草原上的藏族牛毛帳房和蒙古族的蒙古包、雕梁畫棟瓜果飄香的撒拉族院子……這種特殊的地理環境造就了青海特殊的建築風格，成為中國建築文化大家庭中不可缺少的一部分。

青海自己的「四合院」——莊廓及特點

青海農村家家戶戶都居住在莊廓院內，所謂莊廓院實際上是由高大的土築圍牆、厚實的大門組成的四合院。青海莊廓院看似簡單土氣，卻有著深遠的歷史性和很強的實用性。由於青海地處邊遠，氣候高寒，長期的戰亂、嚴酷的環境造成了青海莊廓院獨有的風格。一個完整的莊廓院就是一個微縮的城堡。

典型的莊廓院坐北向南，面積 1 畝左右，平面呈正方形或長方形，版築圍牆厚約 0.8 公尺、高 5 公尺以上，南牆正中闢門，院內四面靠牆建房，形成四合院，以南北中軸線左右對稱，中間留出庭院，可種植花木。莊廓院內各方位的房子有固定的用途，北房為正房，亦稱上房，一般五間或三間，土木結構。北房在建造時臺基略高於其他房基，用料、裝飾及規模上特別講究，前簷木雕裝修十分精美，內容有壽山福海、牡丹富貴、暗八仙等。花格窗也有多種圖案，如八封套、步步錦、方勝扣等，很有特點。北房分正房和左右兩個次間，正房靠牆擺條幾、八仙

桌，兩邊為官帽椅，牆上掛古訓字畫，條几上置古瓶、鏡架和銅製供器等。左次間用木隔斷（俗稱板壁）另成一室，供佛像和祖先神位及家譜；右次間用花罩或碧紗櫥隔斷作為寢室。北房是家中長者和客人的用房，冬季火炕煨熱，十分暖和。有客來訪，便請上炕，火盆燒起木炭火，溫酒燉茶、閒話桑麻。

青海四合院 —— 莊廓特點：

其一，四合院是封閉式的住宅，對外只有一個街門，關起門來自成天地，具有很強的私密性，非常適合獨家居住。

其二，青海地區漢族的四合院雖無其他地區四合院的寬闊和華麗，但其質樸而緊湊，適用雅致，院內設計特色鮮明。

其三，在陳設方面，在青海漢族家裡都有長方形的面櫃、錢櫃、門箱（相當於衣櫃）、炕桌等家具。一般堂屋內都擺有一對面櫃，面櫃前面是供桌，在面櫃上面的兩頭會設有灶龕、佛堂或祖先牌位等。堂屋後牆叫中堂，中堂兩側一般配有對聯，正中通常掛有大幅字畫，諸如「福祿壽星」、「財神」的畫像或「福」、「壽」等字。堂屋兩邊的兩間房子是臥室，臥室內連著窗戶的是很大的火炕。

為何說青海的房頂能賽跑

在青海有句俗語叫「青海的房頂能賽跑」，究其原因有二：

第一是氣候原因。青海氣候乾燥，為利用黃土作建築材料提供了有利的條件。用草泥敷的平頂屋面，坡度平緩，在下雨時黃土不會被沖走，下雪的時候還便於掃雪，以避免屋裡漏水。另外，乾旱少雨、日照充足的氣候特徵，使平坦的屋頂同時兼顧了晒糧食、堆放草料等用途。

青海住宿：民居多樣性與文化特徵

第二是建築特點。青海多以「土擔梁」的房子居多，這種房子大多房頂平坦，不掛磚瓦，只在房頂鋪上一層厚厚的草泥；在屋頂不設水槽，不會積水，以避免漏雨。同時在青海農業區，莊廓大都是戶戶相連，從高處俯瞰，平坦的屋頂也似連在了一起，顯得更為開闊。當然，隨著社會的發展，這種具有悠久歷史的房屋建築也逐漸被新式建築所替代。

進出青海漢族宅居有何禁忌

宅居禁忌在不同地域、不同民族會有不同的表現。青海是個多民族、多宗教的地方，漢族的宅居禁忌受宗教、地域及民俗影響較大，另外青海農牧並重的經濟生活方式也決定了其特有的宅居禁忌。比如：忌門，當家中有人生病或坐月子等，則忌門、忌房，謝絕外人登門入室。忌門時有忌門標誌，一般門上放一草簾，上面貼紅紙，並撒上白灰；如果有親朋好友來訪則在屋裡煮茶、做飯然後端到外面去吃，辦完事就回。忌房，則在窗戶上貼一張32開的大紅紙，作為禁止入內的標誌。除此之外還有其他諸多禁忌，比如：多人圍在一起時，只能從背後通過，忌從人前通過；在客人面前不掃地；大年初一不掃地、不倒垃圾；進門、上炕、讓座時長輩、老人為先；不得在村莊附近、家中和長輩面前唱「花兒」等。

藏族民居主要有哪幾種類型，各有何特點

青海的藏族民居建築多因地制宜，依山傍水而建。一般來說在牧區的藏族都用帳房，游牧經濟的產生與發展決定了藏族與帳房結下了不解之緣。帳房按質地可以分為牛毛帳房和布料帳房，帳房最大的特點就是

支卸容易，攜帶方便，適合藏族居民的游牧生活。

　　青海東部農業區和祁連山兩側藏族居民的居住特點由於受漢族影響較大，多採用乾打壘式的四合院形式，比如莊廓就是農業區藏族的主要居住形式，莊廓的建造多受漢族的影響，因此其建造形式及布局安排與漢族的基本相同，不同之處就在於莊廓中有一個煨桑爐，供煨桑之用。此外在院中或門房上還會立一嘛呢桿（藉助風力飄動的經幡）。

　　青海南部地區的民居因生產和生活方式不同，大致上分兩種：土房和帳房。土房按用料不同又分為土木和碉樓兩種。其中碉樓是青南地區所特有的一種居住形式，由於受歷史戰亂的影響，青南地區用石料建成碉樓，不僅堅固耐用，而且易守難攻。另外，帳篷也是牧民的主要居住形式，由牛毛線紡織的電影縫製而成，高 2 公尺，面積則因用途和種類而異。常見的帳篷有四種：「日阿」（大黑帳篷）、「熱那後」（黑帳篷）、「熱格」（花色帳篷）、「熱格日」（白布帳篷）。

藏民家裡為何必設供奉佛像的佛龕

　　藏族全民信教，且絕大部分都信仰藏傳佛教，因此在藏民家中宗教氛圍濃厚，無論是土房民居還是帳房民居，幾乎家家都設有供奉佛像的佛龕。佛龕裡供有釋迦牟尼、宗喀巴、班禪等佛像，通常會在佛龕前擺放酥油燈或獻有淨水、食物等。

　　在藏族地區不單藏民家裡設有佛龕，一般在每一村還會有一所「摩尼室」，是非僧徒聚居誦經的地方，也叫淨室。淨室雖不如寺院寬敞，但卻是村民集體從事宗教活動的場所，一般每個淨室都有一兩個僧人駐守。除此之外，在藏族村莊必定建有塔，塔旁邊堆白石片為牆，石片上

青海住宿：民居多樣性與文化特徵

刻有六字真言，被稱為「嘛呢石」。

藏族還有煨桑的習慣，在藏民居住的地方都會設有煨桑的地方，如果是莊廓，在院裡設專門的桑爐，用以煨桑祈福。

進住帳房有何講究

來到青海藏民家中做客當然免不了就要進帳房，前面我們也說到了在藏區的居住環境中宗教氛圍很濃，所以進入藏族同胞的帳房時還要尊重他們的民族習慣和宗教信仰。

一般來說帳房都以灶臺為界，分為左右兩部分。在藏族的習俗中一般左尊右卑、上尊下卑，因此坐的時候就是男左女右，中老年和客人坐左面。而在左邊的上座又是上席客座，專門用來招待貴賓。如果有客人來的時候，還要遵守俗人不能坐在僧人的上方，牧民不能坐在頭人的上方，女人不能坐在男人的上方的習俗。另外還要按照先客後主、先男後女、先老後幼的順序依次就座。

青海回族居民的住宅有何特點

青海回族的居住情況大體上與當地的漢族相同，但也有其特別之處。一般來說回族的住宅為土木結構，比較有代表的就是「樓院」，因院內的一面或多面修有樓房而得名。

鄉村裡的回族居民住宅一般是四周築有高牆的獨居院落——莊廓，多數房子是將屋梁等擔在四面牆上形成的。整個建築的格局呈四合院

狀，四周壘有圍牆，留有大門、門道。回族的莊廓一般內有居室、沐浴房、草房、牲口棚圈、廁所等，院內空地種花。莊廓大門是主人財力的象徵，財力雄厚的修磚大門，反之則修土木大門。過去婚嫁講究門當戶對，有「磚大門對磚大門，土大門對土大門」之說。屋頂向前傾斜，不用瓦而在上面抹一層很厚的草泥，用於防水，被稱為「土擔梁」。

因青海的高原地理環境，北房和西房的日照時間較長，故按正房的標準修建、使用，廚房、儲藏室一般修在西北角和東南角。土坯砌成的牆上，一般抹一層細膩的黃土泥，結實光滑、經久耐用。另外，在房內布置與裝修上與其他民居相比較有特點的是「磚雕」，作為建築裝飾藝術的磚雕，在青海回族的建築藝術中占有相當重要的位置。這種磚雕藝術不僅用在清真寺的建築中，在民居建築中的照壁、山牆上都有表現。

裝飾性很強的撒拉族住宅

撒拉族對住宅歷來十分講究，庭院建築別緻。住房四周圍以土牆，稱「巴孜爾」，亦稱「莊廓」。莊廓一般由堂屋、客房、灶房、牲口圈、菜（花）園五大部分組成。堂屋是院落的主體建築，一般是三間，正中的一間是堂間，是家中最神聖的地方，多數人家裡都掛有阿拉伯文書寫的中堂，分為單幅和三條幅兩種。中堂前面放置長條桌或方桌，上面擺設有雕飾品、座鐘、畫瓶等物，桌兩邊有靠背椅，布置對稱雅致。房屋多為四合院式平頂土房，以土木結構為主，講究建築藝術，所選木料質地優良，配置精巧，工藝細緻。大多數人家的庭院中都闢有用磚砌成的正方形或圓形的花圃，四邊放置花盆奇石。此外，許多家庭庭院裡都會在空地上種上蘋果、花椒、核桃、杏子、梨等果樹，顯得樸素、美觀、清潔、整齊。

| 青海住宿：民居多樣性與文化特徵

　　東部孟達鄉地處峽谷地帶，平地較少，山間分布著茂密的原始森林。居住在這裡的撒拉族人多修建三層樓，用柳條編成籬笆，塗泥做牆，撒拉語叫「繞合」。一般上層是臥室，陳設華麗，下層是廚房，也有用作廚房和儲藏室的。隨著人民生活水準的不斷提高，很多人修建了土木結構的樓房，也有不少磚木結構的新型樓房。

　　在撒拉族的莊廓裡，十分講究大門和正房的裝飾。裝飾多為木雕，一般分三層：上為瓦頂、中為楣板、下為門簪。木雕的圖案沒有固定的模式，多為花木、果品、五穀等。正房除了堂間的陳設和經文字畫外，高超的技藝多表現在雕琢上，其構思新穎、結構嚴謹、色彩奪目，堪稱一絕。

　　在撒拉族住宅裝飾中忌把人和動物的畫像、雕塑陳列在桌子上或掛在牆上，因為一般的居室常有禮拜和唸經等活動，人和動物畫像掛在屋裡顯然違背伊斯蘭教的不崇拜偶像的教義。

寬大而實用美觀的蒙古包

　　青海蒙古族由於長期與藏族相互融合，絕大部分生活、生產方式與藏族習俗基本相同，唯其居住方式仍然保持著本民族傳統，即居住蒙古包。

　　蒙古包在史書裡多稱作「穹廬」、「氈帳」等，是一種天幕式的圓形帳篷，一般高約七八尺，直徑約丈餘。蒙古包結紅木籬為支架，覆以白氈為牆，拱架為頂（蒙古包上部為錐體），洞天為窗，挺括穩定，保溫禦寒，是蒙古族人民的傳統住所。

蒙古包內的擺設和人的起居，都有嚴格的規定和講究，家具、器皿不能隨意擺放。正中上方設有佛龕，桌上供有酥油燈、淨水碗、青稞碗及炒麵等，中央是「托日合」（鐵製鍋支架，現在改用鐵製爐灶）的「塔科」，灶口正對包門。包門一般朝著南方。供桌和「塔科」將包內分為左右兩側和上下兩方，包內地面鋪設長方形地毯或鑲邊的白羊毛氈。長者居上方，上方左側是男子的臥處和待客之處，右側是婦女、兒童的臥處；下方，即鍋灶與包門之間則是婦女燒火做飯的地方，左右兩側靠「哈那」處，是放置箱櫃、衣物、糧食等什物和食品的地方，上覆華麗的棉織品或絲織壁毯，左側靠包門處放置木製的活動櫥架、炊具、打酥油桶等生活用品。蒙古包既是臥室，又是客廳；既是儲藏室又是廚房。布局合理，井然有序，寬敞明亮，乾淨衛生。

關於蒙古包的來歷，在遼闊的柴達木草原上，還流傳著《蒙古包由來》的神話故事：「古時候，天宮做了一個叫『喬日格・夏特德』（傳說中的一種宗教祭品，形狀如現在的蒙古包）的東西，騰格里（蒙古族語，「天」）把它賜降於蒙古族賴以生存的遼闊草原的中間地帶。於是，人們遵照『天』的意志，就仿製了現在的蒙古包……」從此，蒙古族才有了安寧、幸福的生活，並且世世代代繁衍生息。因此，從那個時候起，蒙古族人民每架起一座蒙古包，燃起灶火時，總要舉行新包落成儀式，一人致〈蒙古包讚詞〉，前來祝賀的人們高聲齊唱〈蒙古包讚歌〉。讚美主人的新蒙古包寬敞華麗、精美堅固，並祝願主人喬遷新蒙古包之時，就是吉祥、幸福降臨之際，祝願主人生活永遠美滿、萬事如願。

青海住宿：民居多樣性與文化特徵

西寧市馬步芳公館有多少年的歷史了，保護得如何

　　馬步芳公館始建於1942年6月，次年六月建成，是馬步芳私邸，取名「馨廬」。大門上鑲砌的「馨廬」兩個字為當時的國民政府主席林森所題。另外，又因馬步芳公館的許多牆面上均鑲有玉石，所以人們又稱它為「玉石公館」。

　　公館設計精巧，工藝精細，充分展現了西北民居建築的獨特風格，具有相當高的觀賞和歷史價值。公館由多進院落、不同形式的房舍及花園組成，占地面積29,520平方公尺，建築面積6,183平方公尺。公館建築大都沿相應空間的四周排列連線，形成了幾個相互獨立又連繫的院落，各個院落的房舍布置有序，結構嚴謹，構成了有系統的整體。位於公館南端的花園內栽種了許多名貴的花卉和樹木，其中建有亭榭，著名的「曉泉」也在於此，一派江南水鄉的景緻。

　　青海省民俗博物館對「馨廬」進行整體修繕。在遵照歷史資料對風景區進行外部設施維護的基礎上，此次修繕中在風景區內又增建了青海藏、土、回、撒拉、蒙古等民族民俗展館，民族產品、民族藝術品、民族家居生活狀況等在各展館內被一一展現，另外油坊、水磨坊、排燈、農民畫這些青海農村的「土特產」也被搬到了不同的展館內。同時，風景區內還增設了老電影電影放映、「花兒」隨意演唱、皮影戲表演等讓遊客自由參與的娛樂節目。

　　馨廬公館經過一年多的修繕，已成為西寧市區內一處獨有的民族民俗文化景觀和旅遊景觀，目前已對遊客開放。

西寧市有哪些代表性的城市建築

　　西寧市是青海省的省會城市,也是青藏高原上人口最多、規模最大的現代化中心城市。同時,西寧市又是一座具有2,000多年歷史的古城,而且是一座多民族聚居的古城。於是,古老與現代在此交會,多民族文化與現代文明在此融合,由此,西寧市有了許多特有的城市代表性建築,如南山鳳凰臺、東關清真大寺、南涼公園、西寧火車站、新寧廣場、中心廣場、青海省博物館、西寧市體育館、崑崙橋、海湖橋,以及由上海市援建的地處西寧市西山植物園東山頂的浦寧之珠多功能觀光塔等。

　　浦寧之珠多功能觀光塔位於西寧市西山植物園東山頂,海拔2,370公尺,是一座集廣播電視發射、旅遊觀光於一體的透射著現代建築理念的鋼結構多功能觀光塔。該塔占地面積2萬平方公尺,建築面積5,820平方公尺,塔高188公尺,塔上天線總長58公尺。整座塔由塔座、大廈組成。塔座地上三層,地下一層,內設規劃展示廳、沙盤模型區等;大廈球體直徑26公尺,內設5層,分別有旋轉餐廳、觀光遊覽區等,是西寧重要的旅遊觀光點。

青海住宿：民居多樣性與文化特徵

青海購物：高原瑰寶與好物鑑賞

青海購物：高原瑰寶與好物鑑賞

走進青海，遊客常常被高原神奇而迷人的自然景觀、人文景觀所感動，其實青海還有許許多多土特產品，同樣使每一位遊客激動不已。冬蟲夏草、唐卡、藏毯、土族刺繡、青稞酒……每一件旅遊商品都帶有濃郁的地域特色與民族風情。它們是高原的精靈、青海的象徵。擁有它，便留下了高原美好的回憶。

神奇的冬蟲夏草

冬蟲夏草又稱「蟲草」、「冬蟲草」，為青海省最為著名的具有滋補作用的奇異中藥材。冬蟲夏草是蟲和草的天然結合體，均為野生，生長在海拔3,000公尺至5,000公尺的高山草坡上，在目前還無法人工培植，所以顯得神奇而又極其珍貴。

「蟲草」形體如老蠶，表面黃棕色，背部有許多皺紋，腹部有足八對；其斷面呈白色或略黃，周邊深黃色。每年5月中下旬，當冰山上的冬雪開始融化，氣候轉暖的時候，草蝙蝠蛾的幼蟲破土而出，開始活動，在山上的腐殖質中爬行，待頭向上爬至蟲體直立時，寄生在蟲頭頂的菌孢開始生長，菌孢開始長時蟲體即死，菌孢把蟲體作為養料，迅速生長。蟲體一般為四公分至五公分，菌孢一天之內即可長至蟲體的長度，這時的蟲草稱為「頭草」，品質最好；第二天菌孢長至蟲體的兩倍左右，稱為「二草」，品質次之；三天以上的菌孢瘋長，採之無用。

「蟲草」味甘、性溫、氣香，具有益肺腎、補精髓、強筋骨、止咳喘、抗衰老等作用，對結核菌、肝炎菌等均有殺傷力。冬蟲夏草傳統上既做藥用，又做食用，是中外聞名的滋補保健珍品。自明代開始，青海

冬蟲夏草就在國際市場上享有極高的聲譽。目前，青海省的冬蟲夏草產量居中國之首，占到了 70% 以上，玉樹、果洛、黃南、海南、海北等地均有蟲草出產，尤以玉樹地區蟲草體大粗壯、品質上乘而著稱。目前，青海省內有很多企業以冬蟲夏草為原料對其進行深加工，生產出了諸如「蟲草口服液」、「蟲草酒」、「蟲草精」等保健品。

到高原為何一定要購買紅景天

紅景天來源於景天科植物多種景天的花及粗皮之根。紅景天生長於低溫、缺氧、紫外線照射強烈、晝夜溫差大、海拔 2,000～5,000 公尺的高寒地帶，在大山陰坡的岩石縫隙和高山礫石帶尤多，藏語叫「索羅瑪保」。紅景天在西藏和青海各地均有分布，青海主要分布在海北、海西、海南、黃南、玉樹、果洛等地。品種有大株紅景天、長鞭紅景天、唐古紅景天等十餘種。蘊藏量大，是常用的藏藥。

藏醫認為，其根如人肺色，皮厚，氣味大，有銀色露珠狀斑痕，秋天變紅，花、果實、種子皆紅者為佳。每到六七月採花，陰乾；九十月挖根，切片晾乾。紅景天性涼，味甘、苦、澀，有養肺、清熱、滋補元氣、退燒、利肺之功效，治肺炎、神經麻痺症、氣管炎等。現代醫學研究證明，紅景天主要含多種黃酮甙及二帖類成分、甙元酪醇等，可作為飛行員、太空人、潛水員、高山工作者以及一切處在不正常環境中的工作人員增強抵抗力的良藥。它對提高體力和腦力勞動效率均有明顯的雙向調節和「適應源」樣作用，是理想的強壯劑。

> 青海購物：高原瑰寶與好物鑑賞

高原奇葩──雪蓮

藏雪蓮，人稱藏藥之瑰寶，生於海拔 3,900～5,600 公尺的高山流石灘，是一種稀有的名貴藥材，主產於海北、海西、海南、玉樹、黃南、果洛各地，青海東部農業區高海拔山頂亦有分布。

雪蓮屬菊科，鳳毛屬，俗名水母雪蓮、雪兔子，多年生草本植物，又名「雪荷花」。其高 5～50 公分，莖直立，全株密披白色絨毛。雪蓮性涼，味苦，現代醫學藥理研究證實，有除寒、壯陽、調經、止血作用，治陽萎、腰膝痠軟、風溼性關節炎、外傷出血及婦女崩帶、月經不調等。雪蓮可用來泡酒和燉雞、鴨、鵝、魚、羊，還可煎服。

名貴藏藥──藏茵陳

藏茵陳是藏藥中最具特色的治療熱症、肝膽病及血病的一大類藥，包括 20 多種植物。其中有龍膽科獐牙菜屬川西獐牙菜、抱莖獐牙菜、印度獐牙菜等種和花錨屬、扁蕾屬、脅柱花屬數種及虎耳草科虎耳草屬數種。生於海拔 2,000～5,000 公尺的林下、灌叢、高山草甸。主產於玉樹、黃南、海南、海北等地，青海東部農業區和其他地區亦有分布。用於治療消化不良、膽囊炎、各型肝炎、急性骨髓炎、急性菌痢、急性黃疸性肝炎、急性結膜炎、急性咽喉炎及燙傷，也用於風火牙痛、熱淋等症。藏茵陳的注射液和糖衣片治療肝炎效果最好，行銷中國各地。

珍貴的麝香與鹿茸

人們通常稱鹿茸、麝香、羊毛、大黃為青海的四大特產。

1. 麝香

麝香是鹿科動物麝的雄獸臍下香囊中的分泌物，又稱寸香、元寸，是名貴的中藥材，也是製造高級香料的主要原料。青海是麝香的重要產地。青海省麝香全靠獵野麝取得，主要分布在西北部的祁連山區，東部黃河和湟水流域以及東南部長江和瀾滄江流域，主產地有玉樹、囊謙、扎多、門源等地。

麝香的主要成分為麝香酮，此外尚含多種甾醇、脂肪、蛋白質、銨鹽、鈣鹽等。麝香藥效神奇，近代藥理研究證明，它對大腸桿菌、金黃色葡萄球菌有抑制作用，對治療淋巴結核、冠心病、心絞痛、小兒麻痺後遺症引起的癱瘓等，均有一定療效。麝香有解毒、消炎、驅蟲、止血、止痛的功能。又因它具有辛香走竄之性，開竅醒神之功，舉凡中風昏迷、小兒驚風、心腹暴痛等均有療效。利用麝香的藥理作用可配製多種珍貴的藥品，如中藥急救藥至寶丹、蘇合香丸、香桂丸、六神丸等。

2. 鹿茸

鹿茸採集於分布在青藏高原海拔 3,000 公尺以上的馬鹿、白唇鹿、梅花鹿等雄鹿未骨化密生絨毛的幼角，經切片，鹿茸含有豐富的鹿血清以及多種人體必需的胺基酸，具有壯腎陽、益精血、強筋骨、解瘡毒之功能，是良好的全身強壯劑。強心作用特別顯著，對心律不齊者可使其恢復。明朝李時珍的《本草綱目》中記載：鹿茸能「生精補髓，養血益

陽，強筋健骨」。近代的科學研究進一步證明，鹿茸具有調整新陳代謝、抗疲勞、促進各種生理機能活動的作用。青海主要有帶血馬鹿據茸和帶血赤鹿據茸兩個品種，是其傳統出口商品之一。

西寧大黃

西寧大黃因歷史上集中於青海省西寧市分級、包裝、外銷而得名。原植物多為野生，分布於東部山區和玉樹、果洛、黃南、海北各地海拔4,300公尺以下的高寒地區，商品藥料分箱黃與包黃兩種。

鮮紅而肥大的柴達木枸杞

枸杞屬茄科植物，是名貴的藥材，經專家鑑定：其中所含鍺、鋰元素獨具增強人體免疫功能，有助於開發兒童智力；所含多種胺基酸、維他命、鐵、磷、鈣等營養成分和人體必需的礦物質，具有抗癌、保肝、養顏之奇效，是最佳天然保健品，用於治目昏、眩暈、耳鳴、腰膝痠軟、糖尿病等症。柴達木盆地東南部光輻射力強，日照時間長，晝夜溫差大，適合枸杞生長。1949年以後，柴達木盆地從寧夏引種枸杞，所產的枸杞顆粒大，飽滿，色紅鮮豔，味甜含糖量高，含有人體所必需的蛋白質、醣、脂肪、無機鹽，多種維他命，還含有胺基酸、各種微量元素、甜菜鹼、枸杞胺、促性激素等。柴達木盆地的枸杞可與寧夏枸杞媲美，出口國外。

中藏藥材 —— 藏紅花與佛手參

1. 藏紅花

　　藏紅花柱頭紅棕色，有油潤光澤，細長線形，長約 3 公分，基部較窄，向頂部逐漸變寬，內方有一段裂縫，頂邊邊緣為不整齊的齒狀。有時三個柱頭與一短花柱相連。花柱呈橙黃色，放入水中時，柱頭擴大膨脹，呈長喇叭狀，氣香甜，味苦。藏紅花性溫，味辛、微苦。有活血通經，逐瘀止痛功效。可浸水、浸酒或煎湯飲服，用於活血化瘀，散鬱開結，胸膈痞悶，吐血，傷寒發狂，婦女閉經及產後瘀血腹痛。

2. 佛手參

　　佛手參，又叫太平參，屬蘭科多年生草本植物，是珍貴藥材。佛手參花期為 7～8 月，開紫紅色花，因其根形似手掌，故稱其為佛手參。主產於海北、玉樹等地海拔 3,000～4,000 公尺的陰坡、水邊、林下或草地。有大補元氣、補腎益精、安神增智之功，治病後體弱、腰腿乏力，為強身特效藥物。

青海最早叫響的旅遊商品 —— 牛肉乾

　　青海牛肉乾行銷國內外市場，頗得消費者的好評。牛肉乾不僅是招待貴賓的上品，而且也是餽贈親朋好友的禮物。它既便於攜帶，又宜於長期存放，可供家宴或旅遊途中食用。五香牛肉乾的主要原料，是青海

高原特產的新鮮犛牛肉。其製作方法是將鮮肉剔除筋皮，以淨肉加白水煮熟後，再切小塊，加入花椒粉、咖哩粉、味精、料酒、糖、鹽等作料乾炒，最後再烘乾、裝袋。由於製作方法考究，成品色鮮，營養豐富，既保持了犛牛肉的風味，又有香氣濃郁，滋味鮮美、久吃不膩等特點。如今，來青海的客人和旅遊者，爭購青海牛肉乾，當做一種有青海鄉土特色的食品，使青海牛肉乾名聲大震。

世界上生產藏毯最好的羊毛產自哪裡

藏羊毛又稱西寧毛，是青藏高原土著品種藏系綿羊所產的白色羊毛，因為歷史上藏羊毛多透過西寧作為集散地銷往國內外，所以叫「西寧毛」，由於毛色純白，又稱「西寧大白毛」。藏羊是優良粗毛羊種之一，分為牧業區牧放的草地型和農業區飼養的山谷型。草地型藏羊的毛叢由細絨毛、兩型毛和細剛毛組成，多屬毛瓣結構，毛瓣長20公分左右，纖維長，毛色純白，有光澤，纖密性強，彈性好，拉力大，耐酸、耐鹼性較強，是世界粗毛型中品質最優良的地毯毛之一。「西寧毛」資源豐富，產地廣闊。因「西寧毛」是製造地毯的優質毛，國際市場上又稱其為「地毯毛」。

神奇而珍貴的崑崙玉

崑崙玉也叫崑崙彩石、丹麻彩石，為熱液交代型礦石，產於白雲質大理岩或白雲質大理岩與中酸性侵入岩的接觸帶上。崑崙玉石呈結晶紋

狀和瓣紋狀，紋理細膩獨特，色澤美麗豐富，圖案多樣，材質柔而易攻。崑崙玉的種類分白玉、灰玉、青玉、白帶綠、糖包白等，玉質以晶瑩圓潤、純潔無瑕、無裂紋、無雜質的為上品。

中國最大的牛絨生產基地及牛絨產品

青海雪舟三絨集團地處青藏高原東部、黃河之濱，不僅氣候條件適宜毛紡工業，而且背靠遼闊的「四大牧區」，有著豐富的牛絨、羊絨、駝絨資源。集團前身是循化縣絨毛綜合加工廠，於1989年建成投產，是聯辦（中國證券市場研究設計中心）股份制企業，又於1997年11月正式改建為「青海雪舟三絨集團」。集團經過數十年的發展，現已成為中國最大的分梳加工、毛紡和絨衫生產基地之一。集團透過一系列的兼併、合作、收購等方式，已成為目前中國最大的牛絨生產及牛絨紡織企業。世界犛牛絨85%以上在中國，青海犛牛絨年產量約2,300噸，占中國牛絨產量的42.2%。

犛牛是青藏高原特有的耐寒畜種。與羊絨製品相比，牛絨具有手感爽滑細膩、彈性好、保暖性強的特點，其特殊的吸溼放熱功能比其他動物纖維都高，是毛紡工業的高級原料。雪舟集團自投產以來，堅持以市場需求為導向，注重科技開發，提高科技含量，堅持產品不斷換代更新。特別是牛絨脫色、精梳、精紡、純紡等新技術的運用，填補了牛絨高級面料的空白，逐步形成了從精紡牛絨面料、牛絨T恤、襯衫到牛絨針織面料、絲絨衫、提花交織絨衫等多元化的產品結構。

青海購物：高原瑰寶與好物鑑賞

稀有的柳花菜和鹿角菜

柳花菜產於青海東部深山老林，是生長在野柳和樺樹上的一種真菌生物，無任何汙染。它含有人體必需的多種胺基酸，蛋白質含量極為豐富，並含有錳、鐵、鈣、銅等微量元素，是珍貴的營養品。柳花菜屬野生菌類，生長期達3年之久，其形如木耳，所以又叫綠木耳。柳花菜還含有粗纖維，是人體最佳的膳食纖維來源，有清腦明目、降血壓、治療神經衰弱等功效。

鹿角菜因形似鹿角而得名，生於海拔3,000公尺左右的森林地帶苔蘚叢中，不怕嚴寒，不腐爛變質。富含粗蛋白、精脂肪、灰分、磷以及多種胺基酸。該菜口感脆嫩，是道理想的佐餐小菜。乾菜用清水浸泡後晶瑩剔透、新鮮翠綠，具有很強的離子交換功能，對腸胃疾病、糖尿病都有一定的食療作用，長期食用可增強體質。

無汙染的青海蜂蜜

俗話說：菜花香，蜜蜂忙。青海地處青藏高原腹地，海拔高，夏季氣候適宜，日照時間長，空氣清爽，特別適宜種植油菜。每年6月至8月，萬千養蜂人將蜂箱放置於開遍黃花的漫山遍野之中。偶爾鑽入養蜂人的帳篷，喝一口清亮亮的蜂蜜，品一點銀閃閃的王漿，則餘香滿口，甜味不絕，心胸頓覺豁朗，精神倍增，宛若置身於天上人間。

青海蜂蜜係比較單一的油菜花蜜，質純味正，液清色亮，呈淺琥珀色。其中所含的澱粉酶值高達29.4%，葡萄糖在30%以上，果糖占還原糖50%以上，還含有人體健康所需的多種維他命和有機酸，不含脂肪，

因而柔潤適口，甜而不膩，無副作用，且營養價值很高，被人們稱為不含脂肪而營養豐富的食品。

青海蜂蜜不僅是較好的補養品，而且是具有多種療效的藥物。老年人長期食用可補神強體，童子服用則有益發育。故青海菜花蜜還用來袪病健身，常用於清熱補中，解毒潤燥，止咳消痛。此外，菜花蜜是青海的傳統出口商品之一，暢銷於歐洲、東南亞及港澳，備受使用者稱道。

維他命含量極高的無汙染野生果汁
—— 沙棘果汁

青藏高原的沙棘果汁中活性成分含量遠遠高於低海拔地區。各沙棘產區沙棘果實的數百個測定數據證明，青藏高原的沙棘果汁中維他命C含量平均在1,500毫克／100克果汁左右，最高達1,900毫克／100克果汁，是低海拔地區的1～2倍。更為可貴的是，青藏高原沙棘果實無人為汙染，除營養物質含量高之外，未檢出有害物質，如黃麴黴素B，重金屬鉛、砷、鎘等。因此，採用青藏高原的沙棘果實做原料的青海沙棘果汁及其系列產品，其內含10種以上天然維他命、20餘種游離胺基酸、6種果酸、20餘種微量元素等人體不可缺少的100餘種營養物質，具有增加血紅素，防治心腦血管系統疾病，保肝健胃，調節肌體機能，消除疲勞，促進兒童生長和智力發育的功能。對消化系統疾病、各種維生系統缺乏症、便祕、傷風感冒、口舌生瘡、咽喉炎等症尤有顯著的療效，是體力和腦力勞動者的優良營養品，尤其是嬰幼兒、妊娠期和哺乳期婦女、老年人、慢性病患者和運動員一年四季最理想的保健飲品，是一種高營養價值飲料。

青海購物：高原瑰寶與好物鑑賞

歷史悠久的湟源陳醋

湟源陳醋是青海的名特產之一，至少已有 200 多年歷史。湟源陳醋又叫黑醋，酸味醇正，清香甜潤，質地濃稠，色香俱佳，多吃能增食慾、助消化、健脾胃、防感冒、清心解毒。

湟源陳醋以青稞、麩皮為主要原料，配有良薑、草果、八角、茴香等多種調味品和多味中草藥，用傳統獨特的工藝，經過發酵、淋醋、日曬等 60 多道工序精釀而成。產品有獨特的高原三大特色：第一，以高原特產青稞為主料；第二，有多種高原特種藥材的藥效；第三，經過高原強紫外線日光的照晒。其質地濃稠，風味獨特，冬天不凍，夏天不腐，含有人體所需的 18 種胺基酸和鈣、磷、鉀、鐵等 10 多種微量元素及多種維他命，是中國最早配伍中草藥的傳統保健陳醋，對人體的新陳代謝，消除疲勞具有良好的調節作用，而且獨具美容、養顏之功效。

藏族男子威猛的象徵 —— 藏刀

藏刀是青海省牧業區久負盛名的傳統工藝品，是藏族居民生產、生活、裝飾用品，歷史悠久，風格獨特，深受藏族牧民的歡迎。在牧民生活中，藏刀是必備的重要工具。它可防身，可宰割牛羊，又可做食肉的餐具。

青海藏刀的生產藝人遍布各地，有的地區講究刀具的實用性，要求鋼材好，刀刃鋒利；有的注重刀具的裝飾性，刀具形狀、紋樣及拋光考究；有的則兼顧實用和美觀，從而生產出各種造型、多種規格的男女式藏刀。藏刀的主要加工材料有銀、銅（白銅、黃銅、紫銅）、鐵、鯊魚

皮、牛角、瑪瑙、木材等。製作過程有冶煉熔化、模具翻鑄、敲摳大形、刻花鑲嵌、銲接組合、加固、銼磨整形、精雕細刻及鎂洗拋光等工序。

　　藏刀的裝飾內容有龍鳳、捲草紋、幾何迴旋紋等，獨立的立體造型小裝飾有佛八寶中的寶瓶、荷花、法輪等。表現形式有浮雕、鏤空及掐紋鑲嵌。一般刀柄鑲著鯊魚皮或黑色牛角，便於握拿，不易滑脫。除表面起伏層次和圖案變化外，在刀具整體外形上鑲有硃紅粉綠等色的珊瑚、瑪瑙等。藏刀有不同規格、多種造型。從整體外形看，頭柄首尾有平形、頭部錐形、兩頭凸形、圓形等。玉樹女式藏刀很有特點，整個刀身從側面看略呈彎形，首尾兩側是對稱平彎的菱形，正面鑲有等距對稱寶石，刀片也略呈彎形，與刀鞘相吻合，工藝裝飾極為講究。

蒙古刀

　　據蒙古族老者講，蒙古族男兒不光要有「三藝」，而且還必須要有一把好刀。這象徵著男兒像鋼一樣堅強。

　　蒙古刀的用途很廣泛，在平時用來屠宰牛羊；在餐桌上用來吃肉；在外出時用來防身。高檔的蒙古刀既是實用品，又是裝飾品。蒙古刀的刀身用優質鋼打製而成，刀刃鋒利，鋥光瓦亮。刀柄和刀鞘有鋼製、銀製、木製、牛角製、骨製等。刀鞘的兩端和腰身多用不鏽鋼、銅或銀製作出精美的花紋裝飾，上等的填燒琺瑯、鑲嵌寶石，還帶有像牙筷子和紅纓穗。有時還會作為最珍貴的禮品贈給遠方尊貴的客人和朋友。精美絕倫的蒙古刀延續並記載著蒙古族人的勇敢、智慧和輝煌的歷史。

青海購物：高原瑰寶與好物鑑賞

馳名中外的青海藏毯

　　青海藏毯是以青海省得天獨厚的西寧毛為原料，經植物染色，手工捻線，由藝人精心編織而成。它柔軟、耐用、美觀、大方，又有濃厚的民族特色，對生活在高寒地區的人們隔潮禦寒、保溫取暖有重要作用。因此是長期在牧區生活所不可缺少的用品。它的品種有地毯、炕毯、坐毯等。它是在藏族傳統藝術的基礎上，吸收、融合了漢族、印度和尼泊爾宗教藝人精華，形成具有自己獨特藝術風格的工藝美術品。

　　在青海省各族人民中，普遍有製作、使用栽絨褥子、馬褡子的習慣。民間生產藏毯的歷史悠久，生產技藝也比較高。生產藏毯的西寧毛，是世界有名的優良地毯用毛，又加上做工精細，具有堅韌耐磨、富於彈性、質地柔軟、光滑晶瑩的特點。踩踏過後毛叢立即彈起恢復原狀，不會形成塌陷。手感鬆散，色感和彈性具有很長的永續性，使用年代越久，光澤越明亮，不會給人陳舊感。

　　傳統藏毯的藝術風格帶有濃厚的宗教色彩，如佛八寶（法輪、法螺、寶傘、寶蓋、荷花、寶罐、雙魚、盤花）、暗八仙（寶劍、寶葫蘆、漁鼓、陰陽板、仙笛、寶扇、花籃、荷花）、國王七寶（方勝、連環錢、犀角、令牌、象牙、珊瑚、珠寶）等。這些內容既展示了人們的勤勞智慧和精神力量，也展現出人們對美好未來的期待和願望。藏毯的表現形式以傳統式為主，還有自由式、龍鳳式等。色彩表現方面尤為豐富，顏色豔麗、純度高、對比強，色彩構圖穿插靈活，與藏族建築彩畫的裝飾風格一脈相承。

極具誇張力的面具

　　青海面具藝術的表現形式非常豐富，早在原始宗教的自然崇拜中就有所展現。藏傳佛教產生後，更加豐富了面具原有的文化藝術內涵，其造型形式主要有印度婆羅門神、青藏本土苯教神、中原漢土宗教神祇等，在藏傳佛教中展現得最為集中的有護法神大威德金剛、持金剛、骷髏墓葬主及鹿頭等面具；在民間社火中的各種傳統面具都表現得十分突出。

青海購物：高原瑰寶與好物鑑賞

青海鄉俗：民間趣談與風土人情

青海鄉俗：民間趣談與風土人情

你想了解神祕美麗的青海嗎？你想了解純樸豪放的青海人嗎？請走進青海吧！走進青海的大街小巷，走進青海人家。你會吃到最純正的青海美食，聽到悠揚悅耳的花兒和頗有趣味的青海方言，聽到關於青海的動人傳說，真正了解青海悠久而深厚的歷史文化。

趣談青海社火

社火，作為最古老的風俗，在中國有著數千年的歷史。它產生於原始的宗教信仰，是遠古時期巫術和圖騰崇拜的產物，是古時候人們祭祀拜神時進行的宗教活動。「社」為土地之神，「火」即火祖，為傳說中之火神。火，是人們煮食和取暖之源。遠古人類認為火也有「靈」，並視之為神物加以崇拜，並形成祭祀「社」與「火」的風俗。「火」能驅邪避難。崇拜社神，歌舞祭祀，意在祈求風調雨順，五穀豐登，國泰民安，萬事如意。社火由祭祀、巫術、儺儀、百戲、樂舞、參軍戲、民間雜耍等組成，源於秦漢百戲。隨著社會的發展，遠古時代保留下來的社火，融入並賦予了新的內容，表現形式也日臻完善，注入了民間傳說、戲曲故事和英雄人物等元素，成為規模盛大、內容豐富的民間娛樂活動。

青海漢族大都是歷代從內地（指中國的中原地區和東部地區）遷徙而來的，也把內地傳統的社火帶到了青海，青海的民間社火在原有的基礎上吸納了外地優秀的民間社火節目以及優秀的唱詞和舞蹈動作，提高了青海社火的品質，同時又吸取了其他世居民族特別是藏族舞劇的傳統，於是出現了具有青海地方特色的社火節目。春天，是中國人的狂歡節，而正月社火，則把每年的迎春活動推向高潮。

從正月初七開始，社火就鬧開了，正月十五或十六卸裝。第一場社

火必須先到附近的神廟表演娛神，俗稱「請社火」。然後才在莊頭院落表演。社火的名目很多，耍龍、舞獅、花鼓、花燈（頂燈、掌燈等）、太平鼓、腰鼓、八大光棍、拉花姐、高蹺、羅漢、秧歌、高臺、打外場的還報兒、官老爺、大啞巴、賣膏藥、胖婆娘、傻公子等。整個社火是集音樂、舞蹈、曲藝、戲劇、雜劇等為一體的綜合性藝文廣場演出，其節目內容包羅面廣、形式繁多，表演精采，引人入勝。

表演社火的演員稱為「身子」，關於「身子」的來歷，有一段傳說：春秋戰國時代的一個春節裡，楚莊王外出回城途中，突然遭到敵軍包圍。為了安全突圍，他聽了臣子的獻計：以「活享一品俸祿，死封廟祭的燈官」作為重賞，僱請了一個與楚莊王面貌相似的牧羊人做「替身」。牧羊人穿王服，戴王冠，騎高頭大馬，趁夜色朦朧突圍。一路上，在茫茫夜色之中，那「替身」好不威風，前有探馬報信，武士開道，後有男女歌舞團隊隨行。楚莊王這時扮做啞巴，臉上抹黑，反穿牧羊人的皮襖，旁邊有武士暗中保護，混在隨駕逃難的百姓之中。當他們與敵軍相遇時，楚莊王安全脫身，而「替身」則被敵人當成楚莊王，一路緊跟追殺。「替身」倉皇逃命，鑽進了一家馬棚裡，爬在槽頭上不敢動，紗帽也戴歪了。恰巧這家的主人來貼春聯，誤將「槽頭興旺」貼在紗帽上。後來，楚莊王當了七雄之霸，感其捨身救主之忠，為踐行諾言便留下年年出燈官、耍社火的慣例。

社火中扮演的燈官及其隨行隊伍，便是仿照當時突圍情況設定的，至今人們還稱社火中啞巴是最大的「身子」。社火隊所到之處，啞巴的行動便不受約束。按本地人的說法。「啞巴子不說話，社火隊裡數他大」。燈官扮演者紗帽歪戴，紗帽正面斜貼著「槽頭興旺」，背面是「一品當朝」四個金字，或牛或馬倒騎。至於秦瓊、尉遲敬德為先鋒，也許是唐代以後人們對開路先鋒的發展吧！

社火隊出發了，敲鑼打鼓吹拉彈琴，披紅掛綵好不熱鬧。最先出發的是報兒，頭戴沒有頂的草帽，反穿皮襖，用牙膏抹了眉毛和鬍鬚，再戴一副用蘿蔔做成的「眼鏡」，騎在馬上邊走邊溜：「報兒報得好，明年柴堆高」；「報兒報響，錢財萬兩」。報兒之後是滿臉漆黑的燈官老爺，頭戴烏紗帽，身著紅袍，倒騎在牛背上，高喊一聲「夥計們開始嘍」，開場打道的還有啞巴、胖婆娘、賣膏藥等。啞巴頭戴爛頂的破草帽，反穿皮襖，臉用鍋灰大油抹得油黑，赤著腳，腰間繫著鈴鐺；還有「胖婆娘」生太子儀式：「胖婆娘」一手抱太子（木偶），一手拿扇子，頭上戴綠手帕，身著紅衣服，屁股上墊一個枕頭，肚子上墊一個枕頭，看起來又大又胖又醜。胖婆娘扭來扭去，冷不防還要拿針灸人。賣膏藥的挑著擔子，邊走邊嚷。

場子打開，表演開始。12個漢子一條青龍，12個漢子一條黃龍，時而盤旋，時而騰飛。兩名手持銀劍的少年領著獅子，那獅子則追著繡球。船姑娘抬著紗船，和著音樂的節拍搖來晃去。秧歌隊別具一格，少男少女踏著青春舞步走來，紅綢一落一起，宛如天上的彩虹。還有高臺表演，以湟中千戶營高臺、通海高臺最為出名。高蹺是最常見的，人們踩著長度不同的蹺腿，美美地走一回，美美地扭一回，高蹺是用兩根木棍製成蹺腿，一般在6尺上下，高者達1丈2尺。木棍上端處橫裝踏板，表演時演員的小腿綁在木棍上端，腳踏踩板，按各種舞步走動表演，技藝高超者，可跳躍板凳、桌子等障礙物，還表演「金雞獨立」、下軟腰等高難動作，傳統內容有《白蛇傳》、《慶頂珠》、《狐狸冤》、《唐僧取經》等，隨著社會的發展，又加入了許多反映現實美好生活的內容。

如今，社火已成為青海各族人民過年時不可或缺的一項文化大餐，人們透過社火來歌頌美好生活、增進親戚朋友之間的感情，同時，也寄託著對新年的美好願望。而且，社火這種民間演出形式屬非物質文化遺產項目，其蘊含的歷史與文化內容非常豐富，對研究青海各民族的變

遷、融合，研究青海地方民族文化，弘揚高原民族文化，發展高原旅遊業，建構和諧高原文化有極高的參考價值和推進作用。

藏民見面禮節中為什麼要獻哈達

獻哈達是藏族最普遍的一種禮節。婚喪節慶、拜會尊長、覲見佛像、音訊往來、送別遠行等，都有獻哈達的習俗。哈達是一種生絲織品，紡得稀鬆如網；也有優良者，用絲綢做料。哈達長短不一，長者一二丈，短者三五尺。獻哈達是表示純潔、誠心、忠誠的意思。自古以來，藏族人民認為白色象徵純潔、吉利，所以哈達一般是白色的。當然也有五彩哈達，顏色為藍、白、黃、綠、紅。藍色表示藍天，白色是白雲，綠色是江河水，紅色是護法神，黃色象徵大地。五彩哈達作為「阿西」（彩箭）獻給菩薩和近親，是最珍貴的禮物。佛教教義解釋五彩哈達是菩薩的服裝，所以五彩哈達只在特定的時候用。

哈達是在元朝時傳入西藏的，薩迦法王八思巴會見元世祖忽必烈回西藏時，帶了第一條哈達回來。當時的哈達，兩邊是萬里長城的圖案，上面還有「吉祥如意」字樣，故可以說哈達是從內地傳入西藏的。後來，人們對哈達又附會上宗教解釋，說它是仙女的飄帶。

青海人是怎樣過端午節的

端午節是紀念偉大詩人屈原的，又叫粽子節。這時青海東部地區正值牡丹、芍藥先後開放之際，家家在大海碗中，放上幾枝牡丹，花瓶中插上芍藥。青海不產菖蒲，則以楊柳插門代之，庭院中吊上幾個紙葫蘆

以「關邪」，曰「瘟葫蘆」。吃粽子、棗糕，飲「雄黃酒」，給小孩用「雄黃酒」點額、耳鼻，以防「五毒」（各種害蟲）。屋內香爐中點燃艾葉、側柏葉，水缸中投入蒼朮、貫眾等中藥，以消毒防疫。閨中用碎綢緞、色布，縫製各種充以香草的香囊，謂之「絀香包兒」，其形多樣：桃子、佛手、蘿蔔、八角、石榴、茶壺以及獅、虎、鹿、兔等小動物最為常見，亦有將「五毒」的香包（癩毒蛙、蜘蛛、蛇、蠍、蜈蚣）縫在小孩子的鞋上。近代醫學認為，佩香囊有增加人體吞噬細胞之功。我們可以看到，端午節在人們紀念屈原的本義上已經衍化為全民的清潔衛生日了，這是值得提倡的。端午節夕陽西下之前，婦女們登上城頭，沿著城牆漫步觀賞城內外美好風光，興趣盎然。

青海人臘八吃什麼嗎

農曆十二月初八為臘八，在這一天取香穀及果實等造粥供佛，名「臘八粥」。民間相傳，這一天是釋迦牟尼的成道日。據說在佛祖成道之前有牧羊女獻以乳糜，後人效之。西寧及青海農村在這一天吃麥仁飯。先將當年的新麥碾去外皮，或者鑿冰為臼，舂去外皮，是為麥仁。在臘月七日夜間，將麥仁與牛羊豬肉同煮，加上鹽、薑皮、花椒、草果、茴香等作料，經過一夜的文火煮熬，肉、麥、作料皆已交融而成乳狀，清晨揭鍋，異香撲鼻，食之可口而富有營養。郊區農村，在這日從河裡敲來許多冰塊，謂之「臘八冰」，分別豎立在田間的肥料堆上，老年人還要看看冰中的氣泡，長圓的是「麥」，渾圓的是「豆」，以其多寡，預卜來年豐歉。

青海人如何過中秋節

中秋節，青海習慣上叫「八月十五節」。過「八月十五節」的民族有漢、土族和藏族三個民族。中秋之夜有獻月餅、獻瓜果、賞月的活動，大致和內地漢族相仿。但青海的中秋月餅卻別具一格，與市場上銷售的月餅迥然不同。

在青海，做獻月的月餅，是各族婦女顯示炊事技藝的大好時機。中秋月餅分大月餅和小月餅兩種，均用扇蒸籠做。大月餅一扇蒸籠只蒸一個，小月餅根據蒸籠大小，一扇蒸籠可蒸 4～8 個。各地都用色香兼備的苦豆粉（有些地方叫香豆）、紅曲、薑黃等，分別研細作為「色素」。將上等麵粉發酵後，揉好擀開，上面塗上一層青油，撒上一種「色素」，用手攤勻，把它捲起來，揉成圓塊，又擀開，再上塗青油，加另一種「色素」。就這樣三次、四次、五次，把「色素」逐層加進去，有時還加紅糖之類的糖粉。

蒸好後當你切食月餅時，五色俱全，芳香可口，大小月餅的做法大體一致。不過對大月餅的加工特別精心。如有些婦女，在大月餅中心做一蟠桃圖案，然後製一條鱗甲斑斑的長蛇，從左盤臥起來，蛇頭對蟠桃，兩眼眈眈而視。習俗認為蛇乃子嗣之兆，蟠桃則是福壽仙品，意在祈求生一個福壽雙全的兒子。有些農業區的藏族婦女在月餅中心面，設計三個寶塔圖案，周圍為 18 朵豔花。意即十八羅漢慶三寶（三寶藏語叫光角松）。有些婦女在月餅中心捏塑一個壽字，周圍做五朵豔花圖案，象徵著「五福捧壽」。有些婦女精心加工松、竹、梅三種植物圖案，均勻分布在大月餅面上，以「歲寒三友」來顯示自己的節操。

當沉沉暮靄布滿人間時，人們在院落的西簷下支上供桌，擺上月餅、瓜果，並在主房內點上燈，插上香，此時藏民還在院子裡「煨桑」。

闔家大小人等，靜靜地等待月亮升起。逢上天高氣爽，風清月朗時，大家笑顏逐開，將月餅、瓜果各取一些，向空中拋撒，讓月亮娘娘品嘗。然後，一家人吃「團果」、「團圓瓜」和月餅。

農曆八月十五，正值豐收季節，在農村常常幾家人「打平和」（青海方言，指幾個人合吃一個羊或豬，煮熟當即共食，肉按參加人數均分，錢由參加者均攤），或殺豬，或殺羊，做上各種菜餚歡度節日。青海在八月十五、十六、十七三天，還有帶上小月餅拜訪親戚的習俗。

西寧人是如何晨練的

隨著生活水準的提高，人們越來越重視體能的提高。每天清晨，在西寧市大大小小的廣場上都站滿了鍛鍊身體的市民，成為西寧一景。

西寧人的晨練活動豐富多彩，其中最受人們喜愛的一種集體活動是跳鍋莊。鍋莊是藏族的一種舞蹈，男女老少圍成一圈邊唱邊跳。這種活動簡單易學，且不受時間和空間的限制，隨便一片空地，放一臺錄音機，就可以跳起歡快的舞蹈。除了鍋莊，西寧人常見的晨練活動還有踢毽子、打羽毛球、練太極拳、跳 Disco 等。當清晨你漫步在西寧街頭，到處可以看到積極鍛鍊的人群，看到西寧人朝氣蓬勃的精神面貌。

青海漢族是來自南京珠璣巷嗎

青海許多漢族居民口口相傳，說他們的祖先原居南京珠璣巷。對於這一提法，仁者見仁，智者見智。

說法一：青海漢族方言與南京方言有許多相似之處，如：雖說青海不產米，可是許多人一直把麵櫃稱作米櫃；春節時社火中有划船、坐轎、舞獅等，與南京風俗所差無幾。

　　說法二：由《熊氏宗譜》記載可知，青海熊氏先祖是隨軍西征而來。《資治通鑑》中也有霍去病「越南山而下，與漢人錯居」的文字記載。

　　那麼，青海漢族究竟是不是來自南京珠璣巷呢？

　　在河湟地區世居的漢族人有一種說法，說祖籍是南京珠璣巷，明朝洪武年間在玩社火時有人化裝成猴子倒騎馬上（或說是在燈籠上畫了個騎馬懷抱大西瓜的大腳女人），朱元璋認為是有意侮辱馬皇后，便將全巷的人發配到了青海。這個傳說與《綱鑑總論》的記載類似，該書《廣注‧明朝篇殺京民》中寫道：帝以元宵燈謎畫一婦女，手懷西瓜乘馬，而馬後腳甚大。上曰：彼以皇后為戲謔，蓋言淮西馬後腳大也，殺京民不守本分者。《明史演義》也記述了同一故事，並明確記載，發生這一事件的時間是「洪武三年元宵」。許多青海漢族家譜中都有關於祖先來自南京珠璣巷的記載。可見，青海一部分漢族來自南京珠璣巷這一說法是可信的。

青海藏族在高山處放飛「風馬」是一種怎樣的習俗

　　「風馬」藏語稱「龍達」，放風馬是祭祀山神活動中的主要內容之一。所謂風馬是取在紅、黃、白、綠、藍五色紙（紙呈四方形，長寬兩寸左右），中央印上一匹馱摩尼寶珠的駿馬，上有日月，四角印有龍、鵬、虎、獅四種動物。有的在四角只印「龍」等動物的藏文名稱，有的只印六

字真言，有的則印有好幾匹寶馬。祭祀山神時，向空中拋撒風馬是一項不可少的重要內容，既是向山神奉獻坐騎寶馬，也是向山神乞求福運吉祥。

我們經常聽到的青海方言有哪些

青海漢語方言屬於北方方言語系，具有詞彙形象生動，發音輕柔，風格細膩、委婉、幽默等特點。由於歷史上人口遷徙、各民族長期相處，形成了青海漢族多種方言，我們經常可以聽到的有循化方言、化隆方言、民和方言、樂都方言、湟中方言、湟源方言、大通方言、西寧方言八種方言。

青海人用什麼染指甲

用鳳仙花染指甲這個習俗也是由阿拉伯、波斯等地傳來的，因為中國在漢朝以前沒有鳳仙花。漢武帝時中國與阿拉伯之間才有了交通。從此以後，互相往來，鳳仙花也從西域傳到中國。

鳳仙花的阿拉伯名為「海納」。周密的《癸辛雜識》對此有詳細的記載：「鳳仙花，紅者，用葉搗碎，入明礬少許在內，先洗淨指甲，然後以此付甲上，用片帛纏定過夜。初染，色淡，連染三五次，其色若胭脂，洗滌不去，可經旬，直至遲甲，方漸去之。或云此亦守宮之法，非也。今回回婦女多喜此。」

回族形成後，仍襲祖先的習俗，代代相傳，時至今日，漢族也使用鳳仙花染指甲。

青海人為何喜歡去茶園

任何風俗習慣都是地緣文化的衍生物。西寧市的茶園其形成也許是受地理環境、民族性格、生活習慣、社會經濟等多種元素的影響。

有人把遍布在公園裡、山野間、農家院的茶園比作「花叢中的餐廳」。作為餐飲業的新型經營模式，茶園的經營講究的不完全是類似於中國各大菜系對色、香、味等飲食文化固有品質、形象和審美體驗的追求，其賣點更多是飲食的環境、心態和習俗等。「飲德食和，萬邦同樂」，在茶園迎來送往、談笑風生，對寒冬時間過長的夏都西寧人是最好的選擇。

青海人為何喜歡郊遊野炊

青海人尤其是城鎮居民歷來有郊遊野炊的習俗，這一活動由一家一戶或兩三家聯合舉行，也有朋友、同學、同事之間聯合舉辦。每於夏秋風和日麗之日，大家攜帶帳房、雞、魚、肉以及作料、灶具、柴火等，有的還帶一隻活羊，乘車赴郊外。選擇遠離城市、樹木蔥蘢、綠草如茵的河邊，搭好帳篷，挖灶埋鍋，宰羊灌腸，烹製各色菜餚。上午吃手抓羊肉，下午吃炒菜和尕麵片。做飯時各顯其能，吃飯時席地而坐，傳碗接盞，猜拳行令、唱曲飲酒，間以戲謔鬧。大家離開原有的生活環境，拋開喧囂的城市和日常俗務，回到大自然中竟一日之遊，大有返璞歸真之感，其樂可想而知。

崑崙聖域，青海綿澤 —— 山宗水源的奇觀與震撼：

藏傳文化 ✕ 禪寺活佛 ✕ 古道互市 ✕ 堆繡唐卡 ✕ 歌舞慶典，湖光山色相映成趣，探索西陲之地的風貌

主　　　編：邸平偉	**國家圖書館出版品預行編目資料**
發 行 人：黃振庭	
出 版 者：崧燁文化事業有限公司	崑崙聖域，青海綿澤 —— 山宗水源的奇觀與震撼：藏傳文化 ✕ 禪寺活佛 ✕ 古道互市 ✕ 堆繡唐卡 ✕ 歌舞慶典，湖光山色相映成趣，探索西陲之地的風貌 / 邸平偉 主編 . -- 第一版 . -- 臺北市：崧燁文化事業有限公司 , 2025.02
發 行 者：崧燁文化事業有限公司	
E - m a i l：sonbookservice@gmail.com	
粉 絲 頁：https://www.facebook.com/sonbookss/	
網　　　址：https://sonbook.net/	
地　　　址：台北市中正區重慶南路一段 61 號 8 樓	面；　公分
8F., No.61, Sec. 1, Chongqing S. Rd., Zhongzheng Dist., Taipei City 100, Taiwan	POD 版
	ISBN 978-626-416-293-7(平裝)
電　　　話：(02)2370-3310	1.CST：人 文 地 理　2.CST：歷 史
傳　　　真：(02)2388-1990	3.CST：旅遊　4.CST：青海省
印　　　刷：京峯數位服務有限公司	676.64　　　　　　　114000809
律師顧問：廣華律師事務所 張珮琦律師	

─版權聲明─────────

本書版權為旅遊教育出版社所有授權崧燁文化事業有限公司獨家發行電子書及繁體書繁體字版。若有其他相關權利及授權需求請與本公司聯繫。

未經書面許可，不得複製、發行。

定　　　價：499 元
發行日期：2025 年 02 月第一版
◎本書以 POD 印製

電子書購買

爽讀 APP　　　臉書